Pacote Anticrime

Pacote Anticrime

COMENTÁRIOS À LEI N. 13.964/2019

2020

Alamiro Velludo Salvador Netto
Aline Thais Bruni
Claudio do Prado Amaral
Eduardo Saad-Diniz
Hermes Duarte Morais

ALMEDINA

PACOTE ANTICRIME
COMENTÁRIOS À LEI N.13.964/2019
© Almedina, 2020
AUTOR: Aline Thais Bruni, Claudio do Prado Amaral, Eduardo Saad-Diniz, Hermes Duarte Morais
DIAGRAMAÇÃO: Almedina
DESIGN DE CAPA: FBA
ISBN: 9786556270555

Dados Internacionais de Catalogação na Publicação (CIP)
(Câmara Brasileira do Livro, SP, Brasil)

Pacote anticrime : comentários à Lei n. 13.964/2019 / Alamiro Velludo Salvador Netto... [et al.]. -- 1. ed. -- São Paulo : Almedina Brasil, 2020.

Outros autores: Aline Thais Bruni, Claudio do Prado Amaral, Eduardo Saad-Diniz, Hermes Duarte Morais
Bibliografia
ISBN 978-65-5627-055-5

1. Direito penal 2. Direito penal - Brasil I. Salvador Netto, Alamiro Velludo. II. Bruni, Aline Thais. III. Amaral, Claudio do Prado. IV. Saad-Diniz, Eduardo. V. Morais, Hermes Duarte

20-38215	CDU-343(81)

Índices para catálogo sistemático:

1. Brasil : Direito penal 343(81)

Maria Alice Ferreira - Bibliotecária - CRB-8/7964

Este livro segue as regras do novo Acordo Ortográfico da Língua Portuguesa (1990).

Todos os direitos reservados. Nenhuma parte deste livro, protegido por copyright, pode ser reproduzida, armazenada ou transmitida de alguma forma ou por algum meio, seja eletrônico ou mecânico, inclusive fotocópia, gravação ou qualquer sistema de armazenagem de informações, sem a permissão expressa e por escrito da editora.

Agosto, 2020

EDITORA: Almedina Brasil
Rua José Maria Lisboa, 860, Conj.131 e 132, Jardim Paulista | 01423-001 São Paulo | Brasil
editora@almedina.com.br
www.almedina.com.br

SOBRE OS AUTORES

Alamiro Velludo Salvador Netto
Professor Titular do Departamento de Direito Penal, Medicina Forense e Criminologia da Faculdade de Direito da Universidade de São Paulo (FDUSP). Advogado.

Aline Thaís Bruni
Bacharela em Direito pela Universidade Paulista, UNIP. Mestra em Química pelo Departamento de Química da Universidade Estadual de Campinas, UNICAMP. Doutora em Ciências pelo Departamento de Química da Universidade Estadual de Campinas, UNICAMP. Professora de Criminalística do Curso de Química Forense, Departamento de Química da Faculdade Filosofia, Ciências e Letras de Ribeirão Preto, SP.

Cláudio do Prado Amaral
Professor Associado da Faculdade de Direito de Ribeirão Preto da USP. Mestre, Doutor e Livre Docente em Direito pela USP.
Juiz de Direito do Estado de São Paulo.

Eduardo Saad-Diniz
Professor da Faculdade de Direito de Ribeirão Preto e do Programa de Integração da América Latina da Universidade de São Paulo (FDRP/PROLAM/USP). Senior Fellow Carol and Lawrence Zicklin Center for Business Ethics Research, The Wharton School, Universidade da Pennsilvânia, EUA; Livre-Docente em Criminologia pela FDRP/USP (2018) Doutor em Direito pela Universidade de São Paulo e Doutor em Direito pela Universidade de Sevilha, Espanha.

Hermes Duarte Morais
Mestre em Direito pela FDRP/USP. Especialista em Direito processual Penal UGF. Mestrando em Direito Penal e Ciências Criminais pela Universidade de Sevilha (Espanha). Promotor de Justiça no Ministério Público de São Paulo e professor na pós-graduação em Ciências Criminais FADEP/FDRP/USP.

APRESENTAÇÃO

Considerações gerais sobre a Lei nº 13.964/2019.

Desde os primórdios da filosofia, os pensadores distinguem os modos pelos quais um objeto pode ser conhecido. Aristóteles nos ensinou que um mesmo ente pode ser compreendido conforme quatro causas que explicam porque ele é como é. São, respectivamente, suas causas material, formal, final e eficiente[1]. Assim, quem pretende apreender a realidade de algo com base em uma, duas ou três dessas causas terá uma ideia limitada desse mesmo ser. Já aquele que busca compreender algo avaliando todas as suas quatro causas terá maiores possibilidades de conhecê-lo em sua completude.

Não é diferente com a Lei nº 13.964/2019, enquanto objeto de análise jurídica. O seu art. 1º enuncia que *esta lei aperfeiçoa a legislação penal e processual penal*. Muito embora, em determinados aspectos, a finalidade de aperfeiçoamento da nova lei seja atingida, em boa parte das vezes isso não acontece. Quem lê o art. 1º da Lei nº 13.964/2019 não deve se deixar enganar por suas finalidades declaradas. A começar pelo apelido que a lei recebeu (do próprio governo federal[2]) e pelo qual já se tornou conhecida: *pacote anticrime*. É cognome que não guarda coerência com os objetivos declarados pelo artigo 1º da lei. Aliás, quanto à forma, é cognome carregado de simbolismo penal populista.

---

[1] Aristóteles. Metafísica. Ensaio introdutório, texto grego com tradução e comentário de Giovanni Reale. Volume II. Texto grego com tradução ao lado. 2ª ed. São Paulo: Loyolo, 2005, p. 73-75 (e seguintes).

[2] Confira-se o site do Ministério da justiça: "Pacote Anticrime agora é lei", *in* https://legado.justica.gov.br/seus-direitos/elaboracao-legislativa/projetos/anticrime-1 acesso em 06/02/2020.

Materialmente, em sua essência político-criminal, em algumas passagens a Lei nº 13.964/2019 acerta e em outros erra.

Equivoca-se ao abraçar práticas de criminologia e segurança pública comprovadamente falidas, como nos casos de aumento de penas *in abstracto* e de elevação das frações para obtenção de progressão de regime prisional na execução. São políticas criminais que revelam claramente a acolhida da prevenção geral negativa ou da intimidação psicológica. Esta corrente de pensamento aposta na previsão de que o indivíduo não irá praticar crimes porque sabe que existem penas duras previstas abstratamente na legislação penal[3]. Todavia, a coerência dessa proposta (datada dos séculos XVIII e XIX) depende de uma efetividade implacável na aplicação da lei penal, isto é, de que a cada violação, a punição do delinquente será efetiva, pública e exemplar, o que, todos sabemos, é impossível. Justamente, por isso, a prevenção geral negativa foi rapidamente superada pela prevenção geral positiva. O equívoco da prevenção geral negativa – agora repetido pela Lei nº 13.964/2019 – é acreditar que o indivíduo que decide praticar um crime age como um economista racional que calcula os prós e contras no momento que antecede a prática da conduta, imaginando que existe uma pena de x anos de reclusão e por isso não deveria agir contra o direito. Ora, o agente criminoso não atua preponderantemente como um *homo economicus* racional. No instante da prática da conduta criminosa o agente não realiza esse cálculo distante, isto é, com base em uma pena ou uma execução de pena abstratamente prevista. Seu cálculo é feito com os olhos voltados para uma realidade muito mais próxima, qual seja, a do medo de ser surpreendido e preso durante a prática do delito.

Por outro lado, a Lei nº 13.964/2019 aprimorou o sistema acusatório, conforme se nota nas novas restrições que impedem o juiz decretar de ofício medidas cautelares na fase processual (art. 282, CPP).

Não é menos louvável a incorporação ao CPP da melhor técnica de motivação das decisões judiciais. Agora, exige-se do julgador maior

---

[3] Esse pensamento penal teve como expoente mais emblemático Paul Johann Anselm von Feuerbach (séculos XVIII-XIX). Confira-se a tese de doutorado: QUEIROZ, Rafael Mafei Rabelo. A teoria Penal de P.J.A. Feuerbach e os juristas brasileiros do século XIX: a construção do direito penal contemporâneo na obra de P.J.A. Feuerbach e sua consolidação entre os penalistas do Brasil. USP, São Paulo: Faculdade de Direito, 2008.

rigor na fundamentação de suas decisões e sempre conforme as especificidades do caso concreto (art. 315, § 2º, CPP).

É digno de nota, ainda, que a lei imprimiu maior grau de exigência para a decretação e manutenção das prisões preventivas. Estas somente poderão ser aplicadas diante da presença de perigo e existência concreta de fatos novos ou contemporâneos que a justifiquem. Em qualquer caso, a prisão preventiva estará sempre sujeita à revisão periódica de noventa dias, sob pena de ilegalidade (art. 316, parágrafo único, CPP). Veja-se que aqui a lei é muito mais garantista de direitos fundamentais que repressiva, como poderíamos talvez crer diante do que sugestiona o apelido *pacote anticrime*.

Da mesma forma, a incorporação da cadeia de custódia ao devido processo traz para o processo penal brasileiro uma garantia desde muito tempo reclamada por juristas e peritos. Ainda que a disciplina legal contenha equívocos (como a não exigência de perito oficial para a coleta de vestígios – art. 158-C, CPP) trata-se de novidade que merece ser celebrada, na medida em que cerca a prova material do delito de uma segurança jurídica, até então, inédita entre nós.

Na sua origem, a Lei nº 13.964/2019 foi concebida com algumas inconstitucionalidades. Isso ocorre, por exemplo, na hipótese de conversão obrigatória da prisão em flagrante em prisão preventiva prevista no art. 310, § 2º do CPP. Ao impor tal dever ao juiz, a lei retoma as velhas práticas da ditadura. A redação original do art. 312 do CPP, datada do ano 1941, dispunha que a prisão preventiva seria decretada nos crimes a que fosse cominada pena de reclusão por tempo, no máximo, igual ou superior a dez anos. A nova prisão preventiva obrigatória também afronta posicionamento tranquilo do STF. Desde os anos 90 a mais alta Corte brasileira vem gradativa e firmemente posicionando-se no sentido da impossibilidade de vedações legais de caráter absoluto ao direito de liberdade provisória, com base no princípio constitucional de excepcionalidade da prisão cautelar e com fundamento no lúcido argumento de que a regra é que o indivíduo responda ao processo penal em liberdade.

Também chama a atenção, negativamente, a inclusão de mais crimes entre o rol dos denominados hediondos, conforme nova relação do art. 1º da Lei nº 8.072/1990. Dentre eles, o furto qualificado pelo emprego de explosivo ou de artefato análogo que cause perigo comum. Qualificá-lo como hediondo viola o princípio constitucional da proporcionalidade, pois o inscreve no mesmo nível de reprovação de delitos verdadeiramente abjetos, como o latrocínio e o homicídio praticado por grupos de extermínio. A política criminal legislativa não é uma carta branca para edição de simbolismos penais pacificadores de aflições comunitárias. É, muito antes, atividade republicana da maior responsabilidade democrática.

Também estima-se como certo que a Lei nº 13.964/2019 perdeu a oportunidade de tratar de outras questões relevantes no campo penal e processual penal, as quais mereciam atenção legislativa muito maior nesse momento da vida brasileira.

Isso ocorreu, por exemplo, no que diz respeito à ampliação do campo da justiça penal negocial. É bem verdade que a Lei nº 13.964/2019 aumentou as hipóteses de acordo de não persecução (no CPP, com a inclusão do art. 28-A, e; nos processos de competência do STF e STJ, com a do § 3º ao art. 1º da Lei nº 8.038/1990), antes limitadas à Lei nº 12.850/2013. Contudo, trata-se de aumento tímido do campo de incidência da negociação penal. O poder legislativo poderia ter disposto, já neste momento, da negociação da culpa em termos bem mais amplos, como ocorre no *plea bargaining*. Quanto a este último, juristas de escol admitem haver forte tendência para sua implementação. Uma questão de tempo. Ora: uma vez que a Lei nº 13.964/2019 cuidou de tema muito mais controverso e o fez sem estudo de impacto financeiro e administrativo algum (ao dispor sobre o juiz das garantias), com mais razão poderia e deveria ter tratado da ampliação dos acordos penais celebrados entre o Estado e o acusado, os quais encerraram o processo-crime com resolução de mérito, uma vez homologados pelo juiz.

Foram previstas a criação do Banco Nacional de Perfis Balísticos – com a introdução do art. 34-A na Lei nº 10.826 – e do Banco Nacional Multibiométrico e de Impressões Digitais – com o novo art. 7-C da Lei nº 12.037/2009. A possibilidade de criação de Bancos de Dados de interesse criminal é genuína medida de conteúdo anticrime, pois permite o manejo de informações importantes e sensíveis que podem levar mais seguramente à descoberta da autoria e prova da materialidade de diversos crimes.

No que diz respeito às organizações criminosas, a atenção da lei nova se faz sentir em diversas passagens, mas é no art. 14 da Lei nº 13.964/2019 que se encontram importantes alterações sobre a Lei nº 12.850/2013.

APRESENTAÇÃO

Além de extremo rigor no cumprimento de penas, foram disciplinados o procedimento negocial da colaboração premiada (desde o recebimento da proposta para formalização do acordo) e a atuação de agentes infiltrados virtuais nas investigações criminais.

A doutrina vinha apontando importante lacuna da lei processual penal relativamente ao uso de gravação de imagens e sons para fins de investigação ou instrução criminal. Até então, seu uso estava restrito às hipóteses da Lei nº 12.850/2013. Atenta a essa falha, a Lei nº 13.964/2019 introduziu o novo art. 8-A na Lei nº 9.296/1996, onde está disposto sobre a captação ambiental de sinais eletromagnéticos, ópticos ou acústicos.

Além dos temas acima referidos, diversas outras questões foram tratadas pela lei apelidada de *pacote anticrime*, ao longo de seus vinte artigos. Assim, a lei em comento também:

a) previu acordo de não persecução cível no âmbito da Lei nº 8.429/1992, que dispõe sobre a prática de atos de improbidade administrativa e a responsabilização de seus autores (art. 17, § 1º da Lei nº 8.429/1992);

b) permitiu a utilização da ação controlada e da infiltração de agentes para a apuração do crime de lavagem ou ocultação de bens, direitos e valores previsto no art. 1º da Lei nº 9.613/1998;

c) criou novos tipos penais (por exemplo, art. 33, § 1º, IV da Lei nº 11.343/2006, art. 10-A da Lei nº 9.296/1996, entre outros);

d) dispôs sobre inclusão de presos provisórios ou definitivos em unidade prisional federal de segurança máxima (Lei nº 11.671/2008), com rigorosas características no cumprimento da medida privativa de liberdade e possibilidade de permanência nesses estabelecimentos penais por período de até três anos, renovável por iguais períodos, sem limitação legal quanto à tais prorrogações;

e) possibilitou a instalação, pelos Tribunais de Justiça estaduais e pelos Tribunais Regionais Federais, de Varas Criminais Colegiadas com competência para o processo e julgamento dos crimes de pertinência a organizações criminosas armadas ou que tenham armas à disposição e do crime previsto no art. 288-A do Código Penal, bem como os respectivos delitos conexos (art. 1-A da Lei nº 12.964/2012);

f) ampliou o serviço denominado dique-denúncia para as hipóteses de crimes contra a administração pública, ilícitos administrativos, bem como quaisquer ações ou omissões lesivas ao interesse público (art. 4-A da Lei nº 13.608/2018), com previsão da respectiva proteção em favor do denunciante;
g) aumentou as fontes de recursos para o Fundo Nacional de Segurança Pública (art. 3º da Lei nº 13.756/2018);
f) obrigou o exercício da defesa técnica – já em sede de investigações criminais – nos casos em que servidores das forças de segurança pública são investigados pelo uso da força letal praticados no exercício profissional (art. 14-A do CPP e art. 16-A do CPPM).

Todos os dispositivos novos trazidos pelo denominado pacote de leis anticrime, conjuntamente, revelam que sua causa eficiente foi um escasso debate sobre questões muito relevantes de política criminal. Os acertos e erros, a falta de critérios claros sobre a eleição ou não de determinadas matérias – tão diversas – para ajuste legal, as inconstitucionalidades e o simbolismo penal populista fazem da Lei nº 13.964/2019 verdadeira colcha de retalhos legislativa. Nosso desafio é decifrá-la ao leitor nas páginas adiante.

Cláudio do Prado Amaral
Professor Associado da Faculdade de Direito de Ribeirão Preto da USP.
Mestre, Doutor e Livre Docente em Direito pela USP.
Juiz de Direito do Estado de São Paulo.

SUMÁRIO

1. DAS ALTERAÇÕES NO CÓDIGO PENAL ... 19
   1. Legítima Defesa ... 19
   2. Da modificação de competência para a execução da multa ... 21
   3. Tempo de pena – art. 75, CP ... 22
   4. Livramento condicional ... 25
   5. Causas impeditivas da prescrição ... 26
   6. Das alterações sobre o crime de roubo qualificado ... 27
   7. Alterações no delito de estelionato ... 29
      7.1 Fraude e política criminal no direito penal brasileiro ... 30
      7.2 Direito intertemporal ... 31
   8. Concussão ... 32
Referências ... 34

2. DAS ALTERAÇÕES NA EXECUÇÃO DAS PENAS ... 35
Introdução ... 35
   1. Banco de dados de perfis genéticos ... 39
   2. Sistema progressivo e os novos requisitos ... 43
      2.1 Saída temporária ... 44
      2.2 Progressão de regime e livramento condicional ... 45
   3. Tempo máximo de cumprimento ininterrupto de pena privativa de liberdade ... 49
   4. Reintegração social e regime disciplinar diferenciado ... 53
   5. Estabelecimentos penais federais ... 49
   6. Organizações criminosas e execução penal ... 57
   7. Crimes hediondos e execução penal ... 60

8. Execução da pena de multa	61
Referências	63
3. A LEI Nº 13.964/2019 E AS INVESTIGAÇÕES CRIMINAIS	**65**
1. Servidores das forças de segurança pública investigados	65
2. Sobre a captação ambiental no âmbito da Lei nº 9.296/1996	68
3. Da utilização da ação controlada e da infiltração de agentes para apuração do crime de lavagem ou ocultação de bens, direitos e valores (Lei nº 9.613/1998)	72
3.1 Da ação controlada	72
3.2 Do agente infiltrado	74
Referências	76
4. "PACOTE ANTICRIME": A NOVA CONFIGURAÇÃO DO ACORDO DE NÃO PERSECUÇÃO PENAL	**77**
Introdução	77
1. Origem e conceito do acordo de não persecução penal	78
2. Requisitos	79
3. Hipóteses de inaplicabilidade	84
4. Procedimento	89
5. Das Condições	94
6. A Resolução n.º 181/2017 do CNMP: conflitos ou revogação?	96
7. Conclusões	99
Referências	100
5. MEDIDAS CAUTELARES PESSOAIS, PRISÃO E LIBERDADE: MAIS RIGOR TÉCNICO	**103**
1. Do incremento do sistema acusatório	103
1.1. O caráter de provisoriedade das medidas cautelares	105
1.2. A fundamentação das medidas cautelares	106
2. Medidas cautelares e contraditório	107
3. Da motivação da decisão sobre a prisão preventiva	108
3.1 Fundamentação individualizada da insuficiência e inadequação de outras medidas	109
3.2 Fatos novos e contemporâneos	110
3.3 A revisão obrigatória da prisão preventiva	110
4. As "novas" hipóteses de decretação e de vedação da prisão preventiva	111

    4.1 O periculum libertatis inserido no art. 312 do CPP   112
    4.2 As hipóteses de vedação da prisão preventiva   113
5. A adequação do processo penal à audiência de custódia   114
6. As hipóteses de prisão preventiva obrigatória   115
7. A execução provisória da pena no caso de condenação à pena igual ou superior a 15 anos por crime doloso contra a vida   117
Referências   119

6. CADEIA DE CUSTÓDIA   121
Introdução   121
    1. A Cadeia de Custódia   124
    2. Etapas da Cadeia de Custódia   128
    3. Gerenciamento da coleta e do acondicionamento   133
    4. Central de Custódia   137
Conclusões   138
Referências   139

7. O NOVO DESENHO DA COLABORAÇÃO PREMIADA CONFORME O "PACOTE ANTICRIME"   143
Introdução   143
    1. Do conceito   144
    2. Do Procedimento   145
    3. Das Formalidades   149
4. Das Sanções Premiais   153
    5. Dos Direitos do Colaborador   165
    6. Do Sigilo da Colaboração Premiada   166
    7. Conclusões   168
Referências   169

8. DAS ALTERAÇÕES NA LEI DOS CRIMES HEDIONDOS   173
    1. Sobre o homicídio doloso: alterações insignificantes, confusas e perda de oportunidades   175
    2. Sobre o roubo: ampliação de hipóteses   176
    3. Sobre a extorsão   177
    4. Sobre o furto   178
    5. Alterações no art. 33, § 4º, Lei n. 11.343/2006   179
    6. Modificações do art. 1º, parágrafo único, Lei n. 8.072/1990   180
Referências   181

9. A NOVA DISCIPLINA SOBRE A FUNDAMENTAÇÃO
DAS DECISÕES JUDICIAIS NO PROCESSO PENAL ... 183
   1. O status constitucional do dever de motivar no Brasil, sua indissociabilidade do princípio-garantia de publicidade e a sanção processual de nulidade ... 184
   2. Os requisitos da motivação ... 185
      2.1 A integralidade ... 186
      2.2 Dialeticidade ... 187
      2.3 Correção ... 187
      2.4 Racionalidade interna e externa ... 188
   3. Os vícios da motivação ... 189
      3.1 A inexistência de motivação ... 190
      3.2 Motivação incompleta ... 191
      3.3 Motivação não dialética ... 192
      3.4 Ausência de correspondência entre a motivação e as informações que constam no processo ... 194
      3.5 Contradição interna e externa ... 195
      3.6 Conclusões sobre os vícios da motivação ... 196
Referências ... 197

10. A NOVA ESTRATÉGIA DAS MEDIDAS REPRESSIVAS QUE RECAEM SOBRE BENS ... 199
   1. Confisco alargado: a perda de bens prevista no art. 91-A do Código Penal ... 200
   2. Da alienação e destinação de bens constritos ... 203
Referências ... 206

11. SOBRE AS ALTERAÇÕES NO ESTATUTO DO DESARMAMENTO E *WHISTLEBLOWING* ... 207
   1. Lei nº 10.826/2003 ... 207
   2. *Whistleblowing* ... 211

12. O JUIZ DAS GARANTIAS: O PACOTE ANTICRIME EM BUSCA DE MAIOR IMPARCIALIDADE OBJETIVA NO SISTEMA DE JUSTIÇA CRIMINAL ... 215
   1. Dos motivos para a implementação do juiz das garantias ... 216
   2. Reserva de jurisdição e investigação criminal ... 216

3. Imparcialidade judicial objetiva	217
4. A função assecuratória de direitos fundamentais do cidadão	220
5. Função assecuratória da dignidade da pessoa presa	221
6. Questões transitórias	222
7. Duração razoável do inquérito policial em caso de indiciado preso	223
8. Sobre a decisão proferida na ADI 6299/DF	223
9. Outros aspectos da Lei nº 13.964/2019 relacionados à imparcialidade	226
9.1 O art. 157, § 5º do CPP	226
9.2 O art. 1-A da Lei nº 12.694/2012: ampliação da garantia de imparcialidade da magistratura	227
Referências	229

1. Das alterações no Código Penal

Eduardo Saad-Diniz

1. Legítima Defesa

No ordenamento jurídico-penal brasileiro, a legítima defesa diz respeito a uma das hipóteses de exclusão da ilicitude (art. 25, CP), ladeando estado de necessidade e estrito cumprimento do dever legal ou exercício regular de direito. Apesar de que os estudos dogmáticos sobre a legítima defesa perceberam avanços significativos no estudo dogmático da matéria, parece que não foram tomados em consideração na oportunidade do Projeto Anticrime. Conforme nova redação do art. 25 do CP, dada pela Lei nº 13.964/2019:

> *Art. 25. Entende-se em legítima defesa quem, usando moderadamente dos meios necessários, repele injusta agressão, atual ou iminente, a direito seu ou de outrem. Parágrafo único. Observados os requisitos previstos no caput deste artigo, considera-se também em legítima defesa o agente de segurança pública que repele agressão ou risco de agressão a vítima mantida refém durante a prática de crimes.*

Foi inserido o parágrafo único, o qual apenas acrescentou a figura do agente de segurança pública. É discutível o caráter inovador, uma vez que a proteção de terceiros ela mesma tornaria desnecessária o acréscimo do agente de segurança pública. A legítima defesa não vale apenas para o policial, ela se estende para qualquer pessoa, não se limitando a situações de injusta agressão a funcionário policial.

Na verdade, a inclusão do parágrafo único faz parte de mais ampla articulação política, acomodando o expediente do "combate" ao crime e promoção das forças policiais. Em linhas gerais, não há diferença significativa e os requisitos exigidos no caput do art. 25, CP. A mudança operada parece incidir apenas no âmbito das percepções políticas e na especulação sobre o maior ou menor estímulo ao uso abusivo da força policial por parte de agentes de segurança pública. Quer dizer, a alteração na legítima defesa opera em plano muito mais simbólico do que uma mudança real nas possibilidades de reação à injusta agressão.

Fica a dúvida, ainda no plano da mera percepção, se a expressão tende a fomentar aumento da violência e da letalidade policial. Discutiu-se, inclusive, introduzir um parágrafo sobre possível redução da pena em hipóteses de excesso (sobretudo nos casos em que houvesse efetivamente injusta agressão). No caso do policial, o debate centrou-se na necessidade de haver confronto e resistência, determinando-se a conexão lógica entre as condutas. Com toda razão, a questão não se concretizou, uma vez que a possibilidade de redução da pena já é possível nos termos do CP, mediada pelo referencial interpretativo da proporcionalidade no uso da força policial.

Seja como for, a mudança reanima o debate político-criminal sobre a elaboração de limites à atuação funcional do agente de segurança pública, mais notadamente do funcionário policial. A mera alteração legislativa não teria esta capacidade de ampliar os níveis de compreensão sobre o problema do uso progressivo e humanizado da força policial (envolvendo mais profunda capacitação do agente policial, e mais consistência empírica sobre as situações e contextos em que o escalonamento da força é violado e acarreta sérias consequências, sobretudo em termos de letalidade), muito menos a mentalidade dominante no discurso crítico de que o abuso da força policial deslegitimaria seu uso.

A sua vez, a extensão do alcance normativo da proteção à figura da agressão à vítima-refém durante a prática de crimes vem igualmente para referendar algo já consolidado no ordenamento jurídico-penal brasileiro. A inovação não faz mais do que mera ênfase simbólica à figura do refém, apesar de despicienda.

Desde sempre, legítima defesa refere-se a uso moderado dos meios necessários, veiculando a ideia de reação proporcional. E, desde sempre, pode se referir tanto à proteção de direito próprio quanto estender a proteção de interesse de outrem. Em síntese, a nova redação da legítima defesa não traz modificações substanciais na concepção das excludentes de ilicitude no ordenamento jurídico-penal brasileiro, apenas reconhecendo já no texto normativo interpretação jurisprudencial consolidada.

2. Da modificação de competência para a execução da multa

A partir da Lei n. 13.964/2019, com o trânsito em julgado a sentença penal condenatória deve-se executar a pena de multa já perante o juiz da execução penal. Será considerada dívida de valor, aplicáveis as normas relativas à dívida ativa da Fazenda Pública, inclusive nas hipóteses de causas interruptivas e suspensivas da prescrição.

O texto aprovado incorporou ao CP brasileiro a seguinte redação:

> *Art. 51. Transitada em julgado a sentença condenatória, a multa será executada perante o juiz da execução penal e será considerada dívida de valor, aplicáveis as normas relativas à dívida ativa da Fazenda Pública, inclusive no que concerne às causas interruptivas e suspensivas da prescrição.*

Com a nova redação "perante juiz da execução penal", a multa deve ser executada já na fase de execução. Não há transformações profundas na estrutura processual, o que se deu não representa muito mais do que uma mera reordenação do sistema de justiça criminal. Espera-se apenas que a mudança tenha efeitos positivos na celeridade da prestação jurisdicional na fase de execução, sem repercutir, em termos político-criminais, em maior ou menor expressão do interesse do Estado na persecução penal[1]. Afinal, manejar e remanejar competência nada mais é que otimizar[2] os serviços prestados pelo sistema de justiça.

Em termos práticos, o legislador acredita que encontrará no âmbito da justiça criminal um sistema mais vocacionado para a cobrança (*rectius*, execução) da pena pecuniária. De fato. A execução da pena de multa não vinha recebendo o estímulo necessário para ser cobrada pelas instâncias Fazendárias no campo cível.

---

[1] Esta discussão reflete interpretação jurisprudencial do Supremo Tribunal Federal, incorporando os debates que têm sido veiculados para delimitação do sentido normativo sobre execução de multas em condenações penais na ação direta de inconstitucionalidade ADI 3150/DF, Rel. Min. Marco Aurélio.

[2] PACELLI, Eugênio. Curso de Processo Penal. 20ª ed. São Paulo: Atlas, 2016, 202.

3. Tempo de pena – art. 75, CP

Talvez aqui se possa observar a modificação mais polêmica aprovada pelo Pacote de Leis Anticrime, organizado pelo então Ministro Sérgio Moro. A aprovação do aumento do tempo de cumprimento de pena sugere amplo assentimento da prevenção especial negativa como finalidade da pena em nosso ordenamento. Em linhas gerais, a partir da Lei n. 13.964/2019 se internaliza a noção de que a pena de prisão representa intimidação e dissuasão para que pessoas não venham a cometer delitos.

Como consequência lógica, a alteração no art. 75, CP, também afeta a unificação de penas, somando-se o parágrafo primeiro ao texto da lei. Com a nova lei, a redação do art. 75, CP, passou a ser

> *Art. 75. O tempo de cumprimento das penas privativas de liberdade não pode ser superior a 40 (quarenta) anos.*
>
> *§ 1º Quando o agente for condenado a penas privativas de liberdade cuja soma seja superior a 40 (quarenta) anos, devem elas ser unificadas para atender ao limite máximo deste artigo.*

Há uma série de equívocos sobre esta matéria. Ao menos em tese, o art. 59, CP permite identificar as finalidades da pena no ordenamento jurídico-brasileiro, tanto retributiva, quanto preventiva. Chega-se mesmo a dizer, integrando o art. 59, CP ao art. 1º da Lei de Execução Penal (LEP), que há no ordenamento jurídico-penal brasileiro uma finalidade tríplice, somando à retribuição e à prevenção uma terceira: a ressocialização. Esta interpretação, apesar de buscar reconhecer os "efeitos certamente traumáticos, estigmatizantes e onerosos do cárcere", pretende vocacionar a interpretação judicial à realização da finalidade "retribuição-prevenção-ressocialização" (STF-HC 97256/RS, Rel. Min. Ayres Britto, 01.09.2010). Esta noção "tripartite" apresenta, no entanto, pouco sentido prático.

Não há qualquer justificativa razoável para a ampliação do tempo de cumprimento de pena no Brasil. Esta ampliação é indiferente aos níveis já elevados de encarceramento e superlotação nos presídios. Ela termina por negligenciar os elevados índices de reincidência e os efeitos deletérios e a estigmatização da vida pós-cárcere, acentuadamente com a dificuldade de absorção dos egressos no mercado de trabalho. Tampouco reflete juízos de necessidade, adequação e reação proporcional à ofensa[3]. Isso sem mencionar as evidências sobre os elevados índices de reincidência provocados pelas medidas encarcedadoras e o fracasso das iniciativas de prevenção especial negativa, especialmente aquelas orientadas ao isolamento e à inocuização seletiva de determinadas pessoas.

À indiferença da "doutrina do nada funciona" (*nothing works doctrine*), referência remota ao clássico estudo de Robert Martinson[4], há um acúmulo de quase cinco décadas de evidências científicas apontando as insuficiências do sistema de justiça criminal em realizar as prometidas finalidades da pena. Tudo leva a crer que a mudança atende ao expediente genérico de combate à impunidade e de garantia da segurança pública. Historicamente, o argumento está fora de lugar, já desde as lições básicas de Beccaria o sistema de justiça criminal deveria voltar sua atuação para a humanização das penas, e não para a exasperação ou crueldade, de tal forma que é "um dos maiores freios dos delitos não é a crueldade das penas, mas sua infalibilidade"[5] o que preserva a funcionalidade do sistema.

Parece que no lugar de conhecimento mais sólido sobre a severidade das condutas e o desenvolvimento de soluções orientadas por combinação mais inteligente do exercício do controle social, a mudança é simplesmente orientada por uma sensação generalizada de "impunidade". A determinação criminológica da severidade do crime poderia oferecer suporte muito mais consistente às inovações sobre tempo de pena, justificação moral do exercício do controle social formal, e efeitos primários, secundários e terciários do encarceramento na sociedade brasileira.

As evidências científicas são categóricas no sentido de redução do tempo ou mesmo da necessidade de desconto dos efeitos deletérios das condições do sistema prisional no tempo de cumprimento de pena; se muito, as pessoas são condenadas a privação de liberdade, e não a serem submetidas a toda sorte de violações, como dormir no chão, em celas superlotadas, vulneráveis a contágios, violência ou violações sexuais.

---

[3] MIR PIUG, Santiago. Derecho Penal: Parte General. 8ª ed. Barcelona: Reperttor, 2006, p. 83.
[4] Veja-se, *eg*, SARRE, Rick. Beyong what works: a retrospective of Robert Martinson's famous article". In: O'TOOLE, Sean *et al* (org). Corrections Criminology. New York: Hawkins Press, 2005, p. 162-168.
[5] BECCARIA, Cesare. Dos delitos e das penas. tradução J. Cretella Jr. e Agnes Cretella I. – 2ª ed. rev., 2ª Tir. – São Paulo: Editora Revista dos Tribunais, 1999 (RT textos fundamentais), p. 87.

Efeitos terríveis no desenvolvimento da personalidade e dos processos de socialização na perda de perspectiva e propósito. Por tudo isso, é bastante razoável esperar que a majoração do tempo máximo de cumprimento da pena privativa de liberdade, de 30 para 40 anos, merecerá maior reflexão nos tribunais.

O exagero da mudança do tempo de pena no CP seguramente deve ser sujeito à verificação de sua constitucionalidade. A alteração deve ser questionada com respeito à sua adequação ao modelo constitucional brasileiro (vedação do tratamento cruel e da prisão perpétua, art. 5º, CF) e ao alinhamento ao Pacto de San José da Costa Rica.

Pior ainda se ele impactar também na forma como se interpreta o prazo da medida de segurança. Há expectativas quanto a seu possível impacto na interpretação do tempo das medidas de segurança. A medida de segurança trata-se, igualmente, de reação penal, veiculando finalidades preventivas e curativas e podendo ser atribuída a pessoas inimputáveis ou semi-imputáveis (art. 96, CP, I – internação em hospital de custódia e tratamento psiquiátrico ou, à falta, em outro estabelecimento adequado; II – sujeição a tratamento ambulatorial) que realizam a conduta típica. O CP informa apenas o tempo mínimo (de 1 a 3 anos) de cumprimento. No entanto, apesar de que o art. 97, parágrafo 1º, afirme o caráter indeterminado do tempo de internação ou tratamento ambulatorial – e desde que não tenha sido evidenciada, por perícia médica, a cessação da periculosidade –, há interpretação jurisprudencial no Supremo Tribunal Federal (STF) que reverte o entendimento do Superior Tribunal de Justiça (STJ) de que a medida de segurança deve perdurar enquanto não cessada a periculosidade do agente (STJ-HC n. 113998/RS, Rel. Min. Nunes Maia Filho, 16.03.2009).

A interpretação jurisprudencial do STF toma por referencial a verificação constitucional do art. 5º, XLII, b ("não haverá penas de caráter perpétuo"), da isonomia (não se pode imputar pena mais gravosa ao inimputável do que ao imputável) e da proporcionalidade (proibição de excesso), de tal forma que a execução da medida de segurança também deveria ser objeto de imposição de limite temporal. Posteriormente, o STJ teve a oportunidade de rever sua interpretação jurisprudencial (*eg.* STJ-HC 143.315/RS, Rel. Min. Og Fernandes, 23.08.2010) e sumulou o entendimento: STJ/Súmula 527: "O tempo de duração da medida de segurança não deve ultrapassar o limite máximo da pena abstratamente cominada ao delito praticado"[6]. O STF manteve o sentido normativo de imposição de limite aos 30 anos: STF-RHC n. 100.383/AP, Rel. Min. Luiz Fux, 04.11.2011.

A questão não poderia ser mais delicada. A situação deletéria das instituições em que são implementadas as medidas de segurança é caótica no Brasil. Este debate, também conhecido como "Holocausto brasileiro", deve certamente ser objeto de crítica nos movimentos de *luta antimanicomial*. Seja como for, parece, mais uma vez, que as ideias penais sobre a prevenção especial negativa encontraram expressão nesta alteração. Seguramente, o sentido normativo que se atribuiu ao tempo de pena deve ser submetido à verificação de seus pressupostos constitucionais.

4. Livramento condicional

No que diz respeito às alterações atinentes ao livramento condicional, mais uma vez fica acentuada a função disciplinar da execução penal. Houve alterações no que diz respeito aos requisitos para a concessão do benefício do livramento condicional. O art. 83, III, CP, recebeu nova técnica legislativa, discriminando as hipóteses de concessão do benefício em alíneas. A Lei n. 13.964/2019 incluiu as seguintes hipóteses.

> Art. 83. (...) III – *comprovado:*
> *a) bom comportamento durante a execução da pena;*
> *b) não cometimento de falta grave nos últimos 12 (doze) meses;*
> *c) bom desempenho no trabalho que lhe foi atribuído; e*
> *d) aptidão para prover a própria subsistência mediante trabalho honesto;*

Na alínea 'a', substituiu-se por "bom comportamento" a expressão "comportamento satisfatório". Na alínea 'b', foi incluído o requisito de não ter cometido nenhuma falta grave nos últimos 12 meses. Já as alíneas

---

[6] Neste sentido, teve ampla repercussão a interpretação da Ministra Maria Thereza de Assis Moura: "A meu sentir, fere o princípio da isonomia o fato da lei fixar o período máximo de cumprimento de pena para o imputável, pela prática de um crime, e determinar que o inimputável cumprirá medida de segurança por prazo indeterminado, condicionando o seu término à cessação da periculosidade. Em razão da incerteza da duração máxima da medida de segurança, está-se claramente tratando de forma mais severa o infrator inimputável quando comparado ao imputável, para o qual a lei limita o poder de atuação do Estado", STJ-HC 91.602/SP, Rel. Min. Maria Thereza de Assis Moura, 26.10.2012.

'c' e 'd' (bom desempenho no trabalho que lhe foi atribuído e aptidão para prover a própria subsistência mediante trabalho honesto) já estavam previstas no art. 83, III.

Cada um dos incisos vem para reforçar a função disciplinar da execução penal. Tudo leva a crer que as modificações foram orientadas pela ideia de incentivo à disciplina durante o cumprimento da pena. Há forte juízo moralizante sobre a personalidade e o comportamento humano, buscando, a partir do controle imposto pela execução penal, reforçar um entendimento moral comum sobre disciplina e trabalho. Porém, a verdade é que estas qualificações jurídicas "bom comportamento", "falta grave", "função disciplinar", "bom desempenho no trabalho", "aptidão para própria subsistência em trabalho honesto" sempre estiveram, em medida mais ou menos consciente, postas na interpretação jurisprudencial, e as recentes alterações nos CP apenas trataram de sistematizar alguns destes critérios interpretativos.

5. Causas impeditivas da prescrição

Trata-se de novas hipóteses de suspensão do prazo prescricional. A contagem do prazo não é computada. Foram criadas duas novas causas impeditivas da prescrição pela Lei nº 13.964/2019. Conforme novo inciso III do art. 116, CP, não corre a prescrição "na pendência de embargos de declaração ou de recursos aos Tribunais Superiores, quando inadmissíveis".

Nesse caso, a lei visa evitar os efeitos da manobra da defesa que ingressa com expedientes recursais protelatórios ou sem fundamento, para provocar demora processual que ocasionaria a prescrição, inviabilizando a realização dos propósitos político-criminais. Note-se que se trata de hipótese de resultado negativo para o denominado juízo de prelibação, isto é, aquele que antecede o mérito. São casos em que o recurso ou os embargos sequer são admitidos, pois não satisfazem condições ou pressupostos mínimos que permitam o exame da questão de mérito argumentada no recurso[7].

Desse modo, caso os embargos ou recursos sejam admitidos, mas rejeitados no mérito, a prescrição será computada, isto é, não se interrompe.

Uma crítica que pode ser feita a esse dispositivo é a de que ele presume que todo recurso ou embargos que não satisfaz aos requisitos de

---

[7] DEZEM, Guilherme Madeira. Curso de Processo Penal. 5ª ed. São Paulo: RT, 2019, p. 1169.

admissibilidade é finalisticamente compreendido como protelatório. Outra crítica é a falta de coerência, pois restringe a hipótese aos tribunais superiores. Sabe-se que o trâmite processual nessas instâncias é mais demorado. Mas, por uma questão lógica, se o objetivo é evitar manobras protelatórias, a previsão deveria valer para todas as instâncias. Inclusive porque, em tempos de rigor fiscal e redução de quadros funcionais, a tendência é a de que a demora na tramitação processual atinja também os tribunais estaduais e regionais federais.

Houve a inserção do IV, ao art. 116 do CP, cuja redação dispõe que não corre a prescrição enquanto não cumprido ou não rescindido o acordo de não persecução penal. Conforme novo dispositivo previsto no art. 28-A do CPP, permite-se que acusação (de um lado) e réu e defensor (de outro) celebrem acordo de não persecução. Nesta obra, o tema do acordo de não persecução é tratado em outro capítulo, com muita competência. Enquanto o referido acordo penal não for considerado cumprido, isto é, enquanto não for realizado, adimplido pelo acusado, não se computa a contagem da prescrição, ela fica suspensa.

Da mesma forma fica suspensa a contagem da prescrição até o momento de eventual rescisão do acordo. Nos termos do art. 28-A, § 10 do CPP, caso seja descumprida qualquer condição estipulada "no acordo de não persecução penal, o Ministério Público deverá comunicar ao juízo, para fins de sua rescisão e posterior oferecimento de denúncia".

O problema consiste em definir o momento em que se considera rescindido o acordo. Conforme redação do § 10 *supra* exposta, a rescisão é comunicada ao juiz criminal, "para fins de rescisão". Logo, é tranquilo interpretar que será uma decisão judicial rescisória que representará o marco inicial da contagem (ou da recontagem conforme o caso concreto) do prazo prescricional.

6. Das alterações sobre o crime de roubo qualificado

Em tema de roubo qualificado pelo emprego de arma, a Lei n. 13.964/2019 atua tentando promover a proporcionalidade na previsão das penas.

A Lei n. 13.654/2018 havia revogado o disposto no art. 157, § 2º, I, CP, o qual previa o aumento de 1/3 até a metade, no caso "violência ou ameaça exercida com emprego de arma", ou seja, fosse a arma de fogo ou branca o aumento era o mesmo. Ao mesmo tempo, a Lei n. 13.654/2018 incluiu o § 2º-A, que previu o aumento de 2/3 para o caso de violência ou ameaça é exercida com emprego de arma de fogo. Desse modo, desde 2018 o roubo praticado com emprego de arma branca restou sem previsão de qualificadora. De um lado criticou-se que, sendo hipótese de conduta grave, não poderia haver sido formalmente equiparada aos comportamentos do tipo básico previstos no *caput* do art. 157 do CP. De outro lado, respondeu-se que bastaria o julgador agravar a pena com base nas circunstâncias previstas no art. 59, CP, nas hipóteses em que o roubador empregasse arma branca.

De todo modo, fato é que a Lei n. 13.964/2019 tenta pacificar a discussão, restabelecendo a causa de aumento que vigia antes da Lei n. 13.654/2018, usando de argumento legítimo, qual seja, o da proporcionalidade que deve existir entre o desvalor da ação e do resultado, e a respectiva pena.

Assim, o inciso VII do § 2º, incluído pela Lei n. 13.964/2019, restabelece o aumento de 1/3 até a metade se a violência ou grave ameaça é exercida com emprego de arma branca.

A definição de arma branca é obtida negativamente, isto é, compreende-se por arma branca aquela que não é arma de fogo. As armas brancas dividem-se em próprias e impróprias. As primeiras são fabricadas para servir como instrumento de ataque ou defesa, como o soco-inglês, a espada e o punhal. As impróprias não foram produzidas com finalidade de servir para ataque ou defesa, mas podem servir perfeitamente para isso, como por exemplo, o espeto de churrasco, a faca de cozinha, o machado e a navalha.

Foi também incluído pela Lei n. 13.964/2019 o § 2º-B, o qual estabelece que "se a violência ou grave ameaça é exercida com emprego de arma de fogo de uso restrito ou proibido, aplica-se em dobro a pena prevista no caput" do art. 157, CP.

Aqui também o legislador usa como critério que fundamenta esta majorante a proporcionalidade. E o faz com maior correção. O uso de uma pistola de grosso calibre (9mm), uma metralhadora ou fuzil são armamentos de poder vulnerante cujas consequências levam perigo de morte imediata às vítimas visadas pelo crime, mas, muito mais do que isso, podem atingir outras vítimas indeterminadas.

Questão que se apresentará na prática será aquela respectiva à incidência de duas qualificadoras, quando foram empregadas arma de fogo de uso permitido (§ 2º-A) e de uso restrito ou proibido (§ 2º-B), no mesmo evento. Qual majorante deverá o juiz aplicar? A resposta está no art. 68, parágrafo único do CP: "no concurso de causas de aumento ou de diminuição previstas na parte especial, pode o juiz limitar-se a um só aumento ou a uma só diminuição, prevalecendo, todavia, a causa que mais aumente ou diminua".

Todavia, não é uma questão simples, pois podem incidir particularidades respectivas ao conhecimento sobre o tipo. Imagine-se que um ou alguns dos agentes desconheciam que outros estavam portando armamento de grosso calibre. Certamente não poderiam receber a majorante mais grave, sob pena de responsabilidade penal objetiva.

7. Alterações no delito de estelionato

A Lei n. 13.964/2019 torna o crime de estelionato de ação penal pública condicionada à representação, com ressalvas. Anteriormente, o entendimento uníssono era de que o tipo penal do estelionato se procedia mediante ação penal pública incondicionada. A nova lei acrescenta o art. 171, § 5º, indicando a necessidade de representação por parte, ressalvando a proteção da Administração Pública e situações de vulnerabilidade.

Tudo indica que as alterações se deram para redimensionar erro e engano e o dever de acautelar-se no exercício da livre disposição patrimonial, exigindo a provocação da vítima para atuação do sistema de justiça criminal nos casos de estelionato. Com a Lei n. 13.964/2019, a redação passa a ser a seguinte:

> *Art. 171. (...)*
> *§ 5º Somente se procede mediante representação, salvo se a vítima for: I – a Administração Pública, direta ou indireta; II – criança ou adolescente; III – pessoa com deficiência mental; ou IV – maior de 70 (setenta) anos de idade ou incapaz.*

Significa então que a tutela penal do estelionato se dá mediante ação penal pública incondicionada apenas se a vítima for a Administração Pública, direta ou indireta; criança ou adolescente; pessoa com deficiência mental; ou maior de 70 (setenta) anos de idade ou incapaz. Na prática, quer dizer que o Ministério Público só poderá oferecer denúncia em face do investigado se o ofendido requerer a apuração dos fatos às autoridades (delegado de polícia, promotor ou juiz), ou se o ofendido ocupar alguma das exceções destacadas. De acordo com o art. 38, CPP, a representação deverá ser feita no prazo decadencial de 6 meses, contados a partir da data em que o ofendido tomar conhecimento do autor dos fatos.

7.1 Fraude e política criminal no direito penal brasileiro

O estudo da fraude no ordenamento jurídico-penal brasileiro remete às clássicas ideias penais de Nelson Hungria. Desde então, estelionato seria uma espécie da qual fraude é gênero, e a manualística nacional parece não haver ido além disso. A diferenciação entre a fraude civil e a penal consiste na interpretação objetiva do engano ou erro e seus vínculos possíveis com a lesão. É lapidar o conceito de Hungria: verifica-se a fraude penal nas hipóteses em que "relativamente idôneo o meio iludente, se descobre, na investigação retrospectiva do fato, a ideia preconcebida, o propósito *ab initio* da frustração do equivalente econômico"[8]. E é incrível como, já desde Hungria, entende-se por erro a falsa (ou ausência de) representação da realidade concreta, funcionando como vício do consentimento da vítima" [9]. A alteração no tipo de estelionato, como apontado *supra*, redimensiona o dever de acautelar-se, exigindo que postura ativa da vítima ao buscar a prestação do sistema de justiça criminal, ao mesmo tempo em que dá ênfase à figura da vítima para fundamentar a desnecessidade de representação se o caso de proteção da Administração Pública ou de situação de vulnerabilidade.

---

[8] HUNGRIA, Nelson. *Fraude penal*. Rio de Janeiro: Est. Graphico, 1932, p. 62.
[9] HUNGRIA, Nelson. *Comentários ao código penal – VII*. Rio de Janeiro: Forense, 1955, p. 204. É muito interessante como, na moderna dogmática penal alemã, Wolfgang Frisch apenas sofisticou a interpretação do erro para a consequente configuração do estelionato. O erro promovido pela conduta fraudulenta deve ser capaz de violar as expectativas e representações elaboradas pela vítima acerca do objeto pactuado, de forma que essa venha a se comportar como se, de determinada conduta praticada, uma contraprestação previamente acordada devesse ser prestada pelo autor do delito. Há, portanto, o elemento confiança da vítima e sua violação como integrante do núcleo de configuração do estelionato. Para além do contexto tradicional de erro, o conceito deve estender-se para além do desconhecimento dos fatos e de sua representação errônea. Segundo a interpretação de Frisch, o delito de estelionato protege as expectativas da vítima, bem como representações da realidade que ela pode ter formulado a respeito daquilo que fora pactuado, de forma a propor dimensões mais complexas em relação ao que compõe o tradicional conceito de erro para a configuração do delito de estelionato. FRISCH, Wolfgang. Cuestiones fundamentales del engaño y el error en la estafa: acerca del llamado derecho a la verdad. *Revista de Derecho Penal y Procesal Penal*. v.5, 2011, p. 781-800.

É curioso como é possível estabelecer um interessante diálogo com a moderna dogmática jurídico-penal nos delitos de estelionato. Na interpretação doutrinária de Nuria Pastor, o delito de estelionato não pode ser aplicado nos casos em que a suposta vítima tenha assumido o risco de empreender um negócio jurídico cujo objeto tenha sido uma obrigação ilícita. A sujeição à celebração de contrato ilícito significa a exclusão da tutela penal do indivíduo que não recebe a contraprestação ilícita pactuada, exatamente porque se trata de risco penal atípico[10]. Michael Pawlik, a seu modo, interpreta a mesma necessidade de consideração dogmático-normativa do delito é essencial para a delimitação da autoria na fraude penal. O autor do delito é aquele que tem competência ou responsabilidade pelo erro da vítima e, portanto, pela caracterização do delito, daí a importância da análise do dever de acautelar-se e dos defeitos de organização alheios para a configuração da conduta típica[11].

A alteração do CP segue sendo objeto de dúvidas. Ao exigir a formalização do interesse na persecução penal, a inovação legislativa acaba acarretando o ônus de oferecer elementos de convicção à vítima do estelionato (o que, na prática, nem sempre é viável), uma vez que, caso provada a inocência do investigado, há sempre o risco de incorrer em falsa imputação de crime (art. 340, CP). Da mesma forma, não se sabe por que as alterações no estelionato não poderiam aproveitar outros delitos patrimoniais.

7.2 Direito intertemporal

Embora a representação esteja ligada ao direito de ação e esta, por sua vez, respectiva ao direito processual penal, o que poderia levar à conclusão de que o novo dispositivo previsto pela Lei nº 13.964/2019 não retroagiria, a questão não é simples assim.

Tratando-se de matéria processual penal, as regras novas promulgadas aplicam-se imediatamente ao ordenamento jurídico processual, obedecendo ao brocardo *tempus regit actum*.

---

[10] PASTOR MUNOZ, Nuria. Estafa y negocio ilícito. *Revista de Derecho Penal y Criminología*. 5/2000, p. 335-360.
[11] PAWLIK, Michael. ¿Engaño por medio del aprovechamiento de defectos de organización ajenos? Acerca de la distribución de riesgos conforme al § 263 StGB en casos de errónea acreditación en cuenta y constelaciones emparentadas. *ADPCP*, v. 61, 2008, pp. 31-53.

Há normas jurídicas processuais penais carregadas de conteúdo material. Justamente por isso, obedecem ao princípio de anterioridade da lei penal mais benéfica. É exatamente o caso da lei nova que transforma a ação penal de um certo crime de pública incondicionada para condicionada à representação[12]. A razão lógica para a retroatividade da lei que passa a exigir a representação é o fato de que o direito de punir do Estado passa a ser dificultado, seu exercício torna-se mais exigente, porque doravante dependente de uma condição, qual seja, a manifestação inequívoca da vontade da vítima.

Assim, nos casos de estelionato em andamento, sejam inquéritos policiais sejam processos, as respectivas vítimas devem ser intimadas para manifestar ou não o desejo expresso de que o autor do fato seja processado criminalmente ou que o processo tenha continuidade. É bem verdade que se poderia interpretar que tendo a vítima comparecido a uma delegacia de polícia e noticiado o fato que se materializou em boletim de ocorrência serviria para fins de representação. Não é bem assim. A representação não significa apenas que a vítima quer que o acusado seja processado, mas também que está ciente e disposta a se submeter ao *strepitus judici*, isto é, aos espinhos do processo. Participar de um processo criminal, ainda que na condição de vítima, pode ser, em muitos casos, um dissabor. E não é pequeno. Até porque frequentemente a defesa do acusado será um contra-ataque à pessoa da vítima, argumentando a sua cobiça ou ganância. Some-se que muitas vezes a vítima comparece à repartição policial e noticia o fato para fins diversos da persecução penal, como ressarcimento pelo seguro ou contabilidade.

Daí não se pode presumir que o fato de a vítima ter "feito BO" equivale à representação criminal, sendo, portanto, necessário intimá-la para que dê *condição de prosseguibilidade* às ações penais em curso, durante a promulgação da Lei nº 13.964/2019.

8. Concussão

A partir da Lei n. 13.964/2019, ampliou-se a previsão de pena no preceito secundário do tipo penal de concussão, de 2 (dois) a 8 (oito) anos

---

[12] BADARÓ, Gustavo. In: Código de Processo Penal Comentado. GOMES FILHO, Antonio Magalhães; TORON, Alberto Zacharias; BADARÓ, Gustavo Henrique. Coordenadores. 2ª ed. São Paulo: RT, 2019, p. 26.

para 2 (dois) para 12 (doze). A redação do tipo penal passa a ser a seguinte:

> Art. 316 – *Exigir, para si ou para outrem, direta ou indiretamente, ainda que fora da função ou antes de assumi-la, mas em razão dela, vantagem indevida:*
> *Pena – reclusão, de 2 (dois) a 12 (doze) anos, e multa."""*

A alteração do preceito secundário, ampliando a pena máxima abstrata prevista, parece seguir a lógica do reforço punitivo para a moralização dos costumes na Administração pública. Uma vez mais, tem-se a crença injustificada de que a exasperação da pena máxima abstrata prevista poderia exercer intimidação e dissuadir novas práticas criminosas em detrimento do bom funcionamento da máquina burocrática de Estado.

Tudo leva a crer que a mudança legislativa vem para superar a sensação generalizada de impunidade em relação a – também genericamente considerados – "escândalos de corrupção" e frustração da confiança no exercício de funções públicas.

Diferentemente de outras alterações legislativas, pontualmente se tem a aposta no potencial de prevenção geral positiva, incrementando as normas secundárias e, consequentemente, a expectativa de maior obediência aos mandamentos do CP.

O reforço das normas secundárias, em verdade, reflete a insuficiência das soluções de política criminal em relação aos delitos contra a Administração Pública e a baixa complexidade da discussão dogmática. Na teoria jurídica, o debate remonta a clássica oposição entre as teses de Hans Kelsen e Karl Binding. Apesar de Kelsen reduzir a importância da intimidação pelas vias da previsão abstrata de sanções, uma que a própria descrição da conduta pressupõe já a sanção penal, o modelo de Binding, que divide normas de comportamento (normas primárias) e normas de sanção (normas secundárias) acaba sendo o mais cômodo no cotidiano do sistema de justiça criminal. No lugar de aperfeiçoar comportamentos e motivações que levam ao cumprimento de normas, como em Kelsen, em Binding tem-se a possibilidade de manejo "mais fácil" dos limites abstratos previstos para a aplicação das sanções[13]. Comodidade que aqui

---

[13] "Binding haría mera referencia a las consecuencias o a efectos jurídicos que solamente refuerzan el carácter intimidatorio, al paso que para Kelsen la naturaliza de normativa no se limitaria a la forma gramatical de las normas jurídicas. Para qué al final ordenar una pena, si

também reflete a ausência de soluções mais imaginativas sobre o problema da confiança na Administração pública.

Referências

BADARÓ, Gustavo. In: Código de Processo Penal Comentado. GOMES FILHO, Antonio Magalhães; TORON, Alberto Zacharias; BADARÓ, Gustavo Henrique. Coordenadores. 2ª ed. São Paulo: RT, 2019.

BECCARIA, Cesare. Dos delitos e das penas. tradução J. Cretella Jr. e Agnes Cretella I. – 2ª ed. rev., 2ª Tir. – São Paulo: Editora Revista dos Tribunais. 1999 (RT textos fundamentais).

DEZEM, Guilherme Madeira. Curso de Processo Penal. 5ª ed. São Paulo: RT, 2019.

FRISCH, Wolfgang. Cuestiones fundamentales del engaño y el error en la estafa: acerca del llamado derecho a la verdad. *Revista de Derecho Penal y Procesal Penal.* v.5, 2011.

HUNGRIA, Nelson. *Comentários ao código penal – VII.* Rio de Janeiro: Forense, 1955.

_____. *Fraude penal.* Rio de Janeiro: Est. Graphico, 1932, p. 62.

MIR PIUG, Santiago. Derecho Penal: Parte General. 8ª ed. Barcelona: Reperttor, 2006.

PACELLI, Eugênio. Curso de Processo Penal. 20ª ed. São Paulo: Atlas, 2016, 202.

PASTOR MUNOZ, Nuria. Estafa y negocio ilícito. *Revista de Derecho Penal y Criminología.* 5/2000.

PAWLIK, Michael. ¿Engaño por medio del aprovechamiento de defectos de organización ajenos? Acerca de la distribución de riesgos conforme al § 263 StGB en casos de errónea acreditación en cuenta y constelaciones emparentadas. *ADPCP*, v. 61, 2008.

SARRE, Rick. Beyong what works: a retrospective of Robert Martinson's famous article. In: O'TOOLE, Sean *et al* (org). Corrections Criminology. New York: Hawkins Press, 2005.

ella ocurriría sin la necesidad de eso?", SAAD-DINIZ, Eduardo. Aún sobre la interpretación normativa. In: FALCONE, Andrés. Autores detrás del autor. Buenos Aires: Ad Hoc, 2016, p. 248.

2. Das alterações na execução das penas

Alamiro Velludo Salvador Netto

Introdução

Nos últimos dias do ano de 2019, mais especificamente em 24 de dezembro, foi publicada no Diário Oficial da União a Lei nº 13.964. Na realidade, contudo, essa data significou apenas a consolidação de um polêmico debate político que começara praticamente um ano antes, fruto da vitória eleitoral do Presidente Jair Bolsonaro e da então anunciada nomeação do ex-juiz federal Sérgio Moro para ocupar o Ministério da Justiça e Segurança Pública.

Após o resultado eleitoral de 2018, foi propagandeado, ainda na fase de transição de governos, um incipiente pacote de medidas, todas elas de cunho legislativo, que teriam como finalidade fortalecer o "combate" à corrupção e à criminalidade no Brasil, transportando agora para o discurso do Executivo a intenção de converter em lei uma série de postulações que encamparia a perspectiva do sistema criminal assumida pela *"Operação Lava-Jato"*. As propostas reunidas no documento divulgado amplamente no Brasil projetavam alterações que atingiriam praticamente todos os ramos das ciências criminais, ou seja, estavam ali sugeridas mudanças no Código Penal, no Código de Processo Penal, na Lei de Execução Penal, na Lei de Crimes Hediondos, além de outros diversos diplomas legais.

Diante desse quadro, o ponto de partida para as reformas legislativas pontuais foi, pode-se afirmar, unilateral. Isso quer dizer que o *"pacote"* originalmente apresentado detinha uma visão parcial do sistema criminal, eis que o enxergava apenas como uma ferramenta direcionada à busca da segurança pública, cujas ideias dominantes circulavam basicamente em torno de prevenção dos delitos, da neutralização de indivíduos e do recrudescimento das sanções. Imperou aqui a lógica de que a eficiência penal desejada é aquela que alcança o maior número de condenações, de modo mais célere, sem obstáculos, com a maior pena e a mais longa execução possíveis. Essa mencionada visão unilateral do problema criminal é simbolicamente exprimida pela própria nomenclatura redundante de lei *"Anticrime"*, como se fora imaginável alguma lei penal que deliberadamente vislumbrasse, em si mesma, fomentar a criminalidade.

Essa idealização do Direito Penal como um instrumento exclusivo de segurança, embora possa ser uma compreensão leigamente comum, necessita sempre ser mitigada por outros aspectos e dimensões, sob pena de se correr o risco da total transmutação do *"Direito"* em *"Poder"*, isto é, da completa subjugação do cidadão ao império e à força física do Estado.

O entendimento e a prática do Direito Penal como instrumento de segurança, algo hoje observável em praticamente todos os países democráticos, não pode suprimir completamente a faceta penal de garantia do cidadão em face do poder público, característica essencial, genuína e indelével desse ramo jurídico desde as suas primeiras sistematizações racionalistas iniciadas, principalmente, a partir do século XVIII. No plano da execução penal, onde o espectro da criminalidade organizada também parece assumir nos dias de hoje o protagonismo do debate[1], essa polaridade convive no tenso dilema entre a neutralização de condenados e a reintegração social de cidadãos. Isto é, se a aplicação concreta da pena deve ter um caráter sancionatório, aflitivo e de contenção dos indivíduos, também necessita se fazer, ao mesmo tempo, acompanhada de um projeto de ressocialização, nos próprios e exatos termos do art. 1º da LEP.

---

[1] Essa afirmativa deriva da preocupação acadêmica, política e institucional com o espaço ocupado pelas organizações criminosas no âmago do sistema prisional brasileiro. PORTO, ainda no ano de 2008, publica trabalho que busca compreender o surgimento e a evolução dessas organizações. PORTO, Roberto. *Crime organizado e sistema prisional*. São Paulo, Atlas, 2008, pp. 73 ss.

Aliás, essas tensões que existem no âmago do sistema criminal ficaram bastante claras ao longo da tramitação do projeto no Congresso Nacional. A apresentação das medidas pelo Ministro Sérgio Moro de imediato causou uma profunda divisão no universo jurídico nacional. Setores mais progressistas denunciaram esse caráter unilateral das propostas e a visão amadora e turva na compreensão do complexo e estrutural problema criminal brasileiro. Almejava-se apenas recrudescer penas, dificultar a prescrição, suprimir garantias processuais, antecipar e alongar a fase executória. Acadêmicos, advogados e alguns setores da magistratura foram os principais opositores de uma alteração legislativa que vislumbrasse tão somente promover condenações e desequilibrar a balança entre a acusação e a defesa no processo penal. Por outro lado, setores mais conservadores da sociedade saíram em apoio às medidas. O discurso, nesse lado, apresentava-se de modo mais pragmático e imediatista, alçando as mudanças legislativas à condição de requisitos imprescindíveis para a continuidade da luta contra a criminalidade. A corrupção aparecia como a síntese de todos os males, uma espécie de metonímia com a qual se expressava a globalidade dos delitos e das iniquidades.

A mencionada tensão entre garantias e segurança no sistema criminal também apareceu no produto final dessa discussão, no texto da própria Lei nº 13.964/2019. Se o impulso inicial tinha um total viés conservador, a legislação aprovada, e sancionada pela Presidência da República, assim não se mostrou. O Congresso conseguiu, no tramitar do processo legislativo, mitigar o caráter parcial que originalmente tisnava a iniciativa. Com isso, se por um lado o tempo máximo de cumprimento ininterrupto de pena no Brasil aumentou de 30 (trinta) para 40 (quarenta) anos de privação de liberdade, de outro o Código de Processo Penal assumiu a necessidade de um juiz de garantias que aperfeiçoe a natureza acusatória do processo. Se o novel diploma resolveu inserir alguns dos crimes patrimoniais, como o furto e o roubo qualificados, no rol de delitos hediondos, igualmente tornou condicionada à representação do ofendido a ação penal pública na maior parte dos casos de práticas de estelionato[2]. Ao mesmo tempo em que elevou o lapso tem-

---

[2] Ainda que a nova legislação tenha tornado condicionada a ação penal pública apenas para as hipóteses de estelionato, desde muito tempo já se argumenta em favor do condiciona-

poral mínimo de cumprimento de pena para que o condenado alcance a progressão de seu regime prisional, adotou o instituto do acordo de não persecução penal que, ao menos em tese, tende a diminuir o nível de encarceramento. Em suma, os parlamentares brasileiros balancearam um projeto originalmente embebido somente pelo viés securitário.

No plano específico e exclusivo da execução penal, contudo, o pacote anticrime tendeu a manter a parcialidade original do projeto. Praticamente todas as alterações relevantes aprovadas destinaram-se a tornar mais rígida a execução ou, em outras palavras, a privilegiar a concepção neutralizadora em detrimento do projeto de reintegração social consagrado na LEP. A mensagem transmitida pela reforma foi muito clara no sentido de que a custódia do condenado se mostra principalmente como um fator de contenção do sujeito, ainda que, para tanto, perspectivas sociais tenham sido rebaixadas no tocante aos seus níveis de prioridade.

Para melhor esclarecer essas ponderações, os pontos alterados pela Lei nº 13.964/2019 demandam análises separadas. Para facilitar a compreensão, o presente capítulo divide-se da seguinte forma: novo regramento atinente ao armazenamento em banco de dados dos perfis genéticos dos condenados no Brasil; o aumento do tempo do encarceramento por meio da supressão parcial das saídas temporárias, dos maiores lapsos mínimos exigidos para a progressão do regime e o do aumento do tempo máximo ininterrupto de privação de liberdade; a mudança das regras na sistemática do regime disciplinar diferenciado; as alterações das regras relativas aos Estabelecimentos Penais Federais de Segurança Máxima na Lei nº 11.671/2008; as disposições sobre organização criminosa que impactam diretamente na execução penal; o repetido recurso à Lei dos Crimes Hediondos (Lei nº 8.072/1990) como reforço simbólico dessa narrativa da segurança e da prevenção; e, finalmente, as novas disposições sobre a execução da pena de multa.

---

mento da ação, mediante a exigência de representação do ofendido, para todos os crimes patrimoniais praticados sem violência ou grave ameaça à pessoa. Nesse sentido: SALVADOR NETTO, Alamiro Velludo. *Direito penal e propriedade privada*: a racionalidade do sistema penal na tutela do patrimônio. São Paulo: Atlas, 2014, pp. 237-243.

1. Banco de dados de perfis genéticos

A Lei nº 13.964/2019 acrescentou alguns dispositivos para o sempre polêmico tema do armazenamento em banco de dados de perfis genéticos, previsto inicialmente no Brasil com a Lei nº 12.654/2012. Essa última legislação havia introduzido na LEP o atual *"caput"* e §§ 1º e 2º do art. 9º-A, determinando que os condenados por crime praticado, dolosamente, com violência de natureza grave contra a pessoa, ou por qualquer delito previsto na Lei dos Crimes Hediondos, serão submetidos, obrigatoriamente, à identificação do perfil genético, mediante extração de DNA. A finalidade das novas disposições agora inseridas pelo *Pacote Anticrime* foi tentar suprimir algumas das lacunas existentes na LEP e, além disso, estabelecer diretrizes que ampliassem as hipóteses e modos de sujeição dos indivíduos à coleta do material de DNA.

Um dos aspectos mais importantes consistia na omissão legislativa em relação à duração ou período em que o perfil genético permaneceria à disposição das autoridades, lacuna essa que poderia *"até mesmo levar a entender pela manutenção indefinida das informações"*[3]. Essa questão não foi originariamente enfrentada pelo legislador no texto da própria LEP, ali foi apenas mencionada a necessidade de regulamentação para fazer constar garantias mínimas de proteção aos dados, observando as melhores práticas da genética forense (art. 9, §1º-A, da LEP).

A solução temporal acerca do período de manutenção dos registros aparece na alteração que o *Pacote Anticrime* promoveu na Lei nº 12.037/2009, ou seja, na denominada Lei de Identificação Criminal. No Brasil, apenas as normas previstas na Lei nº 12.037/2009 e no Decreto nº 7.950/2013[4] tratam de estabelecer algum limite temporal para tais informações. Esses diplomas, todavia, versam essencialmente sobre o procedimento de identificação criminal de pessoas investigadas,

---

[3] SALVADOR NETTO, Alamiro Velludo. *Curso de execução penal*. São Paulo: Thomson Reuters Brasil, 2019, p. 131.

[4] *"O Poder Executivo regulamentou em 2013 o Banco Nacional de Perfis Genéticos (BNPG) e criou a Rede Integrada de Bancos de Perfis Genéticos (RIBPG), por meio do Decreto nº 7.950/2013. Essa rede é composta atualmente por 18 laboratórios estaduais, 1 laboratório distrital e 1 laboratório de Polícia Federal, e é alimentada por três tipos de perfis genéticos: de vestígios de locais de crime; de indivíduos cadastrados criminalmente segundo a Lei nº 12.037/09; e de pessoas desaparecidas"*. SILVA, Mariana Lins de Carli. Capital genético da miséria: a proposta de expansão do Banco Nacional de Perfil Genético. In: *Boletim IBCCrim*. Ano 27. nº 326. São Paulo: Janeiro/2020, p. 13.

situação bastante diferente daquela que envolve a obtenção do DNA do sujeito condenado na fase de execução da pena. Uma coisa é a identificação de um investigado, cujos dados ou perfis genéticos obtidos destinam-se ao desvendamento de eventual autoria durante a persecução policial acerca de um delito específico ocorrido. Já na execução, o condenado tem o seu perfil genético armazenado para a finalidade de cotejo potencial com quaisquer delitos, passados ou futuros, não esclarecidos, desconsiderando, evidentemente, aquele que ensejou o cumprimento da pena. Por isso mesmo, as razões que levam à exclusão dos registros de um investigado ou processado são essencialmente diferentes daquelas atinentes ao condenado.

Para resolver esse impasse, alterou-se o art. 7º-A da Lei nº 12.037/2009, o qual previa, até então, somente a exclusão dos perfis genéticos dos bancos de dados na hipótese de transcurso do prazo estabelecido para a prescrição do delito. Evidentemente que essa determinação de nada servia à execução, aplicando-se somente para os investigados ou processados que tiveram colhidos o seu perfil genético quando da identificação criminal. Com a mudança legislativa, o atual texto do art. 7º-A prevê duas hipóteses de exclusão dos dados, isto é, (I) no caso de absolvição do acusado e (II) no caso de condenação do acusado, mediante requerimento, após decorridos 20 (vinte) anos do cumprimento da pena. Essa previsão contida no inciso II pode ser aplicada no âmbito da execução, permitindo a exclusão do perfil genético a depender da própria iniciativa do condenado e, mais ainda, da observância de um prazo único e excessivamente longo de duas décadas.

Esse prazo de 20 (vinte) anos, estabelecido pelo legislador para todo e qualquer delito previsto no art. 9º-A da LEP, suscita um grave problema relativo a essa estratégia estatal de armazenamento de perfis genéticos de condenados em bancos de dados. Esse tipo de informação implica em medida de aprofundamento do potencial caráter seletivo do sistema criminal e, especialmente, da pena privativa de liberdade. Nos contundentes dizeres de SILVA, o alargamento de bancos de dados de identificação para futuras investigações criminais, já que não se trata mais de desvendar o delito que redundou na condenação pretérita, *"opera nos marcos da intrínseca seletividade"*, *"em que apenas uma parcela específica é capturada pelas agências de controle estatal"*. Ainda com a autora, propostas dessa índole constituem *"verdadeira acumulação de capital genético da miséria"*, de modo a facilitar a busca de *"culpados no rol dos já culpados"*[5].

Estudos europeus também demonstram preocupações e cuidados com a temática, polêmica tanto lá como cá. Valério Jiminián aponta que há inegavelmente uma tendência no Velho Continente de expandir cada vez mais a utilização de bancos de dados de perfis genéticos, os quais apresentam a característica e a capacidade de identificação de autores culpados e, simultaneamente, de exclusão de indivíduos da condição de suspeitos. O autor destaca que é preciso distinguir as duas finalidades diversas dos perfis genéticos e, consequentemente, o tratamento jurídico a eles conferido. A primeira consiste *"na finalidade de identificar um possível responsável e descartar um suspeito, esgotando-se como diligência de investigação"*. A outra finalidade é o registro perene de informações genéticas em bases de dados policiais e que se realiza com o fim de ser utilizado em investigação futura. Nessa hipótese, há clara dimensão de *"prevenção especial negativa"*[6].

A LEP, evidentemente, insere a coleta de perfil genético e seu armazenamento em banco de dados nessa segunda e problemática perspectiva. Trata-se de uma medida de prevenção geral negativa, de cunho restritivo e pré-delitivo. Ou seja, aplica-se restritivamente àquelas pessoas que foram condenadas por determinados tipos de delitos e inseridas em estabelecimentos penais, bem como se destina a apurar a autoria de crimes futuros ou ainda não esclarecidos, eis que o registro genético não possui mais qualquer valia para o processo de conhecimento que já redundou na condenação do indivíduo executado.

No caso brasileiro, a redação do novo §4º do art. 9º-A passou a exigir que os condenados, inclusive aqueles que não se sujeitaram à identificação do perfil genético quando do ingresso no estabelecimento penal, deverão ser submetidos ao procedimento durante o cumprimento de pena. Aparece aqui o denominado modelo restritivo impróprio. Isso porque o modelo restritivo próprio exige o registro do perfil genético

---

[5] Silva, Mariana Lins de Carli. Capital genético da miséria: a proposta de expansão do Banco Nacional de Perfil Genético. In: *Boletim IBCCrim*. Ano 27. nº 326. São Paulo: Janeiro/2020, p. 13.

[6] Valerio Jiminián, Miguel Ernesto. *Registros de ADN y prevención del delito*. Barcelona: Atelier, 2019, 223-224.

em decorrência de um autêntico *efeito da condenação*, o qual, por motivos óbvios, deve possuir previsão legal ao tempo do crime. Já os modelos impróprios, como desejou o legislador brasileiro, impõe o registro de informação genética *"de maneira retroativa para aquelas pessoas que cumprem a condenação ou algum benefício penitenciário"*[7], ainda que no momento da sentença inexistisse legislação a respeito desse ônus. Mostra-se aqui um certo resquício sempre perigoso de administrativização da execução penal, por meio da qual o caráter compulsório da coleta consegue driblar o princípio da irretroatividade da lei penal mais severa.

A reforma aprovada, após o veto da Presidência da República ao dispositivo que buscava diminuir os delitos elencados no *caput* do art. 9º-A da LEP, não alterou os tipos penais que ensejam a identificação genética. Na realidade, ao manter a referência genérica aos crimes hediondos e assemelhados (art. 1º da Lei nº 8.072/1990), permanecem incluídas algumas figuras nas quais perfis genéticos pouco podem auxiliar no esclarecimento. Afinal, é inegável que bancos de dados podem ajudar nas investigações de violências sexuais ou homicídios. Porém também é certo que é praticamente nula a utilidade desse meio de prova em casos de tráfico de drogas, falsificação de medicamentos ou furto qualificado pelo emprego de explosivo[8].

Seja como for, a natureza preventiva e de segurança dessa alteração legislativa encontra como medida mais expoente a previsão que constitui como nova espécie de falta grave a recusa do condenado em submeter-se ao procedimento de identificação do perfil genético (art. 9º-A, §8º, e art. 50, VIII, da LEP). A exigência de respeito ao princípio da legalidade impedia, até então, que o sistema de tipificação de faltas compreendesse essa hipótese como tal. Agora a exigência de legalidade está satisfeita. O problema passará a ser a compatibilidade dessa imposição normativa, e suas sérias consequências em caso de recusa, com o postulado de que ninguém é obrigado a produzir provas contra si mesmo. Em outra ocasião já foi afirmado que, assim como não é razoável exigir

---

[7] Valerio Jiminián, Miguel Ernesto. *Registros de ADN y prevención del delito*. Barcelona: Atelier, 2019, 226.

[8] Nesses casos pode ser dito que há total *"falta de correlação entre o tipo de informação colhida e a elucidação do delito"*. Silva, Mariana Lins de Carli. Capital genético da miséria: a proposta de expansão do Banco Nacional de Perfil Genético. In: *Boletim IBCCrim*. Ano 27. nº 326. São Paulo: Janeiro/2020, p. 14.

do apenado o fornecimento de informações que sequer se destinam ao esclarecimento do crime a respeito do qual cumpre a pena, tampouco será em face de *"futuro e eventual delito de que possa a vir um dia figurar como suspeito"*[9].

Outro ponto de inovação é a previsão na LEP da possibilidade do condenado de questionar a validade formal e material das informações de perfil genético inseridas no banco de dados. De acordo com o §3º do art. 9º-A, deve ser viabilizado ao titular dos dados genéticos o acesso aos seus dados constantes no banco, bem como a todos os documentos da cadeia de custódia que os geraram, de maneira que possam ser contraditados pela defesa. A legislação permite expressamente ao condenado impugnar a autenticidade do conteúdo dos dados armazenados, colocando em discussão se de fato são representativos e efetivamente correspondem ao seu perfil genético.

Finalmente, e ainda nesse tópico, um último assunto deve ser destacado. No campo específico da identificação criminal, a qual ordinariamente ocorre ao longo da investigação e pode ou não implicar na coleta de perfil genético (art. 5º, parágrafo único, da Lei nº 12.037/2009), o *Pacote Anticrime* permitiu a criação do Banco Nacional Multibiométrico e de Impressões Digitais, cuja finalidade é de armazenar essas informações obtidas e destiná-las a subsidiar investigações criminais federais, estaduais ou distritais (art. 7º-C, §2º, da Lei nº 12.037/2009). No tocante à execução penal, as novas disposições também autorizaram que os presos, provisórios e definitivos, possam ter colhidos os seus registros biométricos, de impressão digital, íris, face e voz, desde que essa extração não tenha ocorrido quando da identificação criminal (art. 7º-C, §4º, da Lei nº 12.037/2009). Ou seja, caso algum desses dados não tenha sido extraído na identificação criminal realizada durante a investigação, qualquer preso estará sujeito a fornecê-lo com a finalidade de alimentar o banco nacional vinculado ao Ministério da Justiça e Segurança Pública.

2. Sistema progressivo e os novos requisitos

Uma das principais características dos sistemas penitenciários e seus programas metódicos de aplicação da pena privativa de liberdade é a

---

[9] SALVADOR NETTO, Alamiro Velludo. *Curso de execução penal*. São Paulo: Thomson Reuters Brasil, 2019, p. 131.

noção de tempo. Trata-se de um tempo administrado pelo Estado, cuja privação resulta no sofrimento e na busca pela implementação de projetos de *"reforma"* do sujeito. A progressividade da execução da pena, traço marcante do modelo adotado pela LEP, pressupõe a devolução gradativa da liberdade ao indivíduo, na medida em que dois requisitos básicos sejam satisfatoriamente observados: tempo e comportamento. Quer isso dizer que o nível de intensidade punitiva imposto ao condenado pode variar com a maior amplitude ou flexibilização desses critérios. Dito de outro modo, requisitos que conduzem à manutenção mais longa do sujeito em regime mais severo implicam, por motivos evidentes, em maior índice de dor[10].

Não parece ser por outro motivo que a vitória da perspectiva da segurança sobre o ideal de ressocialização dos condenados é legislativamente traduzida em normas que dificultam a progressão dos regimes prisionais. Essa noção securitária tende a identificar na neutralização, aqui entendida como a segregação do sujeito com a máxima restrição de liberdade, a ferramenta ideal para a transmissão da imagem pública de um Estado implacável com o criminoso. Com isso, realiza-se a pretensão de comunicar aos cidadãos potencialmente vítimas de delitos duas mensagens. A primeira consiste na concretude do sofrimento imposto àquele que transgrediu as regras. A segunda, e talvez mais importante, consiste no apelo à sensação de tranquilidade, ainda que sempre temporária, advinda do isolamento do malfeitor e do exemplo dissuasório que isso pode significar para os demais.

2.1 Saída temporária

Essa noção de isolamento e contenção, aliás, protagonizou há alguns anos uma verdadeira espiral social de intolerância com as saídas temporárias[11], uma das modalidades de autorizações de saída, previstas no

---

[10] CESANO aponta que um dos mais importantes temas de debate na execução penal reside no questionamento acerca de quais seriam os limites do legislador para a restrição de direitos dos apenados. CESANO, José Daniel. *La ejecución de la pena privativa de libertad*: una lectura desde la perspectiva del derecho internacional de los derechos humanos. Bogotá: Grupo Editorial Ibañez, 2009, 70 ss.

[11] A saída temporária, ao contrário das permissões de saída que possuem um viés exclusivamente humanitário, sempre foi identificada com a perspectiva ressocializadora. Ainda que se negue a ressocialização como um objetivo concretamente viável na execução da pena,

art. 122 da LEP. Mesmo que jamais admitidas no regime fechado, eis que se aplicam apenas ao regime semiaberto, o novo *Pacote Anticrime* não as deixou passar incólumes, inserindo um novo §2º ao mencionado artigo. Apesar dos índices altíssimos de retorno às unidades prisionais dos condenados que gozam dos dias de liberdade previstos em lei (art. 124 da LEP), a alteração legislativa preferiu encampar o simbolismo do discurso leigo sobre o assunto, prevendo que não terá mais direito à saída temporária o condenado que cumpre pena por praticar crime hediondo com resultado morte. Lembra-se, contudo, que esse impedimento é aplicável somente aos condenados por fatos posteriores à entrada em vigor da nova lei, ou seja, 23 de janeiro de 2020. Os direitos que conformam o projeto de execução penal são disposições jurídicas de cunho material, eis que integram o conteúdo da pena, razão pela qual possui aqui total vigência o princípio da irretroatividade da lei penal mais severa (art. 2º do CP).

Nesse ponto, relevante frisar que o vínculo entre o Estado e o apenado pode ser definido como uma *relação ou estado de sujeição especial*, de modo que as normas de execução que digam respeito aos direitos e deveres do condenado necessitam submeter-se à dimensão material do princípio da legalidade penal. No Peru, por exemplo, a natureza penal da execução é reafirmada pela própria legislação no tocante à forma de interpretação das normas. O denominado Código de Execução Penal dirime qualquer dúvida a esse respeito, afirmando, em seu artigo VII do título preliminar, que *"as interpretações desse código se resolvem da forma mais favorável ao interno"*[12], aplicando-se no campo da execução a mesma racionalidade do Direito Penal.

2.2 Progressão de regime e livramento condicional

A Lei nº 13.964/2019 também alterou os prazos temporais mínimos de cumprimento da sanção penal para a possibilidade de progressão de regime. Anteriormente, a regra geral estabelecia o montante de um sexto

---

as saídas aparecem justificadas como um instrumento em busca do "limite de menor dessocialização possível". ANJOS, Fernando Vernice dos. *Execução penal e ressocialização*. Curitiba: Juruá, 2018, p. 137.

[12] TORRES GONZÁLES, Eduardo. *Beneficios penitenciarios*: cuestiones prácticas. Lima: Editorial Idemsa, 2017, p. 22.

da pena privativa de liberdade imposta ou remanescente, resguardadas as exceções dos crimes hediondos e das gestantes ou mães responsáveis por crianças ou pessoas com deficiência (art. 112, §3º, III, da LEP). Agora, os lapsos passam a ser: 16% (dezesseis por cento) da pena, se o apenado for primário e o crime tiver sido cometido sem violência à pessoa ou grave ameaça; 20% (vinte por cento) da pena, se o apenado for reincidente em crime cometido sem violência à pessoa ou grave ameaça (art. 112, II, da LEP); 25% (vinte e cinco por cento) da pena, se o apenado for primário e o crime tiver sido cometido com violência à pessoa ou grave ameaça (art. 112, III, da LEP); 30% (trinta por cento) da pena, se o apenado for reincidente em crime cometido com violência à pessoa ou grave ameaça (art. 112, IV, da LEP); 40% (quarenta por cento) da pena, se o apenado primário for condenado pela prática de crime hediondo ou equiparado (art. 112, V, da LEP); 50% (cinquenta por cento) da pena, se o apenado primário for condenado pela prática de crime hediondo ou equiparado com resultado morte (art. 112, VI, *a*, da LEP); 50% (cinquenta por cento) da pena, se o apenado for condenado por exercer o comando, individual ou coletivo, de organização criminosa estruturada para a prática de crime hediondo ou equiparado (art. 112, VI, *b*, da LEP); 50% (cinquenta por cento) da pena, se o apenado for condenado pela prática do crime de constituição de milícia privada (art. 112, VI, *c*, da LEP); 60% (sessenta por cento) da pena, se o apenado for reincidente na prática de crime hediondo ou equiparado (art. 112, VII, da LEP); 70% (setenta por cento) da pena, se o apenado for reincidente em crime hediondo ou equiparado com resultado morte (art. 112, VIII, da LEP).

O livramento condicional, última etapa da dinâmica progressiva, também sofreu restrições, uma vez que vedada a sua concessão para os casos de condenados, primários e reincidentes, pela prática de crime hediondo ou equiparado com resultado morte (art. 112, VI, *a*, e VIII, da LEP). Não havendo morte, e desde que os condenados por crimes hediondos não sejam reincidentes específicos nesta modalidade delitiva (art. 83, V, do CP), poderão obter o livramento após o cumprimento de dois terços da pena.

A análise desses novos prazos demonstra que todos eles criaram uma situação igual ou de maior rigor se comparados com a disciplina até então prevista na legislação. Não há dúvida, portanto, que esses lapsos temporais apenas poderão ser aplicados às condenações advindas de fatos cometidos após a entrada em vigor da lei. O tempo de progressão constitui o conteúdo material do conceito de pena criminal, de tal modo que aqui incide, com o máximo rigor, a previsão do princípio da legalidade contida nos arts. 1º e 2º do CP, a qual apregoa não existir pena sem prévia cominação legal. A pena, é preciso dizer, não é apenas a linguagem abstrata grafada no preceito secundário dos tipos penais. Ela é, na realidade, um conjunto amplo e espraiado de normas que disciplinam aquele conteúdo. Uma coisa é a sanção de cinco anos com possibilidade de progressão de regime após um sexto de seu cumprimento. Outra coisa, materialmente diversa, é a pena de cinco anos com a possibilidade de progressão após o cumprimento de 25% de seu montante. O prazo de progressão, portanto, não é uma mera regra administrativa da execução. Ao contrário, é o conteúdo daquilo que se chama "pena", capaz de alterar a quantidade de dor e de sofrimento impostos ao cidadão condenado.

O requisito do bom comportamento também é reiterado pela nova lei, ao ressaltar que, em todos os casos, o apenado somente terá direito à progressão do regime se ostentar boa conduta carcerária comprovada pelo diretor do estabelecimento. Sobre essa questão, houve uma alteração significativa a envolver o tema das faltas graves e suas consequências para a progressão do regime. Antigamente, e em face da carência de solução legal, um dos entendimentos postulava que as faltas graves poderiam impedir a progressão do regime porque constituiriam autênticos demonstrativos de mau comportamento, fazendo com que o condenado não preenchesse esse requisito essencial. A partir da nova lei, as faltas graves expressamente passam a obstaculizar a progressão porque seu efeito consiste na interrupção do prazo temporal para a obtenção do benefício. Uma vez cometida a falta e interrompido o prazo, ele será reiniciado tendo como base para o cálculo a pena remanescente (art. 112, §6º, da LEP). Com isso, a legislação adotou o entendimento jurisprudencial então subjacente à redação da Súmula 534 do STJ. Em resumo, se antes não havia muita clareza sobre as consequências dogmáticas da falta grave para a progressão do regime, a nova lei textualmente agora reconhece sua capacidade de afetação ao requisito temporal, interrompendo o seu fluxo.

Essa solução legislativa foi positiva, porém o intérprete deve ter um cuidado especial. Na medida em que a falta grave tem o condão de interromper o prazo de progressão, o seu efeito deve ser encerrado aí.

Quer isso dizer que, após a interrupção temporal motivada pela falta, e uma vez cumprido o novo período estabelecido, a infração grave não poderá ser novamente considerada e sopesada como um fator de aferição também da conduta carcerária, eis que, se assim for, ela gerará efeitos duplicados, atingindo ambos os critérios de progressão, ou seja, tanto o tempo quanto a avaliação do comportamento do condenado. Para efeitos de progressão, se a falta interrompeu o prazo, a conduta carcerária deverá ser objeto de análise sem levá-la em consideração.

Já na hipótese do livramento condicional, a alteração realizada pelo *Pacote Anticrime* no art. 83 do CP, sugere algo um pouco diverso. Da leitura do art. 83, III, *b*, do CP, a ocorrência de falta grave parece constituir aqui um obstáculo para a obtenção do benefício em decorrência de uma espécie de inadequação comportamental do condenado, eis que ele, exatamente em razão da infração, não fará jus ao livramento. O texto legal coloca como requisito do livramento o "não cometimento de falta grave nos últimos 12 (doze) meses". Isto é, no caso do livramento, a falta grave não altera ou interrompe o transcurso do prazo mínimo para a sua obtenção, previsto nos incisos I, II e V do art. 83 do CP, mas sim conduz à falta de merecimento em decorrência de seu inapropriado comportamento durante a execução da pena. Em resumo, na sistemática da progressão do regime a falta grave aparece como um obstáculo ao aperfeiçoamento do requisito temporal. No livramento condicional, ao contrário, afeta o merecimento avaliado à luz da conduta carcerária.

As demais alterações promovidas no art. 112 da LEP foram bastante felizes. A legislação sedimentou o caráter não hediondo ou equiparado, para fins de progressão, do crime de tráfico de drogas privilegiado (art. 33, §4º, da Lei nº 11.343/2006 c.c. art. 112, §5º, da LEP). Além disso, também a LEP estabelece o procedimento jurisdicional para a apreciação dos pedidos de progressão de regime, concessão de livramento condicional, reconhecimento de indulto e comutação de penas. Em todos esses casos, e uma vez respeitados os prazos previstos nas normas vigentes, a decisão judicial deverá ser motivada e precedida de manifestação sucessiva do Ministério Público e do defensor (art. 112, §2º, da LEP).

3. Tempo máximo de cumprimento ininterrupto de pena privativa de liberdade

A fixação de um período contínuo máximo de cumprimento de pena é consequência direta da aplicação do princípio da humanidade das penas previsto no art. 5º, XLVII, da CF. Estabelece o texto constitucional a proibição das penas de caráter perpétuo, o que, por si só, torna inconcebível a privação de liberdade que, factualmente, abarque toda a vida do condenado[13]. A Reforma Penal da Parte Geral em 1984 resolveu estabelecer o tempo máximo de 30 (trinta) anos ininterrupto de cumprimento de pena, mantendo o mesmo limite que já constava no art. 55 do Código Penal de 1940.

Agora, com o *Pacote Anticrime*, esse limite foi aumentado, passando a prever o art. 75 do CP que o tempo de cumprimento das penas privativas de liberdade não pode ser superior a 40 (quarenta) anos. Trata-se de regra fundamental e que tem no procedimento de unificação de penas a sua maior aplicabilidade. Essa unificação poderá ocorrer já na própria sentença da ação de conhecimento, nos casos de processos que apurem pluralidades de infrações, ou na fase de execução penal, quando o juízo da execução se deparar com múltiplas decisões condenatórias advindas de processos diversos.

A unificação, em termos práticos, significa o raciocínio utilizado pelo julgador para alcançar uma única pena que represente e seja produto de um concurso de delitos. As codificações trazem alguns institutos destinados a essa operação, a exemplo das fórmulas do concurso material e do concurso formal de crimes, do crime continuado, da *aberratio ictus* e da *aberratio delicti*. No Brasil, o concurso material vale-se da regra da somatória das penas, também conhecida como sistema do cúmulo material. Para todas as demais figuras vale, a princípio, o sistema da exasperação, ou seja, "haverá uma única pena, sempre a mais grave entre as previstas para a imposição dentro do quadro de concursos, aumentada, porém, de um *quantum* estabelecido em quantidade fixa ou variável",

---

[13] No mesmo sentido REALE JÚNIOR: "Uma vez que a Constituição Federal proíbe a prisão perpétua, era corolário que no Código Penal se fixasse o prazo máximo de tempo de cumprimento". REALE JÚNIOR, Miguel. *Instituições de direito penal*: parte geral. 2ª ed. Rio de Janeiro: Forense, 2004, p. 122.

responsável por representar todos os demais delitos menos graves que compõem o conjunto de infrações penais[14].

4. Reintegração social e regime disciplinar diferenciado

Idealizado e originalmente implementado no Estado de São Paulo, o Regime Disciplinar Diferenciado – RDD foi inserido na LEP por meio da Lei nº 10.792/2003. A finalidade dessa modalidade de sanção disciplinar, a qual não corresponde à noção de um autêntico regime ou sistema prisional, sempre foi a máxima neutralização dos presos definidos como perigosos, epíteto tradicionalmente atribuído àqueles condenados por delitos graves, reincidentes, líderes de organizações criminosas ou arredios contumazes à disciplina carcerária. Nesse sentido, pode-se dizer que a perspectiva ínsita de prevenção especial negativa do modelo o coloca como um inato contraponto à ideia de reintegração social.

As mudanças proporcionadas pelo *Pacote Anticrime* nesse tema foram de grande monta. As alterações ocorreram tanto em alguns dos pressupostos para a inclusão do apenado nessa modalidade de sanção disciplinar, quanto no regramento relativo à disciplina diária, permitindo maiores rigores, prorrogações de tempo, controles da administração prisional e restrições a certas atividades.

Após expressamente permitir a inserção do preso provisório ou definitivo, nacional ou estrangeiro, nessa espécie de sanção, o art. 52 da LEP manteve redação muito próxima da anterior, dizendo que essa sujeição ao RDD advirá da prática de falta grave, consistente em fato previsto como crime doloso, quando ocasionar subversão da ordem ou disciplina internas. Além disso, os apenados poderão ser inseridos no regime disciplinar se apresentarem alto risco para a ordem e a segurança do estabelecimento penal ou da sociedade (art. 52, §1º, I, da LEP), bem como se sobre elas recaírem fundadas suspeitas de envolvimento ou participação, a qualquer título, em organização criminosa ou milícia privada, independentemente da prática de falta grave (art. 52, §1º, II, da LEP). Nesse último caso, a recente lei inova ao ressalvar que, uma vez existindo indícios de exercício de liderança em organização criminosa, associação criminosa, milícia privada, ou que tenha o indivíduo atuação criminosa

---

[14] BUSATO, Paulo. *Direito penal*: parte geral. 2ª ed. São Paulo: Atlas, 2015, p. 928.

em dois ou mais Estados da Federação, o regime diferenciado será obrigatoriamente cumprido em estabelecimento prisional federal (art. 52, §3º, da LEP). O texto legal expressa também aqui a preocupação com a necessidade de evitar o contato entre indivíduos do mesmo grupo ou de facções rivais, reafirmando a imprescindibilidade de alta segurança interna e externa dos estabelecimentos (art. 52, §5º, da LEP).

Resumindo, a leitura sistemática do atual art. 52 da LEP prevê, portanto, três hipóteses que permitem inserir o preso, provisório ou condenado, no RDD. A primeira deriva do cometimento de crime doloso que ocasione subversão da ordem ou da disciplina internas (art. 52, *caput*, da LEP). A segunda consiste no cometimento de falta grave somada ao alto risco para a ordem e a segurança do estabelecimento penal ou da sociedade representado pelo preso (art. 52, §1º, I, da LEP). A terceira hipótese decorre de fundadas suspeitas de envolvimento ou participação do preso em organização criminosa, associação criminosa ou milícia privada, não sendo aqui necessário o cometimento de qualquer falta grave (art. 52, §1º, II, da LEP). Nesse último caso, o caráter interestadual do agrupamento conduz à execução do RDD em estabelecimento prisional federal (art. 53, §3º, da LEP).

A possibilidade de inserir o condenado no regime disciplinar a despeito da comissão de falta grave, bastando para tanto o suposto envolvimento ou participação em grupos criminosos, gera algumas contradições na sistemática da própria LEP. Isso porque, e conforme já mencionado, o RDD é originalmente uma espécie de sanção disciplinar, devendo a sua aplicação permanecer vinculada e restrita às violações, por parte dos presos, das normativas carcerárias. Se a ocorrência de falta grave deixa de ser um pressuposto para a sujeição do interno a esse modelo mais severo, sua natureza sancionatória esvanece-se, sobrando somente o componente de neutralização da aventada periculosidade, aqui representada pelo fato do apenado integrar quaisquer dos modelos de agrupamentos delinquenciais (art. 52, §1º, II, da LEP).

Por isso mesmo, e com mais razão atualmente, pode ser dito que o conjunto dessas normas que autorizam a sujeição do aprisionado ao RDD demonstra nitidamente o mencionado viés neutralizador. A utilização de conceitos como ordem e segurança, combinados com indícios de certos tipos de criminalidade ou pertencimento a grupos delitivos, enseja o retorno necessário ao problemático tema da periculosidade.

Dito de outro modo, o regime diferenciado gradativamente abandona a sua dimensão estritamente disciplinar e assume a arrojada pretensão de funcionar como um instrumento de contenção de focos de perigo, questão sempre polêmica nas ciências criminais.

Essa perspectiva bastante presente no *Pacote Anticrime* faz relembrar conceitos como, por exemplo, *criminoso habitual, profissionalismo delitivo* e *reincidência*, os quais, aliás, são encontrados muitas vezes como sinônimos, principalmente no linguajar coloquial. Todos eles, na realidade, dão conta do mesmo fenômeno, ou seja, da repetição e constância de condutas ilegais perpetradas por um mesmo indivíduo. Na disciplina jurídica do RDD, o perigoso aparece como o sujeito pertencente a agrupamentos criminais, cujas práticas delitivas espelhariam um autêntico e contínuo traço de personalidade antissocial. Essa problemática já chamara a atenção do Direito italiano, canônico e germânico a partir do século XVII, motivando a elaboração de conceitos como "*consuetudo delinquendi*" e "*iterario delicti*". Essa reiteração delitiva também ensejou no pensamento de VON LISZT, já na segunda metade do século XIX, a criação do sujeito incorrigível cuja única solução viável seria a sua neutralização por meio de medidas assecuratórias[15].

Seja como for, essa busca pela contenção de focos de perigo típica do regime disciplinar diferenciado redundou em opção político-legislativa que confere maior grau de vigilância e de restrição de atividades e de direitos dos apenados nele inseridos. O prazo máximo de duração da medida, antes estabelecida em trezentos e sessenta dias, passou para dois anos (art. 52, I, da LEP). Além disso, esse período poderá ser pror-

---

[15] Do ponto de vista técnico, contudo, a noção de habitualidade e reincidência não podem ser confundidas, a despeito de alguns vários traços em comum. A reincidência, nos dizeres de Sánchez Garrido, é um "*conceito jurídico-penal que, baseado na periculosidade e no alarma social produzido pela reiteração delitiva, serve para o agravamento da pena em razão de condenações precedentes cujos antecedentes não puderam ser ainda cancelados*". Trata-se, pois, de um conceito técnico, formal e dogmático. Já a ideia de habitualidade contém uma acepção criminológica que se "*apoia em qualidade pessoal do delinquente com independência de seus antecedentes penais ou existência de condenações prévias*". O autor destaca que o próprio Tribunal Supremo espanhol afirmou que a habitualidade aparece como um conceito criminológico-social e não como um conceito jurídico-formal. Sánchez Garrido, Francisco José. *Delincuencia habitual, psicopatía y responsabilidad penal*: algunos problemas del concepto tradicional de imputabilidad. Madrid: Dykinson, pp. 68-69. Nesse plano, a reincidência seria uma espécie de representação jurídica parcial do fenômeno pessoal e social da habitualidade.

rogado por ainda mais um ano, desde que exista indícios de que o preso continue apresentando alto risco para a ordem e a segurança do estabelecimento prisional de origem ou da sociedade (art. 52, §4º, I, da LEP). Será igualmente prorrogado o tempo no RDD na hipótese do apenado manter os vínculos com organização criminosa ou milícia privada, devendo ser considerado também o seu perfil criminoso e a função por ele desempenhada no grupo, a duração do agrupamento criminal, a superveniência de novos processos e os resultados do tratamento penitenciário (art. 52, §4º, II, da LEP).

As visitas semanais agora são quinzenais, de duas pessoas por vez, a serem realizadas em instalações equipadas para impedir o contato físico e a passagem de objetos, por pessoa da família ou, no caso de terceiro, autorizado judicialmente, com duração de duas horas (art. 52, III, da LEP). A atenção à vigilância dos internos fez com que a lei previsse que essas visitas serão gravadas em sistema de áudio ou de áudio e vídeo e, com autorização judicial, fiscalizadas por agente penitenciário (art. 52, §6º, da LEP). Para os casos de reclusos que não tenham recebido visita nos primeiros seis meses será permitido, após prévio agendamento, o contato telefônico gravado com pessoa da família, duas vezes por mês e pelo tempo de dez minutos (art. 52, §7º, II, da LEP).

Além disso, o preso terá direito a saída da cela por duas horas diárias para banho de sol, em grupos de até quatro apenados, desde que não haja contato com membros de mesmo grupo criminoso (art. 52, IV, da LEP). Haverá, ainda, monitoramento das entrevistas, exceto com o defensor, em instalações equipadas para impedir o contato físico e a passagem de objetos, salvo expressa autorização judicial em contrário (art. 52, V, da LEP). A correspondência terá o seu conteúdo fiscalizado (art. 52, VI, da LEP). Por fim, acrescenta ainda a nova lei que a participação dos presos em audiências judiciais será preferencialmente por videoconferência, com a garantia da presença de seu defensor no mesmo ambiente (art. 52, VII, da LEP).

5. Estabelecimentos penais federais

O aumento da preocupação social com a segurança inaugurou no Brasil um diferenciado sistema prisional, o qual deve funcionar lateralmente aos estabelecimentos estaduais e destinar-se especialmente aos apenados considerados perigosos, destacadamente aquelas lideranças e membros de organizações e demais agrupamentos criminais. O modelo, nesse sentido, traz a lógica do isolamento e da neutralização/contenção, ou seja, busca impedir o contato do interno com o mundo exterior e, exatamente em decorrência disso, romper os vínculos do indivíduo com os demais sujeitos pertencentes ao grupo criminoso.

Esse sistema federal de unidades prisionais está sob a responsabilidade do Departamento Penitenciário Nacional (DEPEN), a quem incumbe sua coordenação e supervisão (art. 72, §1º, da LEP). De acordo com a Portaria nº 103 do DEPEN, de 18 de fevereiro de 2019, a missão do sistema federal consiste em combater "o crime organizado, isolando suas lideranças e presos de alta periculosidade, por meio de um rigoroso e eficaz regime de execução penal, salvaguardando a legalidade e contribuindo para a ordem e a segurança da sociedade".

Até meados da primeira década do século XXI, toda a sistemática brasileira da execução penal estava estruturada de modo a conferir às Unidades Federativas tal responsabilidade, sendo delas o encargo de aplicação da pena privativa de liberdade, em todos os regimes e modalidades de estabelecimentos. Em outras palavras, a execução era atribuição quase que exclusiva dos governos estaduais. Esse é o motivo, por exemplo, da redação original do art. 72 da LEP, a qual, embora já fizesse menção aos "estabelecimentos penais e de internamento federais", incumbia o Departamento Penitenciário Nacional principalmente de funções de acompanhamento, inspeção, assistência e colaboração com os Estados. Não havia, a princípio, maiores preocupações com a gestão federal de unidades próprias. Ainda no plano legal, o art. 3º da Lei dos Crimes Hediondos (Lei nº 8.072/1990), percebendo a insuficiência dos sistemas estaduais, determinou no início dos anos 1990 que a União mantivesse estabelecimentos penais, de segurança máxima, destinados ao cumprimento de penas impostas aos condenados de alta periculosidade, cuja permanência em presídios estaduais pusessem em risco a ordem e a incolumidade pública. Passada mais de uma década, especificamente em 2003, o Sistema Penitenciário Federal foi finalmente anunciado pelo ex-presidente Lula, sendo efetivamente implementado três anos após.

Ainda que a imensa maioria dos apenados brasileiros estejam cumprindo pena em unidades estaduais, é inegável que hoje o sistema federal ganhou um significativo destaque. Atualmente, ele é composto por cinco penitenciárias, quais sejam, Catanduvas/PR, a primeira unidade inaugurada em junho de 2006, Campo Grande/MS, Porto Velho/RO, Mossoró/RN e Brasília/DF, essa a última a iniciar as atividades em 2018.

Em todas essas unidades, o regime de cumprimento de pena privativa de liberdade é o fechado. Não existem vagas federais em regimes semiaberto ou aberto, mesmo porque tais fases de execução já não mais pressupõem os próprios requisitos do sistema, isto é, as noções de segurança máxima e alto grau de periculosidade do sujeito. Nos termos do art. 3º da Lei nº 11.671/2008, alterada pela Lei nº 13.964/2019 – *Pacote Anticrime*, a inclusão do apenado no estabelecimento penal federal importará em recolhimento em cela individual (art. 3º, §1º, I); visita do cônjuge, de parentes e de amigos somente em dias determinados, por meio virtual ou no parlatório, com o máximo de duas pessoas por vez, além de eventuais crianças, separados por vidro e comunicação por meio de interfone, com filmagem e gravações (art. 3º, §1º, II); banho de sol de até duas horas diárias (art. 3º, §1º, III); e monitoramento de todos os meios de comunicação, inclusive de correspondência (art. 3º, §1º, IV).

A preocupação com a vigilância também aparece nas disposições relativas aos monitoramentos de áudio e vídeo, os quais devem estar presentes no parlatório e nas áreas comuns, sempre com a finalidade de preservar a ordem interna e a segurança pública. Estão vedadas gravações no interior das celas e no atendimento advocatício (art. 3º, §2º). Além disso, as gravações das visitas não poderão ser utilizadas como meios de prova de infrações pretéritas ao ingresso do preso no estabelecimento (art. 3º, §3º). Os direitos de visita poderão ser suspensos ou restringidos pelas autoridades administrativas por meio de atos fundamentados (art. 3º, §4º).

Essas regras atinentes ao denominado regime fechado de segurança máxima existente nas unidades federais lembram, em diversos aspectos, o Regime Disciplinar Diferenciado – RDD. Ocorre, entretanto, que eles não podem ser confundidos. O RDD aparece na legislação brasileira como uma sanção disciplinar decorrente do cometimento de falta (art. 53, V, da LEP). Ainda que se possa argumentar que o regime disciplinar vem gradativamente perdendo essa característica, o fato é que ele não é um regime em sentido substantivo, mas sim um expediente de restrição de direitos que aparece como resposta à inadequação do comportamento do sujeito às exigências carcerárias. Daí, inclusive, o motivo de sua previsão no art. 52 da LEP, sediada no bojo das "faltas disciplinares".

O regime fechado de segurança máxima, por sua vez, corresponde ao próprio regime fechado previsto em lei, porém dotado, como o próprio nome desvela, de um elevado caráter securitário. Nas penitenciárias federais é possível encontrar ambas as modalidades, ou seja, pode estar o apenado submetido ao regime fechado ou ao RDD, imaginando sempre, nesse último caso, que a inserção do sujeito se deveu à imposição de sanção disciplinar. Na prática, contudo, não seria muito exagerado dizer que o *Pacote Anticrime* criou regramentos muitos semelhantes para ambas as figuras.

Em que pese a inclusão do preso no estabelecimento federal seja excepcional e por prazo determinado, o tempo de permanência no regime fechado de segurança máxima foi alargado de 360 (trezentos e sessenta) dias para 3 (três) anos, com possibilidades de sucessivas renovações, desde que motivadamente solicitadas pelo juiz de origem e se persistentes os motivos que determinaram a inserção do sujeito nessa modalidade de maior rigor (art.10, §1º, da Lei nº 11.671/2008). Com isso, fica garantido que os presos considerados perigosos poderão permanecer nas unidades federais por período considerável, sem necessidade de retorno ao sistema penitenciário dos Estados de onde são oriundos.

No que tange à garantia da jurisdicionalidade da execução, a atividade jurisdicional competirá ao juízo federal da seção ou subseção judiciária em que estiver localizado o estabelecimento penal federal de segurança máxima ao qual foi recolhido o preso. Dito de outro modo, a jurisdição sobre unidades federais competirá, por razões lógicas, à Justiça Federal, independentemente de qual foi a justiça responsável pela condenação do apenado no processo de conhecimento. No caso de presos provisórios, caberá ao juiz federal decidir os incidentes de execução, enquanto a ação penal continuará a tramitar perante o juízo originário competente, nos termos das normas do Código de Processo Penal.

Por razões de segurança e de integridade física dos magistrados, a legislação permite a atuação colegiada dos juízes mesmo em primeiro grau nas varas de execuções penais. Afirma o novo art. 11-A da Lei nº 11.671/2008 que as decisões relativas à transferência ou à prorrogação da permanência do preso em estabelecimento penal federal de segurança máxima, à concessão ou à denegação de benefícios prisionais ou à imposição de sanções ao preso federal poderão ser tomadas por órgão colegiado de juízes, na forma das normas de organização interna dos tribunais.

O *Pacote Anticrime* inseriu o parágrafo único no art. 2º da Lei nº 11.671/2008, cuja redação aponta que o juízo federal da execução penal será competente para as ações de natureza penal que tenham por objeto fatos ou incidentes relacionados à execução da pena ou infrações penais ocorridas no estabelecimento penal federal. Cuida-se de uma genuína norma processual penal de competência. Pretendeu aqui o legislador estabelecer que o juízo federal da execução será também o juízo competente para ações penais de conhecimento cujo delito apurado marcar alguma relação com o ambiente da execução da pena. Imagina-se, por exemplo, um homicídio cometido pelo apenado em desfavor do agente penitenciário no interior da unidade. Ou, ainda, um homicídio cometido, ainda que fora do estabelecimento, tendo como vítima um agente penitenciário e como motivação a retaliação decorrente de algum direito que foi restringido aos internos. Há, em resumo, uma federalização dos crimes relacionados à execução penal em estabelecimentos federais.

Por fim, o *Pacote Anticrime* permite aos demais Estados e ao Distrito Federal mimetizar a experiência de unidades penitenciárias de segurança máxima, postulando que poderão construir estabelecimentos dessa natureza, ou adaptar os já existentes, em face dos quais será aplicável, no que couber, o disposto na Lei nº 11.671/2008 (art. 11-B).

6. Organizações criminosas e execução penal

No tocante à Lei nº 12.850/2013, também identificada como Lei das Organizações Criminosas, o *Pacote Anticrime* produziu diversas alterações. As mudanças impactaram profundamente, por exemplo, a sistemática normativa da colaboração premiada e da infiltração de agentes. Em nosso estudo, entretanto, as atenções voltam-se apenas à inserção dos §§8º e 9º no art. 2º da legislação, no qual o seu *caput* destina-se a tipificar o crime de promover, constituir, financiar ou integrar, diretamente ou por interposta pessoa, organização criminosa, além de cominar a pena de reclusão de três a oito anos e multa. Ambos os parágrafos inseridos implicam em aspectos atinentes à execução penal em casos de condenação nessa espécie delitiva.

O primeiro deles determina que as lideranças de organizações criminosas armadas ou que tenham armas à disposição deverão iniciar o cumprimento da pena em estabelecimentos penais de segurança máxima. Na realidade, o que o §8º do art. 2º faz é presumir a periculosidade dos sujeitos líderes desses agrupamentos armados, impondo, por via de consequência, a adoção do denominado regime fechado de segurança máxima existente nas unidades do sistema penitenciário federal ou estadual. No caso federal, as normas que vigoram acerca do regime fechado de máxima segurança estão principalmente no bojo da Lei nº 11.671/2008.

Há aqui um impasse a ser resolvido. Ao exigir o cumprimento em penitenciária de máxima segurança, a lei estaria implicitamente impondo o regime fechado? A pergunta deriva do fato de que o texto do novo dispositivo, na medida em que afirma que os condenados por liderarem organizações armadas devem iniciar o cumprimento de pena em estabelecimentos de segurança máxima, pode indiretamente estar também impondo sempre a esses apenados o regime inicial fechado, uma vez que não faz sentido, por motivos lógicos, uma penitenciária de segurança máxima destinada aos regimes semiaberto ou aberto. Contudo, nota-se que é possível, ao menos em tese, a condenação por organização criminosa armada em regime semiaberto. Isso porque o sujeito pode integrar uma organização criminosa armada (art. 2º, §2º, da Lei nº 12.850/2013) e ser penalizado com sanções de quatro anos e seis meses a oito anos de reclusão. Aqui, e desde que a organização não esteja voltada para a prática de delitos hediondos (art. 1º, parágrafo único, V, da Lei nº 8.072/1990), não há a exigência do início em regime fechado.

Com isso, é possível duas interpretações do § 8º do art. 2º da Lei nº 12.850/2013. A primeira, mais restrita, consiste em entender que a inserção do condenado em estabelecimento penal de segurança máxima apenas deve ocorrer, se e somente se, a sentença imposta eleger, nos parâmetros do art. 33 do CP, o regime fechado como inicial. A segunda leitura, menos literal, consiste em postular que o legislador, ao determinar a inclusão do apenado em penitenciárias de máxima segurança, igualmente passou a impor o regime inicial fechado para os líderes de organizações armadas, independentemente do quanto da pena aplicada.

Essa dupla possibilidade de interpretação também afeta a própria natureza da norma e a sua vigência no tempo. Caso a leitura seja aquela mais restrita, ou seja, de que inserção da unidade de segurança máxima deve depender da prévia fixação do regime fechado nos termos das regras gerais, cuida-se aqui de uma norma de vigência imediata, para todo e qualquer condenado, uma vez que possui somente uma dimensão regulatória do local onde a pena deve ser executada. Todavia, se o entendimento for aquele que pressupõem a fixação indispensável do regime fechado para os líderes de organização criminosa armada, a lei não poderá retroagir, atingindo somente os fatos ocorridos após a sua entrada em vigor. Isso porque, ao tratar de regime prisional, mostra-se como autêntica norma penal constitutiva do conceito de pena.

Já o § 9º ao seu turno, cria para os condenados por práticas delitivas realizadas no contexto organizacional uma condição adicional para a progressão do regime. De acordo com o texto legal, aquele que for condenado, de modo expresso, por integrar organização criminosa ou por crime praticado por meio de organização criminosa não poderá progredir de regime de cumprimento de pena ou obter livramento condicional ou outros benefícios prisionais se houver elementos probatórios que indiquem a manutenção do vínculo associativo.

Essa formulação linguística utilizada pelo legislador não foi das melhores e, ao que parece, pode trazer dificuldades. Não parece haver dúvida de que se trata de uma autêntica normal penal, uma vez que estabelece um requisito adicional para a progressão do regime, a ser aferido pelo juízo da execução. Altera, portanto, o sistema progressivo e, com isso, tem uma natureza constitutiva do próprio conteúdo da pena privativa de liberdade. Deve prevalecer aqui o princípio da irretroatividade da lei penal mais severa, de tal momo que esse requisito somente será exigível aos condenados por fatos ocorridos após a entrada em vigor da lei.

Todavia, o problema reside nas hipóteses de condenação que permitem a exigência do requisito adicional. Afinal, faz todo sentido exigir do condenado pelo delito de organização criminosa que tenha sua progressão de regime, livramento condicional e demais benefícios atrelados à sua desvinculação do grupo criminoso. A situação fica mais duvidosa nas hipóteses em que a condenação não foi exatamente por organização, mas sim por outros delitos praticados por meio do agrupamento. Se não há condenação por organização criminosa, seja no mesmo ou em outro processo, mostra-se difícil estabelecer um requisito dessa índole, porque exigiria do apenado apresentar-se, perante o juízo da execução, desvinculado de uma organização que, como fato em si, não foi sequer provado ao ponto de viabilizar autônoma condenação pelo juízo de conhecimento. Em outras palavras, a aferição, no âmbito da execução, da desvinculação do indivíduo do grupo criminoso deve ter como antecedente necessário a afirmação jurisdicional de sua participação pelo juízo do conhecimento, o que somente pode ser expressado pela condenação nos termos do art. 2º da Lei 12.850/2013.

Por fim, crítica deve ser feita ao recurso extensivo utilizado na norma penal. Ao afirmar que a manutenção de vínculos associativos impede a progressão do regime e o livramento condicional, logo em seguida o legislador faz referência a "outros benefícios prisionais". Além da expressão "benefícios" não ser a mais correta, mas talvez justificada pelo costume, a generalização proposta é inadmissível. Quais seriam aqui os tais benefícios? Remição, saídas temporárias, detração etc.? A valer o princípio da legalidade penal, e seu corolário da taxatividade, tal referência deve ser aqui desprezada, tida por não escrita.

7. Crimes hediondos e execução penal

Em decorrência dos impactos que normalmente ocasionam no campo da execução penal, vale realizar aqui algumas breves considerações sobre as alterações promovidas pelo *Pacote Anticrime* no bojo da Lei dos Crimes Hediondos (Lei nº 8.072/1990). As modificações produzidas tiveram, todas elas, a finalidade de inserir novos delitos na qualidade de hediondos e, com isso, aumentar o âmbito de incidência das normas que conferem tratamento jurídico mais severo aos tipos incriminadores assim rotulados.

A primeira questão que chamou a atenção foi o acréscimo de delitos patrimoniais. No tocante aos delitos de roubo e extorsão, a hediondez, até então, cingia-se às espécies cujo resultado produzido era a morte da vítima. Cuidava-se, portanto, somente do latrocínio e da extorsão qualificada pelo resultado morte. Agora, a natureza hedionda estará igualmente presente quando esses tipos penais produzirem a restrição de liberdade da vítima ou a ocorrência de lesão corporal grave (art. 1º, II, *a* e *c*, III, da Lei nº 8.072/1990). No roubo, também será ele considerado hediondo se circunstanciado pelo emprego de arma de fogo ou pelo emprego de arma de fogo de uso proibido ou restrito (art. 1º, II, *b*, da Lei nº 8.072/1990).

Outro delito patrimonial que ingressou no campo dos crimes hediondos foi o furto, figura típica essencialmente desprovida de violência ou ameaça à pessoa. De acordo com a lei, sua hediondez ocorrerá caso seja ele qualificado nos termos do art. 155, §4º-A, do CP, ou seja, a subtração deverá se dar por meio do emprego de explosivo ou de artefato análogo que cause perigo comum (art. 1º, IX, da Lei nº 8.072/1990). Esse recrudescimento no tratamento penal dessa espécie de furtos qualificados advém, principalmente, dos episódios urbanos de explosões de caixas eletrônicos em agências de instituições financeiras ou, até mesmo, em subtrações de cofres em estabelecimentos comerciais, como lojas de conveniência, farmácias e postos de combustível.

Já em face de outros bens jurídicos, o *Pacote Anticrime* também atribuiu a hediondez aos tipos incriminadores, consumados ou tentados, do crime de comércio ilegal de armas de fogo previsto no art. 17 da Lei nº 10.826/2003 (art. 1º, parágrafo único, III, da Lei nº 8.072/1990); do crime de tráfico internacional de arma de fogo, acessório ou munição, previsto no art. 18 da Lei nº 10.826/2003 (art. 1º, parágrafo único, IV, da Lei nº 8.072/1990); e do crime de organização criminosa, quando for ela voltada para a prática de crime hediondo ou equiparado (art. 1º, parágrafo único, V, da Lei nº 8.072/1990).

No plano da execução, o caráter hediondo do delito dificulta a progressão do regime, a qual ocorrerá nos termos do art. 112, V, VI, *a*, VII e VIII, da LEP. O livramento condicional do condenado por delito hediondo exigirá o cumprimento de dois terços da pena (art. 83, V, do CP), sendo vedada a sua concessão se ocorrido o resultado morte (art. 112, VIII, da LEP) ou se o apenado for reincidente específico em crimes dessa natureza. Ainda, e de acordo com o art. 122, §2º, da LEP, não terá direito a saída temporária o condenado que cumpre pena por prática de crime hediondo com resultado morte.

8. Execução da pena de multa

Desde que a legislação brasileira impediu, em face de seu inadimplemento, a conversão da pena de multa em pena privativa de liberdade, várias dúvidas passaram a existir sobre o tema da execução dessa sanção pecuniária. Como é sabido, a Lei nº 9.268/1996, conferiu nova redação do art. 51 do CP, o qual passou a prever que, transitada em julgado a sentença condenatória, a multa será considerada dívida de valor, aplicando-se lhe as normas da legislação relativa à dívida ativa da Fazendo Pública, inclusive no que concerne às causas interruptivas e suspensivas da prescrição.

Essa aproximação entre a multa penal e as dívidas da Fazenda gerou inúmeras divergências, principalmente no tocante ao legitimado ativo para ajuizar a medida de execução, bem como acerca do juízo competente para resolver esse litígio. Afinal, competiria a propositura da ação executiva ao órgão fazendário ou ao Ministério Público, titular da ação penal? Essa demanda, ademais, tramitaria nas varas da Fazenda ou no juízo próprio da execução penal? Se não bastasse, as regras atinentes à prescrição seriam aquelas previstas na legislação penal ou, ao contrário, passariam aqui a incidir as disposições tributárias relativas às causas interruptivas ou suspensivas?

Essa desnaturação da pena de multa, convertida em praticamente uma sanção civil, levou a jurisprudência a posicionamentos díspares. O STJ, com entendimento mais próximo do teor literal da lei, firmou a Súmula 521, ou seja, pontuou que a legitimidade para a execução fiscal de multa pendente de pagamento imposta em sentença condenatória é exclusiva da Procuradoria da Fazenda Nacional. O STF, ao contrário, decidiu em julgamento mais recente da Ação Direta de Inconstitucionalidade – ADI nº 3.150 que a legitimidade para a execução da multa é do Ministério Público perante a Vara de Execuções Penais, restando à Procuradoria da Fazenda uma competência subsidiária, somente naqueles casos em que, passado o prazo de noventa dias do inadimplemento do condenado, o órgão ministerial tenha se mantido inerte. Ainda conforme a decisão, na hipótese de o ajuizamento da cobrança ser promovido pela Procuradoria fazendária, essa se dará perante a Vara da Fazenda Pública.

Esse entendimento do STF, aliás, não passou incólume das corretas críticas da doutrina. A decisão, ao dar interpretação conforme à Constituição Federal ao art. 51 do CP, resolveu, quase por completo, afastar o conteúdo de seu texto, buscando para tanto uma natureza penal que seria ontologicamente inata à pena de multa. JUNQUEIRA, em sentido oposto, postula que a finalidade da redação do art. 51 do CP em 1996 foi exatamente o de afirmar o caráter de mera dívida de valor, extraindo da multa qualquer dimensão de suplício inerente à sanção penal. Para o autor, não existe nenhuma inconstitucionalidade no fato do legislador atribuir à sanção pecuniária um caráter não penal. Portanto, "o reconhecimento do caráter penal da multa mesmo após o trânsito em julgado", tal como realizado pelo STF, "é um equívoco sob o prisma legal, teórico-dogmático e, ainda, político-criminal"[16].

Dada tamanha celeuma, o *Pacote Anticrime* resolveu alterar o mencionado texto do art. 51 do CP, o qual agora passa a conter a seguinte redação: transitada em julgado a sentença condenatória, a multa será executada perante o juiz da execução penal e será considerada dívida de valor, aplicáveis as normas relativas à dívida ativa da Fazendo Pública, inclusive no que concerne às causas interruptivas e suspensivas da prescrição. Inegavelmente, um dos pontos de divergência foi legislativamente resolvido, isto é, a pena de multa será objeto de cobrança na Vara de Execuções Criminais.

Nesse ponto, parte do entendimento sedimentado no STF por meio da ADI nº 3.150 agora alcançou o nível legal, ou seja, a execução será na Vara de Execuções Penais. Algumas dúvidas, contudo, remanescem. Terá a Procuradoria da Fazenda titularidade subsidiária para a cobrança? Em caso positivo, tal se dará em que vara judicial? Essas perguntas serão respondidas com o passar do tempo. Ao menos por agora, e por força legal, parece ser possível dizer que a multa deverá ser executada pelo Ministério Público no próprio juízo da execução.

Referências

Anjos, Fernando Vernice dos. *Execução penal e ressocialização*. Curitiba: Juruá, 2018.

Busato, Paulo. *Direito penal*: parte geral. 2ª ed. São Paulo: Atlas, 2015.

Cesano, José Daniel. *La ejecución de la pena privativa de libertad*: una lectura desde la perspectiva del derecho internacional de los derechos humanos. Bogotá: Grupo Editorial Ibañez, 2009.

Porto, Roberto. *Crime organizado e sistema prisional*. São Paulo, Atlas, 2008.

Reale Júnior, Miguel. *Instituições de direito penal*: parte geral. 2ª ed. Rio de Janeiro: Forense, 2004.

Salvador Netto, Alamiro Velludo. *Curso de execução penal*. São Paulo: Thomson Reuters Brasil, 2019.

---

[16] Junqueira, Gustavo Octaviano Diniz. A multa e a extinção da punibilidade. In: *Boletim IBCCrim*, São Paulo, ano 27, nº 324, nov. 2019, p. 3.

_____. *Direito penal e propriedade privada*: a racionalidade do sistema penal na tutela do patrimônio. São Paulo: Atlas, 2014.

Sánchez Garrido, Francisco José. *Delincuencia habitual, psicopatía y responsabilidad penal*: algunos problemas del concepto tradicional de imputabilidad. Madrid: Dykinson.

Silva, Mariana Lins de Carli. Capital genético da miséria: a proposta de expansão do Banco Nacional de Perfil Genético. In: *Boletim IBCCrim*. Ano 27. nº 326. São Paulo: Janeiro/2020.

Torres Gonzáles, Eduardo. *Beneficios penitenciarios*: cuestiones prácticas. Lima: Editorial Idemsa, 2017.

Valerio Jiminián, Miguel Ernesto. *Registros de ADN y prevención del delito*. Barcelona: Atelier, 2019, 223-224.

3. A Lei nº 13.964/2019 e as investigações criminais

Cláudio do Prado Amaral

Em tema de investigações criminais, a Lei nº 13.964/2019 trouxe novidades impactantes no campo do direito à defesa e supriu lacunas importantes. Foram inseridas na legislação processual penal os seguintes dispositivos: art. 14-A no CPP; art. 16-A no CPPM (corresponde ao art. 18 da Lei nº 13.964/2.019); art. 8-A na Lei nº 9.292/1996 e; § 6 no art. 1º da Lei nº 9.613/1988.

1. Servidores das forças de segurança pública investigados

Nos termos do art. 14-A caput do CPP, sempre *"que servidores vinculados às instituições dispostas no art. 144 da Constituição Federal figurarem como investigados em inquéritos policiais, inquéritos policiais militares e demais procedimentos extrajudiciais, cujo objeto for a investigação de fatos relacionados ao uso da força letal praticados no exercício profissional, de forma consumada ou tentada, incluindo as situações dispostas no art. 23 do CP, o indiciado poderá constituir defensor"*.

O exercício do direito de defesa na fase de investigações criminais não é novidade no direito brasileiro[1]. Aquele que é formalmente investigado pode constituir defensor e deduzir pedidos visando a realização de atos de seu interesse no curso das investigações. Justamente por isso, o EOAB, no art. 7º, XXI dispõe que é direito do advogado assistir a seus clientes investigados durante a apuração de infrações, sob pena de

---

[1] SAAD, Marta. O direito de defesa no inquérito policial. São Paulo: RT, 2004, passim.

nulidade absoluta do respectivo interrogatório ou depoimento e, subsequentemente, de todos os elementos investigatórios e probatórios dele decorrentes ou derivados, direta ou indiretamente, podendo, inclusive, no curso da respectiva apuração apresentar razões e quesitos (letra *a*).

Ademais, o inquérito policial, desde muito tempo é compreendido como um instrumento garantista. Seu caráter inquisitório significa apenas que nele não vige o princípio do contraditório. Não quer dizer que a autoridade policial pode agir arbitrariamente, deferindo ou indeferindo os pedidos formulados pelo investigado e seu defensor, a seu bel prazer. Somente poderá indeferi-los se tais pedidos se mostrarem desarrazoados, protelatórios ou impertinentes[2].

A novidade trazida pela Lei nº 13.964/2019 consiste em dispor que o exercício do direito de defesa é obrigatórios caso o indiciado não o exerça. Conforme os parágrafos primeiro e segundo, o investigado deverá ser "citado" (o legislador errou grosseiramente, pois deveria ter usado o termo "notificado") da instauração do procedimento investigatório, podendo constituir defensor no prazo de até 48 horas a contar do recebimento da "citação" (§ 1º). Caso transcorrido o prazo de 48 horas, sem que seja nomeado defensor pelo investigado (ou seja, sem que seja juntada procuração de advogado aos autos), a autoridade responsável pela investigação deverá "intimar a instituição" (novamente o legislador errou, pois a expressão correta é "notificar o representante da instituição") a que estava vinculado o investigado à época da ocorrência dos fatos, para que essa, no prazo de 48 horas, indique defensor para representar o investigado.

Portanto, mesmo que o investigado não deseje defensor, a instituição à qual estava vinculado ao tempo do fato deverá prover. Os § § 1º e 2º do art. 14-A tornaram obrigatório e gratuito o exercício do direito de defesa na fase de investigação em favor de agentes vinculados às forças de segurança pública que tenham praticado atos relacionados ao uso da força letal no exercício profissional, de forma consumada ou tentada, incluindo as situações dispostas no art. 23 do CP.

---

[2] SAAD, Marta. In: Código de Processo Penal Comentado. GOMES FILHO, Antonio Magalhães; TORON, Alberto Zacharias; BADARÓ, Gustavo Henrique. Coordenadores. 2ª ed. São Paulo: RT, 2019, p. 51-52.

Ocorre que ao fazer assim, o processo penal brasileiro incorre em injustificada discriminação. O motivo do exercício obrigatório do direito de defesa assegurado com recursos públicos somente aos agentes vinculados às instituições é o *possível erro no exercício da profissão* que matou ou feriu alguém. Essas situações ordinariamente vinham sendo enfrentadas pelos agentes investigados com seus recursos particulares, ou com os das respectivas associações de classe.

E se é assim, por qual motivo somente os agentes públicos mereceriam a benesse? Ou bem todos (sejam ou não agentes das forças de segurança pública) serão agraciados com o direito de defesa obrigatório e gratuito na fase de investigação em caso de crimes contra a vida, ou bem ninguém deverá ser.

São requisitos para que o disposto no art. 14-A do CPP seja determinado nos autos: 1) uso da força letal: 2) no exercício profissional, incluindo as excludentes de antijuridicidade (art. 23 do CP); 3) resultado morte consumado ou tentado.

Por uso de força letal deve ser entendido o emprego de armamento fabricado com recursos específicos para que se permita atingir o resultado morte. É o caso das armas de fogo. Já uma arma de choque (conhecida como *stun gun* ou *taser*), ainda que venha a matar alguém acidentalmente durante seu uso, não será considerado uso de força letal. Será crime culposo. Note-se que a expressão "fatos consumados ou tentados" relacionados ao uso da força letal, é usada exatamente para afastar a norma do art. 14-A dos resultados morte ocorridos culposamente.

Relativamente a exercício da profissão, trata-se de requisito que engloba as excludentes de antijuridicidade previstas no art. 23, III do CP, o que torna desnecessária a sua inclusão. Chama atenção a expressão "exercício profissional", pois embora os agentes de segurança pública possuam horários de trabalho definidos, é indiscutível que fora desses horários tais agentes podem ser chamados ao cumprimento do dever a qualquer momento, pois conforme disposto no art. 301 do CPP, "*as autoridades policiais e seus agentes deverão prender quem quer que seja encontrado em flagrante delito*". Isso significa que caso estejam fora de seus horários de serviço e deparem-se com uma situação de flagrante delito, deverão agir. E ao agir, podem vir a matar alguém. Note-se, também, que a resposta sobre o servidor estar ou não no exercício profissional poderá ser facilmente encontrada examinando-se o disposto no seu respectivo estatuto profissional. Imagine-se, por exemplo, um policial militar no Estado de São Paulo que durante uma folga, fazendo compras em um mercado onde ocorra um assalto e venha a matar um assaltante. Bastaria verificar seu respectivo Estatuto para se ter a certeza que faria jus a defensor durante as investigações, uma vez que o art. 8º, XXXV da Lei Complementar nº 893/2001 dispõe que um dos deveres éticos emanados dos valores policiais-militares e que conduzem a atividade profissional sob o signo da retidão moral consiste em atuar onde estiver, mesmo não estando em serviço, para preservar a ordem pública ou prestar socorro, desde que não exista, naquele momento, força de serviço suficiente. Outrossim, também diante do disposto no art. 9º, inciso II, letra c do CPPM, fica bem caracterizado que teria agido no exercício da profissão.

O art. 16-A do CPPM repete a redação do art. 14-A do CPP aplicando-se o mesmo raciocínio aos servidores das polícias militares e dos corpos de bombeiros militares sempre que figurarem como investigados em inquéritos policiais militares e demais procedimentos extrajudiciais com o mesmo objeto de investigação.

Em qualquer caso (tanto no do art. 14-A do CPP como no do art. 16-A do CPPM) o exercício obrigatório e gratuito de defesa se aplica aos servidores militares vinculados às instituições dispostas no art. 142 da CF (Marinha, Exército e Aeronáutica), desde que os fatos investigados digam respeito a missões para a Garantia da Lei e da Ordem.

2. Sobre a captação ambiental no âmbito da Lei nº 9.296/1996

Segundo o dicionário Houaiss, a captação designa a ação daquele que se apodera, intercepta ou apanha algo. A captação ambiental de sinais eletromagnéticos, ópticos ou acústicos aqui tratada equivale à ação de um terceiro que grava, filma ou obtém com recursos tecnológicos e armazena imagens, sons, conversas em áudio ou escritas, entre duas ou mais pessoas, sem que as estas saibam da ação do terceiro. Isso é feito em ambientes privados ou abertos ao público.

A captação ambiental de sinais eletromagnéticos, ópticos ou acústicos como meio de obtenção de prova vinha tratada apenas no âmbito da Lei nº 12.850/2013. O respectivo art. 3º, II previa que tal medida era permitida em qualquer fase da persecução penal. Portanto, a captação estava restrita aos crimes investigados ou sub judice no âmbito de competência da respectiva lei (criminalidade organizada), e assim mesmo, sob os limites estabelecidos pelo art. 2º da Lei nº 9.296/1996[3].

Com o advento do art. 8-A, introduzido na Lei nº 9.296/1996 pela Lei nº 13.964/2019, foi suprida importante lacuna em tema de investigação e instrução criminal, uma vez que doravante a captação ambiental de sinais eletromagnéticos, ópticos ou acústicos poderá ser autorizada pelo juiz, a requerimento da autoridade policial ou do Ministério Público (portanto, jamais de ofício pelo juiz), *doravante num grupo muito mais amplo de infrações penais*.

Tal medida poderá ser utilizada quando: I – a prova não puder ser feita por outros meios disponíveis e igualmente eficazes; e II – houver elementos probatórios razoáveis de autoria e participação em infrações criminais cujas penas máximas sejam superiores a 4 (quatro) anos ou em infrações penais conexas.

A medida poderá ser, assim, deferida tanto na fase de investigação criminal, como na fase processual, e em qualquer caso, terá caráter subsidiário, isto é, somente será admitida se outros meios disponíveis e igualmente eficazes não forem suficientes. Note-se que esses meios não precisam já terem sido utilizados ou tentados, isto é, não há necessidade que tenham sido previamente esgotados para só então se recorrer à captação ambiental. Se fosse assim, a medida estaria fadada ao fracasso. Basta imaginar uma situação de urgência durante a investigação. É possível também que diante de um razoável prognóstico de insuficiência de outros meios, desde logo se mostre justificável lançar mão da captação ambiental. Nos termos acima expostos é que deve ser compreendido o caráter subsidiário da captação ambiental.

A defesa sempre poderá demonstrar em contraditório diferido[4], que a prova poderia ter sido feita por outros meios disponíveis e igualmente eficazes, e dessa forma conseguirá invalidar a prova obtida por meio da captação ambiental[5].

---

[3] DEZEM, Guilherme Madeira. Curso de Processo Penal. 5ª ed. São Paulo: RT, 2019, p. 728.

[4] Contraditório diferido corresponde àquele que se estabelece na fase processual apenas, uma vez que no momento da obtenção dos elementos de informação, a defesa não se fez presente. Assim, reserva-se a ampla discussão sobre a obtenção desses elementos para a fase posterior, qual seja, a processual.

[5] No sentido de que é ônus da defesa demonstrar que existiam outros meios de prova igualmente eficazes em caso de interceptação telefônica, confira-se o v. acórdão: STF, HC, nº 113.597/SP.

Quanto ao cabimento, a captação ambiental será admitida desde que presentes elementos probatórios razoáveis de autoria e participação em: 1) infrações criminais cujas penas máximas sejam superiores a quatro anos, ou; 2) em infrações penais conexas.

Note-se, acima, que a lei admite que caso haja infração conexa – qualquer que seja a pena desta – com outra cuja pena máxima seja superior a quatro anos, admite-se a captação e ela servirá como prova. Essa orientação está em harmonia com o que vem sendo pacificamente admitido pela jurisprudência em relação ao art. 2º, III da Lei nº 9.296/1996 quando há crime punido com detenção conexo com crime punido com reclusão: entende-se pela possibilidade da interceptação telefônica servir como prova[6].

Diz o art. 8-A, § 1º que o requerimento deverá descrever circunstanciadamente o local e a forma de instalação do dispositivo de captação ambiental. Tal exigência somente se faz cabível em se tratando de ambientes privados, como domicílios, escritórios, estabelecimentos comerciais abertos ao público (pois o ingresso está sujeito ao controle do proprietário ou gerente) e alguns locais públicos em que há expectativa de privacidade (por exemplo, um banheiro público). Tais locais estão acobertados pelo direito fundamental à privacidade, tendo em vista o disposto no art. 5º, X da CF. Especialmente no caso do domicílio, incide a proteção do disposto no art. 5, XI da CF. Tratando-se de locais públicos não há necessidade de autorização judicial[7].

Com todo o respeito aos que pensam em sentido diverso, não nos parece fazer muito sentido a discussão sobre a possibilidade/impossibilidade jurídica de captação ambiental no domicílio, escritórios e outros locais onde francamente se desenvolve livremente a personalidade e a vida íntima. A captação ambiental de sinais é juridicamente possível. Não se ignoram os debates travados sobre o tema pelas cortes constitucionais de outros países nem os precedentes históricos que ensejaram

---

[6] STJ, HC nº 186.118/RS.
[7] NUCCI, Guilherme de Souza. Pacote Anticrime Comentado. 1ª ed. São Paulo: Forense, 2020, p. 120. Em sentido contrário, pela impossibilidade de captação ambiental dentro do domicílio: DEZEM, Guilherme Madeira. Curso de Processo Penal. 5ª ed. São Paulo: RT, 2019, p. 731.

esses debates[8]. Mas também não se pode ignorar que a criminalidade seguirá se desenvolvendo para estágios inimagináveis e os espaços onde a personalidade se desenvolve sob o escudo da intimidade não pode servir de manto absolutamente indevassável, não somente porque não existem direitos fundamentais absolutos, mas também devido ao fato de que a criminalidade avança usando as brechas jurídicas que lhe permitem agir. Por qual motivo se exigiria autorização judicial para captação ambiental? Apenas para locais públicos? Seria algo tão desnecessário quanto prever uma lei que regulamentasse buscas judicialmente autorizadas, restringindo os pedidos apenas para praças públicas. Ora, a autorização judicial para captação ambiental só faz sentido se o objetivo é devassar local protegido constitucionalmente porque nesse mesmo local há exercício da intimidade. É exatamente por isso que existe o magistrado: para prudentemente ponderar os interesses em jogo, deferindo ou não o pedido de captação à luz dos argumentos apresentados. E se houver erro no pedido/representação deduzido, verificado *a posteriori* e que cause dano a quem foi violado em sua privacidade, caberá indenização.

No caso de ambientes privados, o requerimento também deverá conter pedido para que o juiz: a) autorize o ingresso dos agentes no local para a instalação dos dispositivos de captação de imagens, sons e sinais eletromagnéticos; b) defira a instalação dos aparelhos em aposentos específicos do imóvel, pois não basta requerer a instalação com base no endereço do imóvel. A depender do cômodo da casa ou escritório em que é instalado o dispositivo, o nível de intimidade que é descoberto aumenta. Em razão disso o pedido deve ser justificado quanto a sua necessidade para a descoberta dos fatos.

Nos termos do § 3º do art. 8-A a captação ambiental terá duração ordinária de quinze dias. Poderá, contudo, ser renovável por decisão judicial por iguais períodos (note-se que interceptação telefônica somente pode ser renovada uma vez, conforme art. 5º da Lei nº 9.296/1996). Portanto, a lei presume que a duração razoável do processo de captação ambiental é ordinariamente de 15 dias e excepcionalmente superior a 15

---

[8] BUSATO, Paulo César. As inovações da Lei 12.850/12 e a atividade policial. In: AMBOS, kai; Malarino, Ezequiel; Vasconcelos, Enéas Romero de. Polícia e investigação no Brasil. 1ª ed. Brasília: Gazeta Jurídica, 2016, p. 221.

dias, desde que devidamente justificada por elementos concretos colhidos a partir das investigações.

Tal justificação de renovação será procedente se demonstrar a "indispensabilidade" da captação ambiental enquanto meio de prova conforme literalidade do § 3º (o que equivale à continuidade da impossibilidade da realização da prova "por outros meios disponíveis e igualmente eficazes"). Ademais, o pedido de renovação deverá conter elementos justificantes obtidos durante o período já executado, sejam estes colhidos ou não a partir da captação. Se nada foi descoberto durante os 15 dias, nada justifica a renovação do pedido.

Finalmente, para a renovação da captação ambiental, também exige-se que a atividade criminal seja permanente, habitual ou continuada, conforme o mesmo § 3º do art. 8-A.

Nos termos do art. 8-A, § 5º, aplicam-se subsidiariamente à captação ambiental as regras previstas na legislação específica para a interceptação telefônica e telemática.

3. Da utilização da ação controlada e da infiltração de agentes para apuração do crime de lavagem ou ocultação de bens, direitos e valores (Lei nº 9.613/1998)

Foram inseridos na Lei nº 9.613/1998 (que trata dos crimes de lavagem ou ocultação de bens, direitos e valores, sua persecução e criou o COAF) dois importantes métodos de persecução penal: 1) ação controlada (também chamado flagrante diferido ou retardado) e; 2) infiltração de agentes. Ambos necessitam da previsão legal, pois implicam na prática de atos por agentes de segurança pública que normalmente seriam ilícitos penais. Expliquemos.

3.1 Da ação controlada

Nos termos do art. 301 do CPP, é dever da autoridade policial e seus agentes prender quem estiver em flagrante delito. Não há margem de discricionariedade. O agente não pode aguardar melhor oportunidade para prender. Entretanto, diante de uma permissão legal de *ação controlada ou flagrante retardado*, será possível aguardar.

Pois bem. No âmbito da Lei nº 9.613/1998, a ação controlada vinha sendo discutida se seria possível ou não, conforme redação imprecisa do art. 4-B[9], a qual diz que *a ordem de prisão de pessoas ou as medidas assecuratórias de bens, direitos ou valores poderão ser suspensas pelo juiz, ouvido o Ministério Público, quando a sua execução imediata puder comprometer as investigações.*

Doravante, a definição legal e o procedimento para a ação controlada estão contidos no art. 8º caput da Lei nº 12.850/2012, os quais aplicam-se ao âmbito da Lei nº 9.613/1998, conforme seu o novo § 6º do art. 1º.

A adaptação da redação do citado art. 8º resulta na seguinte definição: *No âmbito da Lei nº 9.613/1998, a ação controlada consiste em retardar a intervenção policial ou administrativa relativamente às ações descritas no art. 1º da mesma lei ou dos delitos a eles vinculados, desde que mantidos sob observação e acompanhamento para que a medida legal se concretize no momento mais eficaz à formação de provas e obtenção de informações.*

Note-se que o crime de lavagem de dinheiro é acessório em relação à infração penal antecedente[10]. Logo está relacionado a ele. E se está relacionado, o chamado pacote de leis anticrime deu um largo passo persecutório para alcançar mais crimes sob a ação controlada. Veja-se: até então, esse expediente era de uso restrito à *ação praticada por organização criminosa*. Doravante, crimes que não estão sendo praticados por organizações criminosas podem ser acompanhados sob ação controlada, desde que elementos de informações obtidos em investigações verossímeis conduzam à firme convicção de que os bens, direitos e valores provenientes desse delito serão lavados ou ocultos por uma das condutas típicas descritas no art. 1º da Lei nº 9.613/1998.

Relativamente ao procedimento da ação controlada, há previsão nos parágrafos do art. 8º da Lei nº 12.850/2012. Neles consta que o retardamento da intervenção policial ou administrativa será previamente comunicado ao juiz competente que, se for o caso, estabelecerá os seus limites e comunicará ao Ministério Público (§ 1º). Tal comunicação será sigilosamente distribuída (e registrada em autos) de forma a não conter informações que possam indicar a operação a ser efetuada (§ 2º).

---

[9] BARROS, Marco Antônio de. Lavagem de capitais e obrigações civis correlatas. 2ª ed. São Paulo: RT, p. 248.

[10] BADARÓ, Gustavo Henrique. Lavagem de dinheiro – Aspectos penais e processuais penais. Comentários à Lei nº 9.613/1998, com as alterações da Lei nº 12.683/2012. São Paulo: RT, 2012, p. 183.

É importante sublinhar que a interpretação literal do dispositivo é a que mais se coaduna com as características da fase de investigações, pois caso se condicionasse o início e execução da ação controlada à prévia autorização judicial, tal medida poderia ser de nenhuma utilidade. Na lição de Cabette e Nahur[11], isso significaria *"arrastar o juiz para uma atuação tipicamente investigatória, o que não é recomendável no sistema acusatório. Além disso, a decisão sobre um retardamento na ação policial é tomada em campo, no momento da ação e deve ser imediata. Não se vislumbra possibilidade prática de que a Autoridade Policial possa representar ..."*. Ademais, tendo em vistas os meios de comunicação contemporâneos, os quais permitem o acompanhamento das ações à distância em tempo real, não há justificativa para interpretar o dispositivo legal de outra forma que não seja a literal.

Até o encerramento da diligência, o acesso aos autos será restrito ao juiz, ao Ministério Público e ao delegado de polícia, como forma de garantir o êxito das investigações (§ 3º). Ao término da diligência, elaborar-se-á auto circunstanciado acerca da ação controlada (§ 4º).

Caso a ação controlada implique a transposição de fronteiras internacionais, o retardamento da intervenção policial ou administrativa somente poderá ocorrer com a cooperação das autoridades dos países que figurem como provável itinerário ou destino do investigado, de modo a reduzir os riscos de fuga e extravio do produto, objeto, instrumento ou proveito do crime (art. 9º, Lei nº 12.850/2012).

3.2 Do agente infiltrado

Quanto à infiltração de agente, conforme já dito acima, a sua utilização para apuração de do crime de que trata o art. 1º da Lei nº Lei nº 9.613/1998, também passou a ser prevista (art. 1º, §6º). Trata-se meio de prova. O procedimento para a sua realização deverá obedecer ao disposto nos artigos 10 a 14 da Lei nº 12.850/2012, uma vez que a Lei nº 9.613/1998 é omissa nesse aspecto.

Ressalte-se que a Lei nº 13.964/2019 também criou a figura do agente de polícia infiltrado virtual, conforme redação do art. 10-A da Lei nº 12.850/2012. Entretanto, esse novo recurso investigativo não se aplica

---

[11] CABETTE, Eduardo Luiz Santos; NAHUR, Marcius Tadeu Maciel. Criminalidade Organizada & Globalização Desorganizada. Curso completo de acordo com a Lei nº 12.850/2012. Rio de Janeiro: Freitas Bastos, 2014, p. 240.

à Lei nº 9.613/1998, devido à especialização de atuação com a qual foi criado. Conforme redação do citado art. 10-A: o agente de infiltrado virtual atua *"com o fim de investigar os crimes previstos nesta Lei (nº 12.850/2012) e (os crimes) a eles conexos, praticados por organizações criminosas"*.

Assim, portanto, procedimentalmente, observam-se os dispositivos previstos no: art. 10 e seus parágrafos; art. 11 caput (seu parágrafo único *não*) e; arts. 12 a 14. Não se aplicam à Lei nº 9.613/1998 os arts. 10-A até 10-D.

Não é o caso de se analisar, neste trabalho, o procedimento respectivo à infiltração de agentes. A questão central do tema reside na compreensão e diferenciação das ações que um agente pratica enquanto estiver realizando atividades de lavagem de dinheiro e seus limites[12]. Justamente por isso, trata-se de tema de pequena relevância prática, pois como já dito acima, o crime previsto no art. 1º da Lei nº 9.613/1998 é delito acessório em relação ao antecedente. A questão assumirá alguma relevância quando o magistrado vier a estabelecer os limites de atuação do agente infiltrado (art. 10 caput da Lei nº 12.850/2012) conforme o alcance das tarefas dos agentes contidas no requerimento a que faz alusão o art. 11 da Lei nº 12.850/2012. Mesmo assim, vislumbra-se pouco espaço para atuação fora dos limites da prática de atos típicos pelo agente infiltrado que se situem fora do âmbito dos delitos previstos no art. 1º da Lei nº 9.613/1998. Pode ser, eventualmente, que se exija do agente infiltrado, a prática de algum delito não relacionado aos de lavagem, por exemplo, para provar sua lealdade ao grupo criminoso. Todavia, nesse caso, já estaríamos diante de crimes relacionados à Lei nº 12.850/2012. Poderíamos, também vislumbrar algum interesse prático, caso o agente infiltrado se deparasse com a descoberta fortuita de outros delitos, posto que a técnica de infiltrar agente é considerada meio de prova.

Ainda assim, o recurso a esse meio de prova é de escasso interesse prático, inclusive pelo seu uso pelas polícias, que é perto de zero. Apenas para dar ao leitor um exemplo (bastante importante), durante a elaboração desta obra consultamos formalmente a Polícia Federal em São Paulo sobre a quantidade de investigações em curso com agentes infil-

---

[12] BUSATO, Paulo César. As inovações da Lei 12.850/12 e a atividade policial. In: AMBOS, kai; Malarino, Ezequiel; Vasconcelos, Enéas Romero de. Polícia e investigação no Brasil. 1ª ed. Brasília: Gazeta Jurídica, 2016, p. 236.

trados. Como resposta obtivemos que a quantidade é, de fato, baixíssima. Embora essa seja a realidade, trata-se de valoroso recurso investigativo que, todavia, exige elevados investimentos em treinamento e disponibilidade de pessoal, com dedicação exclusiva. Num país como o Brasil, com elevada criminalidade nos mais diversos níveis e escassez de agentes para combater o delito, compreende-se o porquê do baixo emprego desse importante meio de investigação.

Referências

BADARÓ, Gustavo Henrique. Lavagem de dinheiro – Aspectos penais e processuais penais. Comentários à Lei nº 9.613/1998, com as alterações da Lei nº 12.683/2012. São Paulo: RT, 2012.

BARROS, Marco Antônio de. Lavagem de capitais e obrigações civis correlatas. 2ª ed. São Paulo: RT.

BUSATO, Paulo César. As inovações da Lei 12.850/12 e a atividade policial. In: AMBOS, kai; Malarino, Ezequiel; Vasconcelos, Enéas Romero de. Polícia e investigação no Brasil. 1ª ed. Brasília: Gazeta Jurídica, 2016.

CABETTE, Eduardo Luiz Santos; NAHUR, Marcius Tadeu Maciel. Criminalidade Organizada & Globalização Desorganizada. Curso completo de acordo com a Lei nº 12.850/2012. Rio de Janeiro: Freitas Bastos, 2014.

DEZEM, Guilherme Madeira. Curso de Processo Penal. 5ª ed. São Paulo: RT, 2019.

NUCCI, Guilherme de Souza. Pacote Anticrime Comentado. 1ª ed. São Paulo: Forense, 2020

SAAD, Marta. In: Código de Processo Penal Comentado. GOMES FILHO, Antonio Magalhães; TORON, Alberto Zacharias; BADARÓ, Gustavo Henrique. Coordenadores. 2ª ed. São Paulo: RT, 2019.

_____. O direito de defesa no inquérito policial. São Paulo: RT, 2004.

4. "Pacote Anticrime": a nova configuração do acordo de não persecução penal

Hermes Duarte Morais

Introdução

A Lei nº 13.964/2019 representa, indubitavelmente, um duplo avanço na seara da justiça penal consensual brasileira. De um lado, introduziu no Código de Processo Penal (CPP) o acordo de não persecução penal (ANPP) que estava regulamentado, de forma criticável[1], apenas em resolução do Conselho Superior do Ministério Público (Res. n. 181/2017 do CNMP). Por outro, incorporou na disciplina da colaboração premiada entendimentos jurisprudenciais, e dispositivos de regulamentação administrativa interna, que trazem maior segurança jurídica à utilização do instituto[2].

De maneira geral, a lei trouxe maior segurança jurídica para a utilização de ambos institutos, embora tenha pecado por omissões relevantes. De todo modo, fica patente que os institutos de justiça penal negocial continuam a se expandir no direito penal brasileiro, consolidando-se, em larga medida, graças à inegável eficácia que sua utilização conduz.

---

[1] Já se ressaltava a problemática opção de sua utilização apesar da inexistência de previsão legal, ainda que a efetividade do instituto seja evidente. https://www.conjur.com.br/2018-nov-30/hermes-morais-acordo-nao-persecucao-penal-constitucional. Acesso em 01-03-2020.
[2] Sobre o regime jurídico da colaboração premiada e os problemas aventados pela jurisprudência no âmbito da operação lava-jato conferir: MORAIS, Hermes Duarte. Regime Jurídico da Colaboração Premiada: direitos e deveres das partes e poderes do juiz. São Paulo: Liberars, 2019.

1. Origem e conceito do acordo de não persecução penal

O Brasil há muito já estava inserido numa tendência mundial de expansão dos espaços de consenso no direto penal pois já conta com institutos de justiça penal consensual tais como: a transação penal e a suspensão condicional do processo para delitos de pequeno potencial ofensivo; e a colaboração premiada, para crimes graves que podem envolver organizações criminosas. No entanto, faltava um instituto consensual para crimes de médio potencial ofensivo.

Assim, para suprir essa lacuna, entre as principais alterações da Lei nº 13.964/2019, conhecida como "Pacote Anticrime", encontra-se a inserção do artigo 28-A ao Código de Processo Penal, que incorporou o Acordo de Não Persecução Penal (ANPP) ao ordenamento jurídico pátrio. Contendo cinco incisos e quatorze parágrafos, o mencionado artigo regulamenta e delimita a hipóteses de aplicação de tal instituto, cuja inspiração advinda do *Plea bargain* norte-americano é evidente.

No entendimento de Heron José de Santana Gordilho (2009, p. 63):

> A *plea bargaining* consiste fundamentalmente numa negociação entre a promotoria e a defesa, em que após definida a prática da infração penal, e superada a fase do *preliminary screen* (a nossa *opinio delicti*), abre-se oportunidade ao suspeito para o *pleading*, onde poderá se pronunciar a respeito da sua culpabilidade: se se declara culpado e confessa o crime (*pleads guilty*) após um processo de negociação com a promotoria para a troca da acusação por um crime menos grave, ou por um número mais limitado de crimes, opera-se a *plea*, que é a resposta da defesa, e então pode o juiz fixar a data da sentença, sem necessidade do devido processo legal ou de um veredicto.[3]

Trata-se de mecanismo jurídico que garante ao investigado a faculdade de não exercer o seu direito constitucional ao contraditório e de ser submetido a um julgamento precedido por um juiz natural e imparcial, desde que reconheça a autoria do fato investigado ainda na fase inquisi-

---

[3] GORDILHO, Heron José de Santana. Justiça Penal Consensual e as Garantias Constitucionais no Sistema Criminal do Brasil e dos EUA. Revista do Curso de Mestrado em Direito da UFC, Fortaleza, v. 29, n. 1, p. 55/71, jan/jun 2009. Disponível em: <http://periodicos.ufc.br/nomos/article/view/6431/4682>. Acesso em: 09 fevereiro 2020.

tiva. Nessa hipótese, o investigado passa cumprir pena de modo imediato, ou outra medida pactuada, sem a necessidade do desenvolvimento do completo procedimento ordinário, em troca a sanção será mais benéfica do que aquela que seria aplicada caso fosse julgado e condenado.

O ANPP ocorre na fase da investigação criminal, podendo ser proposto na audiência de custódia, no curso da investigação ou após a conclusão do procedimento criminal investigatório, ou seja, deve ser realizado antes do recebimento da denúncia (art.396, CPP).

Em termos práticos, consiste em uma decisão baseada em análise de risco, na qual o acusado, sob orientação jurídica de seu defensor, ponderará qual escolha será mais vantajosa: cumprir uma sanção mais benéfica imediatamente, reduzindo assim a incerteza inerente ao processo penal ou se arriscar a uma possível condenação ao final do processo cujo montante da pena é imprevisível.

2. Requisitos

Seguindo seus congêneres, o ANPP também apresenta requisitos que devem ser devidamente preenchidos para que o benefício possa ser admissível no caso concreto e hipóteses em que a lei exclui a sua aplicação. Analisa-se primeiramente os requisitos para a celebração do ANPP.

A partir do *caput* do artigo 28, é possível extrair os seguintes requisitos: (a) A confissão formal do investigado, (b) infração penal sem violência ou grave ameaça, (c) pena mínima inferior a 4 (quatro anos) e (d) que a medida seja necessária e suficiente para reprovação e prevenção do crime, condições que serão examinadas a seguir.

a) Confissão

A lei prevê a necessidade de que o investigado confesse formal e circunstancialmente a prática do crime. A confissão consiste no reconhecimento, por parte do investigado, dos fatos que lhes são imputados de forma desfavorável. Nos dizeres de Feitoza (2009, p. 751) é a "aceitação formal da imputação da infração penal, feita por aquele a quem foi atribuída a prática da infração penal"[4]. A formalidade da confissão é assegurada mediante o cumprimento dos §§ 3º e 4º do artigo 28-A, os quais

---

[4] PACHECO, Denilson Feitoza. Direito Processual Penal. 6ª. ed. Niterói-RJ: Impetus, 2009.

determinam que o acordo será formalizado por escrito, firmado entre o membro do Ministério Público, o investigado e seu defensor, devendo o Juiz designar audiência na qual deverá verificar a voluntariedade das partes, por meio da oitiva do investigado na presença do seu causídico.

Tal confissão circunstancial demanda o detalhamento dos fatos, e que as informações apresentadas sigam uma coerência lógica com os demais elementos de prova colhidos no caderno investigativo e deve ser integral a respeito dos fatos objeto da investigação. Assim, cumprirá ao investigado, no momento de presta-la, relatar os fatos de modo pormenorizado, indicando todas as circunstâncias do crime.

Trata-se de medida de natureza processual de índole protetiva ao investigado, na medida em que impede a celebração precoce e irresponsável do acordo com pessoas cujos elementos informativos não demonstrem sua participação no delito.

Ademais, como efeito secundário, Renê de Ó Souza (2019) aponta que a confissão é capaz de produzir um efeito psíquico de arrependimento pela prática do crime, provocando um senso de responsabilidade e comprometimento com o ato, condições que reforçariam moralmente o cumprimento do acordo[5].

Discute-se, ante o silêncio da lei, a possibilidade ou não da utilização desta confissão como prova no processo a ser iniciado caso o sujeito descumpra o ANPP. Admitindo-se, a tendência cada vez maior de formar um verdadeiro microssistema negocial do processo penal[6] brasileiro, entende-se que a utilização de tal confissão como mais um dos elementos informativos a serem apresentados junto com a denúncia é plenamente possível de modo similar ao que acontece com a colaboração premiada.

Neste sentido, o Enunciado n.º 24 PGJ-CGMP do Ministério Público de São Paulo: "24. Rescindido o acordo de não persecução penal por conduta atribuível ao investigado, sua confissão pode ser utilizada como uns dos elementos para oferta da denúncia."

---

[5] SOUZA, Renee de Ó. Acordo de Não Persecução Penal: O papel da confissão e a inexistência de plea bargain. Revista Consultor Jurídico, janeiro 2019. Disponível em: <www.conjur.com.br/2019-jan-07/renee-souza-papel-confissao-inexistencia-plea-bargain>. Acesso em: 13 Fevereiro 2020

[6] MORAIS, Hermes Duarte. Regime Jurídico da Colaboração Premiada: direitos e deveres das partes e poderes do juiz. São Paulo: Liberars, 2019.

Todavia, há quem entenda diversamente, com base no art.4º, p.10 da lei n.º 12.850/13 que diz que as partes podem se retratar da proposta e nesse caso as provas autoincriminatórias não poderão ser utilizadas em desfavor do investigado. Ocorre que se equivocam estes autores ao confundir a proposta do acordo, que antecede a sua celebração, com o acordo em si que adquire sua eficácia apenas com a homologação em juízo. Após esta, havendo descumprimento o que ocorre é a revogação do ANPP pelo descumprimento, não "retratação da proposta".

b) Infração penal sem violência ou grave ameaça

Cuida-se de uma limitação razoável à possibilidade de celebração ao acordo de não persecução penal, constituindo um requisito negativo. Considerou o legislador não somente o desvalor do resultado, mas, nesse caso, também o desvalor da ação, tendo em vista a maior reprovabilidade dos crimes violentos frente aos demais.

Ademais, tal impedimento prestigia a própria logicidade e coerência do processo penal uma vez que o condenado a crime cometido com violência ou grave ameaça não pode ter sua pena privativa de liberdade substituída por restritiva de direitos por inteligência do artigo 44, inciso I, do Código Penal[7]. Logo, se o ANPP não ostentasse tal limitação, o investigado, devidamente instruído por seu advogado, poderia optar pelo acordo, com o exclusivo fim de usufruir de uma pena restritiva de direito, a qual seria legalmente vedada, caso tivesse um julgamento condenatório, infringindo o princípio da homogeneidade. A ausência do impedimento resultaria em verdadeiras aberrações penais, permitindo, por exemplo, que roubadores confessos fossem compelidos ao mero pagamento de prestação pecuniária como sansão, o que deturparia, por completo, o efeito retributivo que orienta o Direito Penal, levando a justiça criminal ao descrédito. Assim, agiu bem o legislador em prever o requisito, zelando pela efetividade do sistema de justiça criminal.

---

[7] Art. 44. As penas restritivas de direitos são autônomas e substituem as privativas de liberdade, quando:
I – aplicada pena privativa de liberdade não superior a quatro anos e o crime não for cometido com violência ou grave ameaça à pessoa ou, qualquer que seja a pena aplicada, se o crime for culposo.

Registra-se, apenas que a violência e grave ameaça no caso devem ser dirigida contra a pessoa. Ao passo que, caso dirigidas contra a coisa, não impedem a concessão do benefício.

c) Pena mínima inferior a 4 (quatro anos)

Semelhante ao requisito anterior, este consiste em outra limitação aos crimes passíveis de serem objeto do acordo de não persecução penal, cujo cerne, desta vez, é o preceito secundário do tipo penal, ao invés de sua natureza. Assim, o ANPP apenas será cabível quando a infração praticada pelo agente possuir uma pena mínima em abstrato de até 04 (quatro anos), devendo se considerar ainda as causas de aumento e diminuição aplicáveis ao caso concreto, consoante o disposto no artigo 28-A, § 1º, do Código de Processo Penal.

Conforme já mencionado, se prestigia os crimes de médio potencial ofensivo, aos quais não eram oferecidos institutos de justiça penal consensual até agora. Frise-se que uma parcela substancial dos tipos penais existentes no ordenamento jurídico pátrio são contemplados por este requisito, desde que observadas os demais requisitos e as hipóteses de inaplicabilidade. Por exemplo, este preceito permite a pactuação do ANPP nos crimes de tráfico privilegiado e corrupção passiva, ainda que pela gravidade desses crimes, em um primeiro momento, sua aplicação possa despertar alguma perplexidade.

d) Necessidade e suficiência para reprovação e prevenção do crime

Dotado de alto grau de abstração, eis o requisito de maior relevância para a concessão da benesse, pois será por meio deste que o membro do Ministério Público exercerá sua discricionariedade e o Poder Judiciário poderá evitar eventuais excessos advindos do instituto, ao examinar os contornos do delito e o controle da discricionariedade do Promotor de Justiça. Ou seja, ainda que o investigado consiga preencher objetivamente todos os demais requisitos, ele ainda estará subordinado a decisão do membro do Ministério Público. Não se trata de arbitrariedade, sim de uma discricionariedade regrada, visto que o agente ministerial deve se guiar pela aferição do interesse público na análise deste requisito. Sendo importante que no futuro os órgãos do Ministério Público elaborem *guidelines* para orientar a política criminal que a instituição adotará para determinados crimes atendendo a uma lógica de unicidade[8].

Ademais, o mencionado requisito reforça o entendimento – já externado no *caput* com o emprego do verbo "poderá" – de que o acordo de não persecução penal não seria um direito público subjetivo do réu, mas um poder-dever do Ministério Público. No entanto, em há quem sustente o contrário, como o jurista Adel el Tasse (2020)[9]. Entretanto, como afirmado, trata-se de discricionariedade regrada do ministério público a celebração do acordo, nos mesmos moldes dos demais institutos consensuais do direito processual penal brasileiro, até mesmo porque seria ilógico falar em um acordo de caráter vinculativo, uma vez que qualquer acordo pressupõe bilateralidade, isto é, confluência de vontades.

Por esse motivo, o enunciado n.º 21 PGJ-CGMP consagra que: "21. A proposta de acordo de não persecução penal tem natureza de instrumento de política criminal e sua avaliação é discricionária do Ministério Público no tocante à necessidade e suficiência para reprovação e prevenção do crime. Trata-se de prerrogativa institucional do Ministério Público e não direito subjetivo do investigado."

Não obstante, é certo que, em caso de não oferecimento do benefício, cumprirá ao *Parquet* apresentar manifestação idônea e fundamentada, indicando os argumentos que justificam a impossibilidade de

---

[8] Assim como o Ministério Público Federal elaborou a Orientação Conjunta nº 01/2018 para a celebração de acordos de colaboração premiada. Disponível em: http://www.mpf.mp.br/atuacao-tematica/ccr5/orientacoes/orientacao-conjunta-no-1-2018.pdf. Acesso em: 16 de março de 2020.

[9] Segundo o autor, não se pode deixar de registrar que ao estruturar o acordo de não persecução criminal a legislação utiliza a frase "o Ministério Público poderá propor acordo de não persecução penal", conduzindo à falsa perspectiva de que pode ser negado o acordo, caso satisfeitos os requisitos presentes em lei, a depender da vontade do agente ministerial. Realmente não parece ser possível a linha interpretativa declinada acima, pois dentro da racionalidade sistemática do direito penal brasileiro, há muito está estruturado o conceito de que a regra que fixa requisitos para o acusado, uma vez ele os satisfazendo, passa a estabelecer a titularidade de um direito subjetivo, não se encontrando fundamentos para que em relação ao acordo de não persecução penal seja diferente, até porque, a interpretação distinta importaria em ferimento à exigência do mínimo de logicidade do sistema. TASSE, Adel el. O Acordo de Não Persecução Penal: Possibilidade vinculada à observância da Constituição Federal. **Migalhas**, Janeiro 2020. Disponível em: <https://www.migalhas.com.br/depeso/318960/o-acordo-de-nao-persecucao-penal-possibilidade-vinculada-a-observancia-da-constituicao-federal>. Acesso em: 14 de fevereiro de 2020.

acordo no caso específico, sob o risco de ter sua decisão reformada. Neste diapasão, ante a recusa imotivada ou desarrazoada em propor o acordo, será facultado ao investigado requerer a remessa dos autos a instância de revisão ministerial (Procurador Geral de Justiça), para reanálise da matéria, nos termos do artigo 28-A, § 14º, do Código de Processo Penal[10].

3. Hipóteses de inaplicabilidade

Depois de analisados os requisitos que são exigidos para o acordo de não persecução penal, deve-se examinar ainda as hipóteses de inaplicabilidade do instituto elencados no *caput* e parágrafo §2º do artigo 28-A do CPP. Tratam-se de situações em que, ainda que presentes os requisitos, não é possível a celebração do ANPP. Logo, tratam-se de pressupostos negativos, ou seja, hipóteses que não podem ser verificadas no caso concreto.

a) Não ser caso de arquivamento

A primeira hipótese de inaplicabilidade do ANPP é estabelecido no *caput* do art. 28 que prevê que em caso de não se verificar os indícios mínimos de autoria e materialidade exigidos para o oferecimento da denúncia é caso do órgão ministerial promover o arquivamento dos autos nos termos do art. 28 do CPP. Tanto porque, em termos práticos, seria impossível o oferecimento de denúncia na hipótese de descumprimento do acordo, como também porque tal circunstância configuraria verdadeira hipótese de violação da boa-fé pois o Ministério Público estaria subordinando o indivíduo ao cumprimento de obrigações de natureza penal sem que haja o mínimo de lastro probatório para uma persecução penal.

b) Ser cabível transação penal

A transação penal consiste em um instituto despenalizador pré-processual, um acordo firmado entre o Ministério Público e o autor do fato

---

[10] Art. 28-A. [...]
§ 14. No caso de recusa, por parte do Ministério Público, em propor o acordo de não persecução penal, o investigado poderá requerer a remessa dos autos a órgão superior, na forma do art. 28 deste Código.

delitivo, com a finalidade de impor o cumprimento de penas restritivas de direito ou multa, sem que haja o início da persecução penal propriamente dita (oferecimento da denúncia), não gerando reincidência ou maus antecedentes em casos de infração de menor potencial ofensivo (art. 76, da Lei 9.099/95)[11].

Evidentemente, é cabível somente àqueles crimes de competência dos Juizados Especiais Criminais, os denominados crimes de menor potencial ofensivo, os quais possuem pena máxima em abstrato de 2 (dois) anos, ou contravenções penais. Por conseguinte, tendo em vista que o acordo de não persecução penal visa os crimes de médio potencial ofensivo, trata-se de uma vedação lógica impedir o benefício para delitos de menor lesividade, eis que a transação penal é mais benéfica para o autor do fato por não exigir a reparação do dano ou a renúncia voluntaria a bens e direitos indicados pelo Ministério Público como instrumentos, produto ou proveito do crime entre outros requisitos.

c) **Se o investigado for reincidente ou se houver elementos probatórios que indiquem conduta criminal habitual, reiterada ou profissional, exceto se insignificantes as infrações penais pretéritas**

Pode-se dizer que a reincidência consiste em uma circunstância legal de agravamento de pena, a qual se opera quando o agente comete novo

---

[11] Art. 76. Havendo representação ou tratando-se de crime de ação penal pública incondicionada, não sendo caso de arquivamento, o Ministério Público poderá propor a aplicação imediata de pena restritiva de direitos ou multas, a ser especificada na proposta.
§ 1º Nas hipóteses de ser a pena de multa a única aplicável, o Juiz poderá reduzi-la até a metade.
§ 2º Não se admitirá a proposta se ficar comprovado:
I – ter sido o autor da infração condenado, pela prática de crime, à pena privativa de liberdade, por sentença definitiva;
II – ter sido o agente beneficiado anteriormente, no prazo de cinco anos, pela aplicação de pena restritiva ou multa, nos termos deste artigo;
III – não indicarem os antecedentes, a conduta social e a personalidade do agente, bem como os motivos e as circunstâncias, ser necessária e suficiente a adoção da medida.
§ 3º Aceita a proposta pelo autor da infração e seu defensor, será submetida à apreciação do Juiz.
§ 4º Acolhendo a proposta do Ministério Público aceita pelo autor da infração, o Juiz aplicará a pena restritiva de direitos ou multa, que não importará em reincidência, sendo registrada apenas para impedir novamente o mesmo benefício no prazo de cinco anos.

crime, depois de transitar em julgado a sentença que, no País ou no estrangeiro, o tenha condenado por crime pretérito, observado o período depurador de cinco anos (art. 63 do Código Penal)[12], visando punir, com maior severidade, aqueles que voltam a delinquir.

Complementando o conceito legal, MIRABETE (2014, p. 295) esclarecem que "não há qualquer distinção quanto à natureza dos crimes (antecedente e subsequente), caracterizando-se a reincidência entre crimes dolosos, culposos, doloso e culposo, culposo e doloso, idênticos ou não, apenados com pena privativa de liberdade ou multa, praticados no país ou no estrangeiro"[13].

No entanto, a reincidência não se restringe a uma mera circunstância agravante na segunda fase da dosimetria da pena, na medida em que seus efeitos apresentam reverberações por todo o sistema de justiça criminal, obstando a concessão de inúmeras benesses penais, tais como: a) a concessão da suspensão condicional da execução da pena (*sursis*) na hipótese de crime doloso (art. 77, I, do Código Penal) b) a concessão da suspensão condicional do processo (art. 89, caput, da Lei nº 9.099/95) c) o reconhecimento de causas especiais de diminuição de pena como, por exemplo, o furto privilegiado (art. 155, § 2º, do Código Penal), estelionato privilegiado (art. 171, § 1º, do Código Penal) e o tráfico privilegiado (art. 33, § 4º, da Lei 11.343/06); d) a formulação de proposta de transação penal (art. 76, § 2º, I, da Lei nº 9.099/95); e) a concessão de fiança, em caso de condenação por crime doloso (art. 323, III, do Código de Processo Penal); entre outros efeitos.

Logo, se revela como um impedimento razoável, demonstrando simetria com os demais institutos despenalizadores que igualmente vedam concessão nos casos de agentes reincidentes. Nesta esteira, ao contrário da suspensão condicional da pena que permite a propositura da benesse no caso de reincidência por crime culposo, o legislador, neste caso, não efetua tal distinção, a denotar que o acordo de não persecução criminal é vetado para todas as espécies de reincidência.

---

[12] Art. 63. "Verifica-se a reincidência quando o agente comete novo crime, depois de transitar em julgado a sentença que, no País ou no estrangeiro, o tenha condenado por crime anterior".

[13] MIRABETE, Júlio Fabbrini; FABBRINI, Renato N. Manual de Direito Penal: Parte Geral. 30ª Ed. *São Paulo: Atlas*, v. I, 2014.

Não obstante o impedimento quanto à reincidência, o acordo também poderá ser vetado, caso haja elementos de prova indicando que o investigado ostente conduta criminal habitual, reiterada ou profissional. Com efeito, embora os conceitos do que venham a ser o criminoso habitual, reiterado ou profissional possam convergir até certo ponto – todos dependem de uma reiteração de condutas ilícitas – estes não podem ser tratados como sinônimos. Ainda que sejam conceitos jurídicos indeterminados, é possível extrair certa valoração quanto ao significados destes por meio de uma breve análise semântica.

O criminoso habitual seria aquele que comete crimes com habitualidade, geralmente que ofendem o mesmo bem jurídico tutelado, em intervalos regulares de tempo, a denotar uma vocação delitiva, um estilo de vida. Na lição de Guilherme Nucci (2009, p. 609) o "delito habitual é aquele cuja consumação se dá através da prática de várias condutas, em sequência, de modo a evidenciar um comportamento, um estilo de vida do agente, que é indesejável pela sociedade."[14]

Por sua vez, a reiteração consistiria na repetição de condutas análogas, entretanto, sem o elemento de contemporaneidade, hábil a indicar uma habitualidade. Ou seja, a reiteração se configuraria com a mera repetição no mesmo tipo penal, sendo dispensável a análise quanto ao lapso temporal decorrido entre as condutas.

Por fim, o criminoso profissional baseia-se em uma habitualidade de periculosidade acentuada, na medida em que o agente faz do crime sua principal fonte de subsistência, vivendo dos proveitos das infrações penais que levam a efeito. No caso, o crime deixa ser um *hobbie*, assumindo um protagonismo na vida do agente.

Sem prejuízo, a lei prevê a possibilidade de concessão do acordo de não persecução penal, ainda que presentes a reincidência, a conduta criminal habitual, reiterada ou profissional, desde que as infrações penais pretéritas sejam "insignificantes".

Em que pese ser notável a boa intenção em criar a norma permissivo, não se pode deixar de apontar o equívoco do legislador ao se utilizar do adjetivo insignificante, haja vista que a reprovabilidade da conduta, ainda que em maior ou menor grau, é inerente ao próprio conceito dogmático

---

[14] NUCCI, Guilherme de Souza. Código de Processo Penal Comentado. 9ª. ed. São Paulo: Revista dos Tribunais, 2009, p. 609.

de crime e, portanto, a conduta insignificante (irrelevante, inócua) por certo não pode ser considerada crime, ante a ausência de efetiva ofensa ao bem jurídico tutelado. Não se desconhece que há "crimes insignificantes", os quais, embora formalmente típicos, não ostentam tipicidade material devido a mínima ofensividade e reprovabilidade da conduta, o que afasta qualquer espécie de persecução estatal. Assim, evidente que os crimes insignificantes mencionados no acordo de não persecução penal não se tratam dos mesmos abrangidos pelo princípio da insignificância.

Deste modo, por dedução lógica, estes devem ser entendidos como aqueles de menor potencial ofensivo, abrangidos pela Lei nº 9099/95, que embora não sejam insignificantes, apresentam uma censura menor quando comparados aos demais crimes. No entanto, ante a natureza abstrata do termo, nada impede que outros tipos de delitos, de maior potencialidade lesiva, sejam também considerados insignificantes, a depender da discricionariedade do *Parquet* quando da formulação da proposta com o investigado.

Ultrapassada a problemática conceitual, vale observar que a ressalva dos "crimes insignificantes" afasta um enrijecimento quanto da aplicação da benesse, vedando o surgimento de situações desproporcionais que obstem o benefício por mero formalismo, como por exemplo, o reincidente pela prática de contravenções penais.

No mais, a inserção de inúmeros conceitos jurídicos indeterminados corrobora a evidente intenção do legislador em atribuir ao Ministério Público, como o titular da ação penal, a discricionariedade em propor o acordo de não persecução penal.

d) Ter sido o agente beneficiado nos 5 (cinco) anos anteriores ao cometimento da infração, em acordo de não persecução penal, transação penal ou suspensão condicional do processo.

Trata-se de uma vedação lógica que mantém correspondência com os institutos de justiça penal consensual da transação penal e da suspensão condicional do processo, os quais também preveem impedimento similar. O motivo da vedação é simples, evitar a percepção de impunidade e a inefetividade que se instalaria caso os criminosos fossem agraciados com o instituto de modo reiterado.

Não obstante, vale apontar a crítica na redação do inciso, cujo teor consigna que a concessão do benefício é vedada nas situações em que o investigado já tiver sido agraciado com a transação penal no período depurador de 05 (cinco) anos, condição que se revela desproporcional, ante o menor potencial ofensivo do ilícito anterior. Frisa-se que não há limitação semelhante no âmbito da suspensão condicional do processual.

e) Nos crimes praticados no âmbito de violência doméstica ou familiar, ou praticados contra a mulher por razões da condição de sexo feminino, em favor do agressor.

Com o advento da Lei nº. 11.340/06, conhecida como "Lei Maria da Penha" criou-se mecanismos para coibir e prevenir a violência doméstica e familiar contra a mulher, garantindo um tratamento penal e processual distinto para as infrações penais abrangidas pelo diploma normativo. Por conseguinte, diante da elevada censura que tais crimes passaram a ter em nosso ordenamento jurídico, a aplicação dos institutos despenalizadores elencados na Lei nº 9099/95 se relevou incompatível com a pretensão do legislador em estabelecer tratamento mais severo aos crimes, o que ensejou a edição da Súmula nº 536 do Superior Tribunal de Justiça[15], cuja redação atestou a legalidade da vedação prevista no artigo 41 da Lei nº 11.340/06.

Deste modo, parece sintomático que haja a transposição de tal impedimento para o acordo de não persecução penal, preservando-se certa simetria com os demais institutos despenalizadores, de modo a respaldar toda construção legal, doutrinária e jurisprudencial realizada em torno dos crimes envolvendo violência doméstica contra a mulher ou por praticados contra a mulher por razões da condição de sexo feminino.

4. Procedimento

Superado o estudo quanto aos requisitos e hipóteses de inaplicabilidade do ANPP, urge fazer a análise quanto ao rito a ser adotado para sua aplicação.

Presentes os requisitos e não se verificando nenhuma das hipóteses de inaplicabilidade, o ANPP será formalizado por escrito, sendo firmado

---

[15] BRASIL. Superior Tribunal de Justiça. Súmula 536 STJ – "A suspensão condicional do processo e a transação penal não se aplicam na hipótese de delitos sujeitos ao rito da Lei Maria da Penha". (Terceira Seção, julgado em 10/06/2015, DJe 15/06/2015).

pelo membro do Ministério Público, pelo investigado e por seu defensor (§ 3º, art. 28-A, CPP). Entre as peças que compõem o acordo, deverá conter a confissão formal e circunstanciada do investigado e a proposta de condição a ser cumprida. O investigado deverá estar acompanhada do seu defensor, a fim de garantir uma defesa técnica a seus interesses, evitando eventuais arbitrariedades por parte do ente ministerial. Ademais, a presença de um defensor favorece uma redução, ainda que mínima, da disparidade existente na relação entre o *parquet* e o investigado, ao permitir que este último, assistido por um profissional técnico, possa, de fato, transacionar aspectos do acordo.

Formalizado o acordo, este é submetido a homologação pelo juiz competente, o qual designará audiência a fim de verificar a legalidade do instrumento e a voluntariedade do investigado quanto ao que foi pactuado (§ 4º, art. 28-A, CPP). Em audiência, o magistrado inquirirá o investigado sobre os fatos e circunstâncias narradas em sua confissão, a fim de aferir se tal depoimento não foi extraído mediante coação. este diapasão, assiste razão o legislador por omitir a presença no Ministério Público na audiência, pois isso permitiria uma maior espontaneidade do investigado em narrar os fatos ao juiz, além de poder emitir sua verdadeira opinião sobre os termos do acordo, expondo eventuais trechos de descontentamento e insurgência.

Em suma, o juiz somente efetua uma análise prévia do termo já pactuado, quanto a legalidade e voluntariedade, ou seja, antes do início de seu cumprimento, não interferindo na atribuição ministerial de estabelecer as cláusulas dispostas no acordo. Contudo, caso o magistrado as considere inadequadas, insuficientes ou abusivas, devolverá os autos ao Ministério Público para que seja reformulada a proposta de acordo, com concordância do investigado e seu defensor (§ 4º, art. 28-A, CPP). Com o aditamento da proposta, esta será submetida a nova audiência. Caso não haja a adequação necessária ou a presença dos requisitos legais, o juiz poderá recursar a homologação da proposta (§ 7º, art. 28-A, CPP). Por conseguinte, na hipótese de recusa, o juiz devolverá os autos ao Ministério Público para a análise da necessidade de complementação das investigações ou o oferecimento da denúncia (§8 º, art. 28-A, CPP).

Discute-se a dispensabilidade da realização de tal audiência caso inexistente razões para que o juiz desconfie do comprometimento da voluntariedade, pois o exame das cláusulas pode ser feito pela mera análise da redação dos termos, o advogado do investigado já o examinou e firmou também o ANPP, e, além disso, sequer a colaboração premiada, utilizada em crimes de maior gravidade, exige peremptoriamente essa audiência do investigado como condição para homologação. Tratando-se deste modo, a primeira vista, de cautela exagerada derivada de uma excessiva desconfiança da conduta do membro do Ministério Público. A realização da audiência deve ser reservada, portanto, para casos excepcionais, que envolvam particularidades ou ensejem suspeitas do Juízo quanto a voluntariedade do investigado.

Por sua vez, no caso de homologação judicial do acordo de não persecução penal, os autos serão remetidos ao Ministério Público para que este inicie a execução perante o juízo de execução penal (§6º, art. 28-A, CPP). Na hipótese de descumprimento de quaisquer das condições estipuladas no acordo de não persecução penal, deverá o Ministério Público comunicar ao juízo, para fins de sua rescisão, com o posterior oferecimento de denúncia (§10º, art. 28-A, CPP). Nessa esteira, prestigiando a valorização da vítima no processo penal, esta deverá ser intimada sobre a homologação do acordo, bem como de seu descumprimento (§9º, art. 28-A, CPP).

A Lei também prevê que o descumprimento do acordo pelo investigado também poderá ser utilizado pelo Ministério Público como justificativa para o eventual não oferecimento da suspensão condicional do processo (§11º, art. 28-A, CPP). Isso pois, a partir do momento em que o investigado descumpre os termos do acordo de não persecução penal celebrado, demonstra não estar apto para o cumprimento de outras medidas de igual natureza, motivo pelo qual se revela necessário o oferecimento de denúncia, com o fito de cessar o sentimento de impunidade. Trata-se de um reflexo a argumentação já defendida na jurisprudência quanto à impossibilidade de oferecer a suspensão condicional do processos quando há a recusa ou descumprimento da transação penal pelo autor dos fatos.

Ademais, cumpre observar que a inserção de tal parágrafo permite, ainda que implicitamente, traçar uma ordem de oferecimento dos institutos despenalizados pelo membro do Ministério Público, tendo o acordo de não persecução penal prevalência sobre a suspensão condicional do processo, a qual passa ter um caráter subsidiário, pois para que haja uma justificativa para o não oferecimento, de certo que o acordo de não persecução penal deve ter sido proposto antes.

Em razão de sua própria natureza despenalizadora, a celebração e o cumprimento do acordo de não persecução penal não constarão de certidão de antecedentes criminais do investigado, exceto para finalidade de impedir o oferecimento do benefício dentro do período depurador de 05 (cinco) anos, no caso de concessão pretérita (§12º, art. 28-A, CPP). Por fim, cumprido integralmente o acordo de não persecução penal, o juízo competente decretará a extinção de punibilidade (§13º, art. 28-A, CPP).

No caso de inconformismo quanto à recusa do Ministério Público em oferecer o benefício, o investigado poderá requerer a remessa dos autos a instância superior competente do órgão ministerial para reanálise da matéria (§14º, art. 28-A, CPP), seguindo o regramento disposto no artigo 28 do Código de Processo Penal, prestigiando, assim, o princípio do duplo grau de jurisdição. No caso do Ministério Público Estadual tal instancia é o Procurador-Geral de Justiça, conforme explicitado pelo Enunciado n.º 17 PGJ-CGMP: "17. A instância de revisão ministerial do arquivamento de inquérito policial, termo circunstanciado, procedimento investigatório criminal, peças de informação de natureza criminal e recusa de acordo de não persecução penal é o Procurador-Geral de Justiça."

Trata-se de uma faculdade recursal com notável inspiração na Súmula nº 696 do Supremo Tribunal Federal, cuja redação, sanando a omissão legislativa existente quando da denegação do benefício da suspensão condicional do processo, assenta que "reunidos os pressupostos legais permissivos da suspensão condicional do processo, mas se recusando o promotor de justiça a propô-la, o juiz, dissentindo, remeterá a questão ao procurador-geral, aplicando-se por analogia o art. 28 do código de processo penal". Ou seja, embora não caiba ao Poder Judiciário conceder os benefícios despenalizadores, não se revela razoável que o investigado sofra as consequências da revelia do titular da ação penal

Desta feita, superando o entendimento externado pelo Supremo Tribunal Federal, o legislador permitiu a transferência da irresignação do magistrado para pessoa mais interessada no caso, qual seja, o investigado. Portanto, tendo o membro do Ministério Público se recusado a oferecer o acordo de não persecução penal poderá o investigado se insurgir da decisão mediante a interposição de recurso.

Nessa esteira, vale a transcrição do entendimento de Sauvei Lai (2020) de como a distinção terminológica de requisito e hipótese de inaplicabilidade ganha maior importância quando da arguição de interesse recursal:

> A distinção entre requisitos (*caput*) e inaplicabilidades (§ 2º) ganha relevo diante da recusa de proposta de ANPP e do reexame pelo órgão superior do MP (§ 14º), que, apesar da omissão legal, pressupõe notificação do investigado pelo MP, que não se confunde, repita-se, com intimação dos art. 370 e seg. do CPP e, portanto, pode ser por qualquer meio, preferencialmente eletrônico (Resolução Conjunta GPGJ/CGMP 20/20). Pois bem, o MP recusa, quando o investigado não preenche os requisitos do caput, cabendo notificá-lo, para fins do § 14º. Por sua vez, a inaplicabilidade do § 2º consiste em uma vedação legal, uma não incidência do benefício naquelas hipóteses, isto é, a lei afasta e exclui essa possibilidade, não havendo discricionariedade de se recusar ou não por parte do parquet e, consequentemente, sendo inadmissível a faculdade do § 14º[16].

Desta forma, o autor defende a impossibilidade de recorrer da decisão do membro do Ministério Público quando a recusa for fundamentada pela presença de uma das hipóteses na inaplicabilidade do benefício, uma vez que, por consistirem em vedações legais, não caberia qualquer discricionariedade por parte do *parquet*. Todavia, em que pese o brilhante raciocínio externado, este não pode ser acolhido de modo absoluto. Isso porque, ainda que o § 2º preveja vedações eminentemente objetivas, em especial as elencados nos incisos I, III e IV, é certo que a hipótese de inaplicabilidade prevista no inciso III, conforme já esboçado nessa obra, contém em seu bojo o emprego de conceitos jurídicos indeterminados pelo legislador, os quais abrem margem para discricionariedade do Ministério Público valorá-los, de acordo com sua própria aferição.

---

[16] LAI, Sauvei. Primeiras Impressões Sobre o Acordo de Não Persecução Penal. Migalhas, 10 Fevereiro 2020. Disponível em: <https://www.migalhas.com.br/depeso/320078/primeiras-impressoes-sobre-o-acordo-de-nao-persecucao-penal>. Acesso em: 23 Fevereiro 2020.

Por conseguinte, caso o *parquet* recuse a elaboração de proposta de acordo com fulcro em um dos fundamentos do inciso III, com exceção da reincidência, será plenamente admissível o manuseio de recurso ao superior hierárquico, com intento de discutir, por exemplo, se, de fato, há elementos probatórios que indiquem uma conduta criminal habitual, reiterada ou profissional ou, até mesmo, promover uma argumentação jurídica sobre o que se basearia, empiricamente, tais conceitos, a fim de afastar a incidência destes sobre a pessoa do investigado.

5. Das Condições

A Lei Anticrime estabeleceu 05 (cinco) condições, a serem negociadas e cumpridas, cumulativa ou alternativamente, pelo investigado como contraprestação a decretação da extinção de punibilidade dos crimes formalmente confessados por ele no acordo.

As medidas previstas nos incisos I, III e IV constituem penas alternativas, com respaldo nos demais institutos despenalizadores os quais também apresentam contraprestações análogas. Todavia, enquanto a transação penal faculta transacionar pena restritiva de direito, de modo genérico (art.76, caput, Lei nº 9.099/95), aqui o legislador se preocupou em lapidar as hipóteses de incidência, delimitando para as sansões de prestação de serviço à comunidade e prestação pecuniária.

Por sua vez, a medida elencada no inciso II consiste em uma reformulação à pena de confisco, disfarçada sob a eufemística expressão "renunciar voluntariamente". Notável o equívoco do legislador quanto o uso do advérbio "voluntariamente" na redação do inciso, pressupondo a ideia de que a renúncia deve se operar por iniciativa do próprio investigado.

No entanto, se a renúncia consiste em medida para a celebração do acordo e, consequentemente, para a extinção da punibilidade, evidente que não haverá uma voluntariedade propriamente dita por parte do investigado quando da entabulação do acordo, visto que este, necessariamente, deverá acatar tal imposição, com o intento de ser agraciado com o benefício. Logo, não há o que se falar em voluntariedade, quando há uma obrigatoriedade legal em cumpri-la, sendo nítida a ausência de congruência quando da inserção de tal expressão no texto de lei.

Por fim, a medida prevista no inciso V se revela uma condição aberta, permitindo ao Parquet, mediante o exame das circunstâncias do caso concreto, estabelecer condições atípicas, desde que proporcionais e compatíveis com as especificidades do caso. Ou seja, cumprirá ao membro do Ministério Público estabelecer uma condição que atenda a reprovabilidade da conduta, ao mesmo tempo em que não configure medida penosa.

Nesse aspecto, embora não se desconheça a nobre intenção do projeto de lei em prever tal modalidade de pena, assentado na ideia de reparação integral do dano, ao mesmo tempo em que permite uma efetiva individualização da pena, resta evidente que a inserção de tal medida abre margem para inúmeras arbitrariedades.

Traçando um paralelo com a condição aberta prevista no sursis penal (art. 79, Código Penal), Guilherme Nucci (2020, p. 61) ressalta a abusividade da medida inserida no acordo de não persecução penal, ressaltando que:

> "Nunca deu certo o disposto no art. 79 do Código Penal, ao cuidar das condições do sursis: "A sentença poderá especificar outras condições a que fica subordinado a suspensão, desde que adequadas ao fato e à situação pessoal do condenado". Ou o juiz inventava condições absurdas ou preferia nada estabelecer. Pouquíssimos foram os casos de fixação de uma condição aberta, que fosse adequada, proporcional e justa. Esperamos que os membros do Ministério Público tenham bom senso para tanto (art. 28-A, V)"[17].

Portanto, cuida-se de medida que inspira cuidados, devendo ser utilizado com cautela pelos membros do Ministério Público, cabendo ao Juiz, quando da análise de legalidade do acordo, vetar condições que considere desproporcionais ou demasiadamente onerosas (§ 4º, art. 28-A, CPP), a fim de evitar a imposição de medidas arbitrárias, que desnaturalizem o objetivo do acordo.

Por derradeiro, vale destacar que a Lei Anticrime também cuidou de prever tal instituto no âmbito das ações penais originais dos Tribunais Superiores, nos termos do artigo 1º, §3º, da Lei nº 8.038/90[18]. Ante a

---

[17] NUCCI, Guilherme de Souza. Pacote Anticrime Comentado Lei 13.964, de 24.12.2019. 1ª. ed. Rio de Janeiro: Forense, 2020.
[18] Art. 1º. "Nos crimes de ação penal pública, o Ministério Público terá o prazo de quinze dias para oferecer denúncia ou pedir arquivamento do inquérito ou das peças informativas.

consignação expressa, o investigado dotado de foro privilegiado poderá fazer jus a benesse, possuindo, assim, um tratamento isonômico com aqueles detentores de foro comum.

6. A Resolução n.º 181/2017 do CNMP: conflitos ou revogação?

Embora o ANPP tenha sido noticiado como uma inovação ao sistema de justiça criminal, não se cuida de uma novidade propriamente dita, haja vista a existência de legislação infralegal prevendo sua utilização.

A controversa Resolução 181, de 7 de agosto de 2017 do Conselho Nacional do Ministério Público (CNMP), adotando uma visão finalística, mais preocupada com a efetiva reparação do dano, do que com o caráter punitivo da pena, instituiu, também baseada na sistemática do *Plea Bargain*, a possibilidade de confecções de acordos entre o Ministério Público e o investigado, também denominado Acordo de Não Persecução Penal.

Com base nessa norma, os Ministérios Públicos estaduais e o Ministério Público Federal já vinham implementando essa modalidade de acordo criminal desde sua edição.[19]

Ainda que ambos os intuitos sejam análogos em nome, essência e objetivo, estes apresentam distinções que merecem destaque.

Enquanto a Resolução vedava a aplicação do instituto quando o dano provocado for superior a vinte salários mínimos, a mencionada Lei não estabelece limite de natureza econômica para a propositura do acordo. Deste modo, a ausência de delimitação quanto à valores permite a incidência do instituto aos crimes corporativos, os quais costumam movimentar significativas quantias de dinheiro. Seria um contrassenso à finalidade do instrumento jurídico impor restrições patrimoniais a sua aplicação, o que justifica a ausência de tal vedação.

[...]
§ 3º Não sendo o caso de arquivamento e tendo o investigado confessado formal e circunstanciadamente a prática de infração penal sem violência ou grave ameaça e com pena mínima inferior a 4 (quatro) anos, o Ministério Público poderá propor acordo de não persecução penal, desde que necessário e suficiente para a reprovação e prevenção do crime, nos termos do art. 28-A do Decreto-Lei nº 3.689, de 3 de outubro de 1941 (Código de Processo Penal)".

[19] No Ministério Público Federal, em 24 de janeiro de 2020, já haviam sido celebrados 1.199 ANPP. Disponível em: http://www.mpf.mp.br/atuacao-tematica/ccr2/publicacoes/apresentacoes/apresentacao-sobre-acordos-de-nao-persecucao-penal-anpp-e-30-012020_.pdf. Acesso em: 16 de março de 2020.

A Resolução impedia a propositura do benefício quando o aguardo para o cumprimento do acordo pudesse acarretar a prescrição da pretensão punitiva estatal, trata-se de uma vedação lógica, considerando a impossibilidade do CNMP legislar sobre matéria penal, especificamente, prescrição. Por sua vez, o "pacote anticrime" sanou tal dificuldade, ao determinar que não correrá a prescrição durante a vigência de acordo de não persecução penal, nos termos do artigo 116, IV do Código Penal[20], o que tornou desnecessária a proibição.

Consta como proibitivo na Resolução, mas sem correspondência na Lei, a prática de crime de natureza hedionda ou equiparado. A Resolução também veda o acordo em casos de crimes praticados por militares "que afetem a hierarquia e a disciplina" novamente, não há proibição correspondente no Projeto. Por sua vez, ambos são consonantes quanto à vedação de incidência do instituto nos crimes abrangidos pela Lei nº 11.340/06.

A ausência de vedação quantos aos crimes de natureza hedionda ou equiparados na Lei nº 13.964/19 permite, por uma interpretação lógica-dedutiva, entender que os agentes que praticarem tais crimes poderão ser agraciados com o benefício. Entretanto, em que pese a existência desta possibilidade, os crimes hediondos e equiparados não podem, em regra, serem abarcados pelo instituto.

O ANPP, em ambos os diplomas normativos, apenas será cabível quando infração penal for cometida sem o emprego de violência ou grave ameaça, com pena mínima em abstrato inferior a 04 (quatro) anos. Nesta toada, com exceção do crime de organização criminosa, tipificado no artigo 2º, da Lei nº. 12.850/13, nenhum outro ilícito penal elencado na Lei nº 8.072/90 (Lei dos Crimes Hediondos) consegue preencher os mencionados requisitos, tendo em vista a elevada reprovabilidade de tais crimes, o que reflete nas altas penas abstratamente cominadas no preceito secundário do tipo. Na mesma esteira, os crimes equiparados (tortura, tráfico de drogas e terrorismo) também não preenchem as qualidades necessárias.

---

[20] Art. 116. "Antes de passar em julgado a sentença final, a prescrição não corre:
[...]
IV – enquanto não cumprido ou não rescindido o acordo de não persecução penal".

Assim, em termos práticos, o crime de organização criminosa direcionada a prática de ilícitos penais hediondos ou equiparados, previsto no artigo 1º, parágrafo único, inciso V, Lei nº 8.072/90, é o único crime hediondo, em tese, a ser suscetível ao benefício, não somente ao ANPP, como também ao instrumento da delação premiada.

Por conseguinte, observa-se que a presença de uma vedação explicita aos crimes hediondos e de natureza equiparada, se revela, em um primeiro momento, dispensável, na medida em que estes crimes, em quase sua totalidade, são incompatíveis com o instrumento jurídico, em razão do não preenchimento de seus requisitos.

Os crimes hediondos e equiparados são constitucionalmente insuscetíveis de fiança, graça ou anistia, nos termos do artigo 5º, inciso XLIII, da Constituição Federal, sendo vedada ainda o indulto, conforme disposto no artigo 2º, inciso I, da Lei nº 8.072/90. Resta evidente que o legislador, tanto constituinte, como ordinário, ao optar por distinguir tais ilícitos dos demais, colocando-os topo da topo da pirâmide de desvaloração axiológica criminal, buscou punir, com severidade, os agentes que os praticam. De modo que seria um contrassenso que crimes de extremo potencial ofensivo pudessem ser submetidos a um ANPP.

Por fim, não se desconhece a possibilidade do Acordo de Não Persecução Penal ser negado aos crimes hediondos com pena mínima inferior a quatro anos quando o benefício se revelar insuficiente para a reprovação da conduta, nos termos do artigo 28-A, caput, do Código de Processo Penal. No entanto, trata-se de requisito de alta carga valorativa, condicionado a discricionariedade do membro do Ministério Público, quando da análise do caso concreto. Ou seja, ante a ausência de vedação expressa, cumprirá ao *Parquet*, em tese, a palavra final.

De todo modo, há já entendimento do Ministério Público pela impossibilidade de concessão do ANPP em tais casos, assentado no Enunciado n.º 22 PGJ: "22. O acordo de não persecução penal é incompatível com crimes hediondos ou equiparados, uma vez que sua elaboração não atende ao requisito previsto no caput do art. 28-A do CPP, que o restringe a situações em que se mostre necessário e suficiente para a reprovação e prevenção do crime."

Enquanto o "pacote anticrime" pecou no tocante à omissão aos crimes hediondos, o mesmo não pode ser dito quanto à vedação relacionada aos crimes praticados no âmbito de violência doméstica ou familiar, ou praticados com a mulher por razões da condição ao sexo feminino. A presença de um proibitivo expresso na lei prestigia a manutenção do entendimento de que os ilícitos penais englobados pela Lei Maria da Penha não podem, em nenhuma hipótese, serem considerados como crimes leves ou de menor importância.

Como a lei disciplinou o ANPP em todos os seus aspectos, tanto substanciais como formais, é possível a conclusão de que a resolução foi revogada tacitamente pois segundo a Lei de Introdução as Normas do Direito Brasileiro estabelece que "a lei posterior revoga a anterior quando expressamente o declare, quando seja com ela incompatível ou quando regule inteiramente a matéria de que tratava a lei anterior."

7. Conclusões

O advento da Lei nº 13.964 marca a ampliação dos espaços de consenso no processo penal, consolidando movimento iniciado pela Lei nº 9099/95, a qual instituiu a transação penal e a suspensão condicional do processos, institutos que marcam a introdução da justiça criminal consensual em nosso sistema.

A entrada em vigor de mais um instrumento de justiça consensual, qual seja, o acordo de não persecução penal, permitirá maior celeridade à Justiça Criminal, ao garantir um deslinde rápido para crimes de médio potencial ofensivo. O acusado não precisará mais ser submetido a um processo moroso de conclusão imprevisível, podendo optar pelo cumprimento de medidas alternativas, em troca da extinção de sua punibilidade.

Evidente que o instituto não é imune a erros, trata-se de uma inovação legislativa que certamente será lapidada com a experiência provinda da prática forense. Assim como ocorreu com a colaboração premiada, eventuais excessos ou omissões legais serão oportunamente revistos, cabendo a jurisprudência e a doutrina moldar os contornos da benesse.

No entanto, seu potencial em promover uma revolução no sistema criminal é notório, visto que considerável parte dos crimes em nosso ordenamento jurídico serão abrangidos pelo instituto, desobstruindo o sistema de inúmeras ações penais. Como medida reflexa, haverá uma maior celeridade aos demais processos que tramitarem no modelo "tradicional". Trata-se de uma ruptura ao clássico princípio da obrigatoriedade da ação penal.

Referências

ANDREUCCI, Ricardo Antonio. **Legislação Penal Especial**. 13ª. ed. São Paulo: Saraiva, 2018.

BRASIL. **Decreto-lei nº 2.848, de 07 de dezembro de 1940**. Código Penal. Disponível em: <http://www.planalto.gov.br/ccivil_03/decreto-lei/del2848compilado.htm>. Acesso em: 20 de março de 2020.

_____. **Decreto Lei nº 3.689, de 3 de outubro de 1941**. Código de Processo Penal. Disponível em: <http://www.planalto.gov.br/ccivil_03/decreto-lei/Del3689Compilado.htm>. Acesso em: 20 de março de 2020.

_____. **Lei nº 8.038, de 28 de maio de 1990**. Institui normas procedimentais para os processos que especifica, perante o Superior Tribunal de Justiça e o Supremo Tribunal Federal. Disponível em: <http://www.planalto.gov.br/ccivil_03/leis/L8038.htm>. Acesso em 20 de março de 2020.

_____. **Lei nº 9.099, de 26 de setembro de 1995**. Dispõe sobre os Juizados Especiais Cíveis e Criminais e dá outras providências. Disponível em: <http://www.planalto.gov.br/ccivil_03/leis/l9099.htm>. Acesso em 20 de março de 2020

_____. **Lei nº 12.850, de 02 de agosto de 2013**. Define organização criminosa e dispõe sobre a investigação criminal, os meios de obtenção da prova, infrações penais correlatas e o procedimento criminal; altera o Decreto-Lei no 2.848, de 7 de dezembro de 1940 (Código Penal); revoga a Lei no 9.034, de 3 de maio de 1995; e dá outras providências. Disponível em: <http://www.planalto.gov.br/ccivil_03/_ato2011-2014/2013/lei/l12850.htm>. Acesso em: 20 de março de 2020.

_____. **Lei nº 13.964, de 24 de dezembro de 2019**. Aperfeiçoa a legislação penal e processual penal. Disponível em: <http://www.planalto.gov.br/ccivil_03/_ato2019-2022/2019/lei/L13964.htm>. Acesso em: 20 de março de 2020.

_____. Procuradoria Geral da República. **Nota Técnica Conjunta 2ª e 5ª CCRs/MPF Nº 17/2019**. Disponível em: <https://www.conjur.com.br/dl/pgr-propoe-veto-16-pontos-pacote.pdf>. Acesso em: 13 de março de 2020.

_____. Ministério Público Federal. 2ª e 5ª Câmaras de Coordenação e Revisão – Combate à Corrupção. **Orientação Conjunta nº 01/2018**. Disponível em: <http://www.mpf.mp.br/atuacao-tematica/ccr5/orientacoes/orientacao-conjunta-no-1-2018.pdf> Acesso em: 07 março 2020.

_____. Superior Tribunal de Justiça. **Súmula nº 536**. Terceira Seção, julgado em 10 de junho de 2015. DJe 15 de junho de 2015.

_____. Supremo Tribunal Federal. **Habeas Corpus 157.627**. Relator Ministro Edson Fachin. 2ª Turma. Julgamento em: 27 de agosto de 2019. Disponível em: <https://portal.stf.jus.br/processos/detalhe.asp?incidente=5472232>. Acesso em 20 de março de 2020.

_____. Supremo Tribunal Federal. **Habeas Corpus 127.483/PR**, Relator Ministro Dias Toffoli, DJE: 27 de agosto de 2015. Disponível em: <http://redir.stf.jus.br/paginadorpub/paginador.jsp?docTP=TP&docID=10199666> Acesso em: 07 março 2020.

_____. Supremo Tribunal Federal. Relator Ministro Teori Zavascki. **Petição nº 5.952-DF**. Disponível em: <http://portal.stf.jus.br/processos/downloadPeca.asp?id=308950479&ext=.pdf>. Aceso em 20 de março de 2020.

_____. Supremo Tribunal Federal. **Petição 7.003-DF**. Relator Ministro Edson Fachin Disponível em: <https://www.camara.leg.br/stf/Inq4483/INQ_4483_PenDrive_Fl._1.787/DOC%2003%20-%20Acordo%20de%20Colaboracao/3_2%20Acordo%20de%20Colabora%C3%A7%C3%A3o%20Francisco%20de%20Assis%20e%20Silva.pdf>. Acesso em: 19 de março de 2020.

_____. Supremo Tribunal Federal. **Súmula Vinculante nº 14**. DJe nº 26 de 09/02/2009, p. 1.

BORRI, Luiz Antônio; SOARES, Rafael Junior. A obrigatoriedade do duplo registro da colaboração premiada e o acesso pela defesa técnica. **Revista Brasileira de Direito Processual Penal**, v. III, n. 1, p. 167-187, Janeiro/Abril 2017. Disponível em: <https://doi.org/10.22197/rbdpp.v3i1.48>. Acesso em: 16 março 2020.

CALLEGARI, André Luís. **Colaboração Premiada:** aspectos teóricos e práticos. 1ª. ed. São Paulo: Saraiva Educação, 2019.

_____. Nova lei melhora delação premiada, mas ainda há brechas. **Consultor Jurídico**, 25 Dezembro 2019. Disponível em: <https://www.conjur.com.br/2019-dez-25/callegari-lei-melhora-delacao-ainda-brechas>. Acesso em: 08 março 2020.

_____. LINHARES, Raul. A colaboração premiada após a lei "anticrime". **Consultor Jurídico**, 4 Março 2020. Disponível em: <https://www.conjur.com.br/2020-mar-04/opiniao-colaboracao-premiada-lei-anticrime>. Acesso em: 16 março 2020.

CID, Daniel Del. Homologação de acordo delação e a justa prestação jurisdicional. **Consultor Jurídico**, 15 Novembro 2016. Disponível em: <https://www.conjur.com.br/2016-nov-11/del-cid-homologacao-delacao-justa-prestacao-jurisdicional>. Acesso em: 15 de março de 2020.

FILHO, Fernando da Costa Tourinho. **Comentários à Lei dos Juizados Especiais Criminais**. 8ª. ed. São Paulo: Saraiva, 2011.

GORDILHO, Heron José de Santana. Justiça Penal Consensual e as Garantias Constitucionais no Sistema Criminal do Brasil e dos EUA. **Revista do Curso de Mestrado em Direito da UFC**, Fortaleza, v. 29, n. 1, p. 55/71, jan/jun 2009. Disponível em: <http://periodicos.ufc.br/nomos/article/view/6431/4682>. Acesso em: 09 de fevereiro de 2020.

LAI, Sauvei. Primeiras Impressões Sobre o Acordo de Não Persecução Penal. **Migalhas**, 10 Fevereiro 2020. Disponível em: <https://www.migalhas.com.br/depe-

so/320078/primeiras-impressoes-sobre-o-acordo-de-nao-persecucao-penal>. Acesso em: 23 fevereiro 2020.

MARTELLO, Orlando. **A negociação da colaboração premiada e sua prática**. Disponível em: <http://www.academia.edu/27495561/A_NEGOCIA%C3%87%C3%83O_DA_COLABORA%C3%87%C3%83O_PREMIADA_E_SUA_PR%C3%81TICA >. Acesso em 25 de abril de 2017.

MENDONÇA, Andrey Borges de. A Colaboração premiada e a nova Lei do Crime Organizado (Lei 12.850/2013). **Custos Legis**, Rio de Janeiro, v. IV, p. 1-38, 2013. Disponível em: <http://www.prrj.mpf.mp.br/sala-de-imprensa/publicacoes/revista-custos-legis>. Acesso em: 07 Março 2020.

MIRABETE, Júlio Fabbrini; FABBRINI, Renato. N. **Manual de Direito Penal – Parte Geral**. 30ª. ed. São Paulo: Atlas, v. I, 2014.

MORAIS, Hermes Duarte. Acordo de não persecução penal: um atalho para o triunfo da Justiça penal consensual? **Consultor Jurídico**. 30 novembro 2018. Disponível em: <https://www.conjur.com.br/2018-nov-30/hermes-morais-acordo-nao-persecucao-penal-constitucional>. Acesso em: 20 de março de 2020.

_____, Hermes Duarte. **Regime Jurídico da Colaboração Premiada:** direitos e deveres das partes e poderes do juiz. São Paulo: Liberars, 2019.

MORO, Sérgio Fernando. **Crime de Lavagem de Dinheiro**. 1ª. ed. São Paulo: Saraiva, 2012.

NUCCI, Guilherme de Souza. **Código de Processo Penal Comentado**. 9ª. ed. São Paulo: Revista dos Tribunais, 2009.

_____, Guilherme de Souza. **Pacote Anticrime Comentado Lei 13.964, de 24.12.2019**. 1ª. ed. Rio de Janeiro: Forense, 2020.

PACHECO, Denilson Feitoza. **Direito Processual Penal**. 6ª. ed. Niteroi-RJ: Impetus, 2009.

RIOS, Rodrigo Sánchez; FARIAS, Renata Amaral. Norma do MPF sobre delação mostra preocupação com conduta de membros. **Consultor Jurídico**, 12 Junho 2018. Disponível em: <https://www.conjur.com.br/2018-jun-12/opiniao-norma-mpf-delacao-mostra-preocupacao-condutas>. Acesso em: 14 de março de 2020.

SOUZA, Renee de Ó. Acordo de Não Persecução Penal: O papel da confissão e a inexistência de plea bargain. **Consultor Jurídico**, janeiro 2019. Disponível em: <www.conjur.com.br/2019-jan-07/renee-souza-papel-confissao-inexistencia-plea-bargain>. Acesso em: 13 de fevereiro de 2020.

TASSE, Adel El. O Acordo de Não Persecução Penal: Possibilidade vinculada à observância da Constituição Federal. **Migalhas**, Janeiro 2020. Disponível em: <https://www.migalhas.com.br/depeso/318960/o-acordo-de-nao-persecucao-penal-possibilidade-vinculada-a-observancia-da-constituicao-federal>. Acesso em: 14 de fevereiro de 2020.

5. Medidas cautelares pessoais, prisão e liberdade: mais rigor técnico

Cláudio do Prado Amaral

Um dos temas que recebeu maior alteração pela Lei nº 13.964/2019 foi o das medidas cautelares processuais penais de natureza pessoal, as quais podem ser de duas espécies: a) não privativas de liberdade; b) privativas de liberdade. As alterações recaíram sobre o sistema acusatório, a obrigatoriedade de prévio contraditório, a motivação da decisão sobre prisão preventiva, as hipóteses de decretação da prisão preventiva, sua revisão periódica, a vedação da prisão preventiva, a adequação do processo penal à audiência de custódia e a execução provisória da pena no caso de condenação à pena igual ou superior a 15 anos por crime doloso contra a vida.

Veremos adiante, cada uma dessas modificações promovidas pela Lei nº 13.964/2019, inclusive, inconstitucionalidades.

1. Do incremento do sistema acusatório

Dita o sistema acusatório que aqueles atores que atuam no processo penal têm para si reservados determinados papéis, os quais não devem ser extrapolados: ao juiz cabe julgar; ao promotor de justiça, acusar; ao réu e seu defensor, realizar defesa. A cada um a função que lhe cabe e que lhe é reservada[1].

---

[1] PRADO, Geraldo. *Sistema acusatório; a conformidade constitucional das leis processuais penais*. Rio de Janeiro: Lumen Juris, 2006. p. 113: "A nosso juízo, o princípio acusatório, avaliado estati-

A melhor doutrina afirma não existir no Brasil um sistema acusatório puro e que vige entre nós um processo penal com forte conteúdo acusatório ou "prevalentemente acusatório"[2]. Não é menos verdade que esse sistema de tempos em tempos se aprimora, evolui, a fim de evitar que o juiz provoque desequilíbrio entre a atuação das partes e ceda à tentação de atuar como se fosse parceiro da acusação, coadjuvante do acusador[3]. Progressivamente busca-se afastar o juiz da função persecutória. A tendência é afastá-lo de toda e qualquer atividade que possa levemente relacioná-lo a tal atividade, como é o caso, por exemplo, de decretos de medidas cautelares *ex officio*[4]. Foi o que a Lei nº 13.964/2019 fez.

Os § § 2º a 5º do art. 282 do CPP receberam um reforço de sistema acusatório nesse sentido. Esses dispositivos aplicam-se de maneira indistinta, tanto às medidas cautelares não privativas de liberdade, como às privativas de liberdade.

Até o advento da Lei nº 13.964/2019, era possível que o juiz decretasse medidas cautelares pessoais de ofício na fase processual, isto é, após o oferecimento da denúncia. Na fase de investigação criminal, isso não era possível. Doravante, nem mesmo na fase processual será possível ao juiz decretar de ofício medidas cautelares processuais penais de natureza pessoal. Na fase processual, o juiz somente poderá fazê-lo se houver requerimento das partes. E na fase de investigação criminal não poderá decretá-las sem que haja representação da autoridade policial ou requerimento do Ministério Público (art. 282, § 2º).

Nem mesmo no caso de descumprimento de qualquer das obrigações impostas o juiz poderá agir de ofício. A mecânica das medidas cautelares não privativas de liberdade determina que durante a persecução penal o imputado está sujeito a determinados vínculos comportamentais, condições ou obrigações previstas no art. 319 do CPP. Caso estas sejam descumpridas, poderão ser substituídas, receber outras

---

camente, consiste na distribuição do direito de ação, do direito de defesa e do poder jurisdicional, entre autor, réu (e seu defensor) e juiz".

[2] BADARÓ, Gustavo Henrique Righi Ivahy. *Processo penal*. Rio de Janeiro: Campus: Elsevier, 2012, p. 49.

[3] GOMES FILHO, Antônio Magalhães. Medidas cautelares e princípios constitucionais. In: FERNANDES, Og. (Coord.). Medidas cautelares do processo penal: prisões e suas alternativas: comentários a lei 12.43/2011. São Paulo: RT, 2011, p. 44-45.

[4] JARDIM, Afrânio Silva. Direito Processual Penal; Rio de Janeiro: Forense, 2003, p. 40.

em cumulação, ou em último caso, o acusado poderá ter sua prisão preventiva decretada (art. 312 do CPP). Mas, doravante, não *ex officio* pelo magistrado, que somente poderá fazê-lo mediante requerimento do Ministério Público, de seu assistente ou do querelante. Assim, por exemplo, até o advento da Lei nº 13.964/2019, era permitido ao juiz atuar *sponte sua*, caso o acusado descumprisse uma medida cautelar de obrigação de comparecimento mensal ao fórum. Diante da nova redação do art. 282, § 4º do CPP, o juiz não pode mais agir de ofício em casos semelhantes.

O art. 311 do CPP, espanca qualquer dúvida que pudesse restar sobre a intenção da Lei nº 13.964/2019 em promover verdadeira injeção de sistema acusatório nas medidas cautelares pessoais. Especificamente em tema de prisão preventiva, era proibido ao juiz decretar prisão preventiva na fase de investigação, sendo, todavia, permitido fazê-lo na fase processual. Doravante, é também vedado ao julgador na fase processual. Nesta fase, somente poderá decretá-la a requerimento do Ministério Público, do querelante ou do assistente da acusação.

1.1. O caráter de provisoriedade das medidas cautelares

O § 5º do art. 282 foi incluído no CPP pela Lei nº 12.403/2011 e dispõe sobre o caráter de provisoriedade das medidas cautelares, conforme já havíamos escrito em obra específica sobre o tema[5]. Trata-se de um princípio básico inerente às medidas cautelares, as quais são essencialmente situacionais, isto é, tutelam e se referem a uma determinada situação fática. Uma vez alterado o fato, também se altera a medida cautelar específica e respectivamente aplicada. Tal alteração poderá consistir na revogação da medida cautelar ou na sua substituição, no caso da falta de motivo para que subsista, bem como poderá consistir em nova decretação da medida, se sobrevierem razões que justifiquem isso.

A nova redação do § 5º do art. 282 do CPP deve ser compreendida conforme a finalidade de aprimoramento do sistema acusatório que claramente se depreende dos parágrafos que o precedem. Portanto, caso a alteração a ser promovida seja para a substituição da medida cautelar

---

[5] AMARAL, Claudio do Prado; SILVEIRA, Sebastião Sérgio da. Prisão, liberdade e medidas cautelares no processo penal: as reformas introduzidas pela Lei nº 12.403/2011 comentadas artigo por artigo. Leme: Ed. J H Mizuno, 2012, p. 41.

por outra mais branda ou para a revogação da medida cautelar, o juiz poderá agir de ofício, inclusive na fase de inquérito policial, pois há plena compatibilidade do sistema acusatório com o princípio da liberdade do acusado e com o princípio da presunção de inocência, à luz do caráter de provisoriedade das medidas cautelares.

Por outro lado, uma vez revogada a medida ou substituída por outra mais banda, caso sobrevenham razões que justifiquem um novo decreto das medidas (isto é, das que foram revogadas) o juiz somente poderá agir a requerimento das partes – e não *sponte sua*, tendo em vista o forte colorido sistêmico-acusatório com o qual a Lei nº 13.964/2019 impregnou os parágrafos do art. 282 do CPP, ditando um grave formato proibitivo da iniciativa judicial em atuar como parceiro da parte acusatória.

1.2. A fundamentação das medidas cautelares

O dever de motivação das decisões penais também foi alvo de forte aperfeiçoamento imposto pela Lei nº 13.964/2019. Nos termos do art. 315, § 1º do CPP criado pela lei nova, doravante há um dever geral de fundamentação de motivação das decisões sobre qualquer medida cautelar, vinculado ao caráter de temporariedade que é uma característica de toda medida cautelar[6].

É imposto ao magistrado fundamentar por qual motivo está deferindo uma determinada medida cautelar, conforme uma correlação temporal indicativa de pertinência. Tal fundamentação deve transmitir às partes e à sociedade a mensagem de que os fatos nos quais se baseia a decisão são novos ou contemporâneos.

Nos termos do referido art. 315, § 1º, *"na motivação da decretação da prisão preventiva ou de qualquer outra cautelar, o juiz deverá indicar concretamente a existência de fatos novos ou contemporâneos que justifiquem a aplicação da medida adotada"*.

A decisão que não for motivada exatamente assim será considerada tecnicamente incompleta e não fundamentada[7] (art. 315, § 2º, IV do CPP), e por sua vez, será nula, nos termos do art. 93, IX da CF. É isso

---

[6] RAMOS, João Gualberto Garcez. A tutela de urgência no processo penal brasileiro. Belo Horizonte: Del Rey, 1998, p. 90.

[7] NOJIRI, Sérgio. O dever de fundamentar as decisões judiciais. Coleção Estudos de Direito de processo – Enrico Tullio Liebman – vol. 39. 2ª ed. São Paulo; RT, 2000, p. 119.

que vem ensinando a mais conceituada doutrina em tema de teoria da fundamentação das decisões judiciais[8].

2. Medidas cautelares e contraditório

No termos do art. 282, § 3º do CPP, em sua nova redação, *ressalvados os casos de urgência ou de perigo de ineficácia da medida, o juiz, ao receber o pedido de medida cautelar, determinará a intimação da parte contrária, para se manifestar no prazo de cinco dias, acompanhada de cópia do requerimento e das peças necessárias, permanecendo os autos em juízo, e os casos de urgência ou de perigo deverão ser justificados e fundamentados em decisão que contenha elementos do caso concreto que justifiquem essa medida excepcional.*

A obrigatoriedade de contraditório anterior à decisão que decreta à medida cautelar penal de natureza pessoal já existia conforme antiga redação do art. 282, § 3º do CPP, somente não se aplicando tal obrigatoriedade aos casos de urgência ou de perigo de ineficácia da medida.

A nova redação do referido § 3º acrescentou que: a) deverá haver prévia a intimação da parte contrária para que se manifeste em cinco dias sobre o pedido de aplicação de medida cautelar pessoal: b) que tal intimação esteja acompanhada de cópia do requerimento de decreto de medida cautelar e das peças necessárias ao exercício do contraditório e da ampla defesa; c) que o magistrado motive adequadamente os casos em que decidir sem ouvir previamente a parte contrária (urgência ou de perigo de ineficácia da medida). Vejamos com mais atenção esta última exigência.

A questão respectiva à fundamentação da decisão que altera o contraditório prévio para o *diferido* é importante, pois cabe ao julgador desenvolver argumentação justificadora de que sua decisão é proferida em caráter de: 1) urgência, por exemplo, o acusado prepara-se para fugir do país, ou; 2) perigo de ineficácia da medida, como nas hipóteses em que o acusado o indiciado atua comprovadamente destruindo provas. Portanto, até aqui a lei nada traz de novo que a doutrina já não estivesse ensinando há muitas décadas.

---

[8] TARUFFO, Michele. La motivación de la sentencia civil. Trad. Lorenzo Córdova Vianello. México: Tribunal Electoral del Poder Judicial de la Federación, 2006. Entre nós, confira-se, FILHO, Antônio Magalhães Gomes. A motivação das decisões penais. 2ª ed. São Paulo: RT, 2013.

O § 3º também diz que isso tudo deverá ser extraído do caso concreto, isto é, que não sejam argumentos baseados na imaginação do julgador, por exemplo, com construções prognósticas abstratas do tipo: "caso o indiciado não seja preso e permaneça em liberdade encontrará estímulos próprios que o meio aberto proporciona para continuar praticando crimes ...".

A nova redação do art. 282, § 3º do CPP deixa claro que a regra é o contraditório prévio, e não o diferido. Este último deve ser classificado como "*medida excepcional*". E como tal, justificada nos termos (de urgência e perigo) acima expostos.

Note-se que o novo art. 287 do CPP também guarda relação com o princípio contraditório, bem como, com o da ampla defesa, que é a outra face da mesma moeda. Diz a regra, conforme redação atual conferida pela Lei nº 13.964/2019, que "*se a infração for inafiançável, a falta de exibição do mandado não obstará a prisão, e o preso, em tal caso, será imediatamente apresentado ao juiz que tiver expedido o mandado, para a realização de audiência de custódia*". Será a partir do momento da exibição do mandado de prisão ou, na falta deste, no momento da audiência de custódia, que se iniciará o exercício do contraditório e da ampla defesa, pois perante a autoridade judicial a quem for apresentado o preso, este terá a oportunidade de ser ouvido diretamente pelo magistrado em relação ao que lhe é imputado.

3. Da motivação da decisão sobre a prisão preventiva

Neste aspecto, a Lei nº 13.964/2019 incorporou ao CPP aquilo que a melhor doutrina já afirmava em relação à prisão preventiva sempre que tratava de seu caráter excepcional. Tais exigências de fundamentação se aplicam a qualquer momento em que vier a ser decretada a prisão preventiva, que como sabemos, pode ser decretada em audiência de custódia (decisão que converte a prisão em flagrante em prisão preventiva), no curso da investigação (por representação da autoridade policial ou pedido do MP) ou durante o processo criminal (a pedido das partes).

De modo geral, o art. 315, caput do CPP já impunha ao magistrado um dever geral de motivação quanto às decisões que decretam, substituem ou denegam a prisão preventiva. Doravante, também impõe o dever de "fundamentar". Parece redundante, pois "motivar" e "fundamentar" são termos sinônimos. Ao que parece, o simples dever de "motivar" não estava sendo suficiente. Entendeu o legislador que o dever de "fundamentar" levará o magistrado a uma reflexão mais profunda, uma ação inflexiva democrática e calcada no mais esmerado estudo e filosofia. Ledo engano. Tudo permanecerá como está, enquanto não se alterar a cultura jurídica nacional.

Vejamos abaixo as novas exigências de motivação e fundamentação das decisões sobre prisão provisória.

3.1. Fundamentação individualizada da insuficiência e inadequação de outras medidas

Com o advento da Lei nº 12.43/2011, foi introduzido o § 6º no art. 282 do CPP que expressamente proclamou o princípio de *ultima ratio* como sendo a norma regente da aplicação da prisão preventiva. A nova redação desse parágrafo dada pela Lei nº 13.964/2019 aprimorou a redação dizendo que *"a prisão preventiva somente será determinada quando não for cabível a sua substituição por outra medida cautelar"* dentre aquelas previstas no art. 319 do CPP.

Entretanto, mais que isso, acrescentou um dever de motivação impondo ao juiz o dever de *"justificar de forma fundamentada nos elementos presentes do caso concreto, de forma individualizada"* o não cabimento da substituição por outra medida cautelar.

Ou seja, o magistrado deverá fazer análise *uma a uma* das nove medidas não privativas de liberdade previstas no art. 319 do CPP, dizendo o motivo especifico da sua inadequação e insuficiência para acautelar o interesse público respectivo ao caso concreto, isto é, explicando a razão singular pela qual não se ajusta àquele caso, e por qual razão é somente cabível a medida extrema da prisão preventiva, por absoluta exclusão das demais previstas em lei.

A decisão que é proferida sem examinar todos esses aspectos é denominada incompleta, conforme a doutrina, em tema de teoria da fundamentação das decisões judiciais[9]. E como tal, será passível de nulidade, nos termos do novo art. 315, § 2º, IV do CPP.

---

[9] SILVA, Ana de Lourdes Coutinho. A motivação das decisões judiciais. Coleção Atlas de Processo Civil. Coordenação: Carlos Alberto Carmona. São Paulo: Atlas, 2012, p. 159.

3.2. Fatos novos e contemporâneos

Já dissemos acima, ao comentar o art. 315, § 1º do CPP que a decisão que decretar qualquer medida cautelar, inclusive a prisão preventiva, está vinculada ao dever de motivação da temporariedade.

Pois bem. O art. 312, § 2º acrescenta exigências que já vinham sendo feitas pela doutrina e jurisprudência, notadamente do STJ[10]. Diz a regra nova que *"a prisão preventiva deve ser motivada e fundamentada em receio de perigo e existência concreta de fatos novos ou contemporâneos que justifiquem a aplicação da medida adotada"*.

Ou seja, além do caráter de temporariedade (fatos novos ou contemporâneos), a motivação judicial de uma decisão que decreta uma prisão preventiva também deverá fundamentar-se no receio de perigo e existência concreta da presença desses fatos, deixando de lado argumentações especulativas, receios infundados, alarmas ou histerias sociais.

Ao que tudo indica, o novo art. 312, § 2º do CPP teve por objetivo vetar prisões preventivas decretadas com base em fatos praticados no passado distante que ainda permaneceriam no imaginário popular como motivo de sensação pública de insegurança pública.

3.3. A revisão obrigatória da prisão preventiva

O dispositivo acima estudado (art. 312, § 2º do CPP) adquire especial importância, quando nos deparamos com o disposto no novo art. 316, § único do CPP, o qual obriga o magistrado a promover revisão periódica dos casos em que o acusado encontra-se preso cautelarmente. Trata-se de norma que consagra os princípios de excepcionalidade e *ultima ratio* da prisão preventiva. Vejamos.

Diz o dispositivo que *"decretada a prisão preventiva, deverá o órgão emissor da decisão revisar a necessidade de sua manutenção a cada 90 (noventa) dias, mediante decisão fundamentada, de ofício, sob pena de tornar a prisão ilegal"*.

---

[10] STJ, HC nº 480.274/RJ, DJe 14/05/2019: "Assim, não se mostra razoável a manutenção da determinação de prisão cautelar, observado o entendimento jurisprudencial desta Corte no sentido de que a urgência intrínseca da prisão cautelar impõe a contemporaneidade dos fatos justificadores do periculum libertatis"; HC nº 443.914/RJ, DJe 02/10/2018: "a falta de contemporaneidade dos motivos utilizados para a decretação da prisão preventiva e a não indicação de fatos novos para justificar a custódia, tornam a prisão preventiva ilegal, por não atender ao requisito da cautelaridade".

Ou seja, há obrigatoriedade de verificação do requisito de temporariedade, e isso é medida que poderá fazer toda a diferença para a liberdade do acusado.

Entretanto, e obviamente, não somente o requisito de temporariedade será reavaliado. Todos os demais pressupostos e requisitos da prisão preventiva deverão ser reavaliados. Pode ser, por exemplo, que devido ao transcorrer do processo tenham se enfraquecido o *fumus commissi delicti* ou o *periculum libertatis*. Imagine-se, assim, que em determinado caso já não se verifique mais a necessidade da prisão preventiva para a conveniência da instrução criminal. Isso é perfeitamente normal que possa ocorrer.

Serão esses juízos que permitirão ao julgador avaliar sobre a mais relevante característica da prisão preventiva: sua excepcionalidade, e responder à relevantíssima questão sobre o que mudou de um momento para o outro em tema de necessidade da prisão preventiva? Todavia, os juízos progressivos de cognição somente se efetivarão se houver uma regra que os obrigue ao magistrado. E foi exatamente isso que a Lei nº 13.964/2019 fez.

Da mesma forma, de nada adiantaria a regra do caput do art. 316, que proclama o princípio da provisionalidade da prisão preventiva[11], se não houvesse a regra de seu parágrafo único para lhe conferir efetividade e concretude. Ora, ao juiz é deferido revogar de ofício a prisão preventiva, até mesmo na fase de inquérito policial. Mas, esperar que o faça sem ser provocado, estando à frente de uma unidade judiciária com milhares de processos seria acreditar no quase impossível. Daí a imposição da revisão periódica, administrada por programas que operam a movimentação de autos eletrônicos e que não deixam escapar tais revisões do julgador. Caso a revisão não ocorra, a lei é clara: a prisão será ilegal e o preso deverá ser colocado em liberdade.

4. As "novas" hipóteses de decretação e de vedação da prisão preventiva

Um olhar apressado pode dar a impressão que o pacote de leis anticrime teria inserido no CPP novas hipóteses de prisão preventiva e sua

---

[11] Polastri, Marcellus. A tutela cautelar no processo penal. 3ª ed. São Paulo: Atlas, 2014, p. 188.

proibição. Isso não aconteceu. O que a lei nova fez foi trazer para dentro do Código aquilo que a doutrina e a jurisprudência já tinham firmado entendimento pacífico, desde muito tempo. Esse comportamento, consistente em positivar em lei posicionamentos sedimentados pela academia e pelos tribunais, aliás, é uma rotina legislativa.

4.1 O *periculum libertatis* inserido no art. 312 do CPP

É absolutamente pacífico na doutrina e na jurisprudência que os pressupostos para a decretação da prisão preventiva são designados pela expressão *fumus commissi delicti*, a qual refere-se à probabilidade da autoria e da materialidade do delito, referido no art. 312 do CPP como prova da existência do crime e indícios suficientes de autoria.

Não é menos pacífico que os requisitos para a decretação da prisão cautelar são designados pela expressão latina *periculum libertatis*, que por sua vez refere-se a comportamentos do imputado que ameaçam interesses públicos relacionados ao processo ao qual responde, designados no art. 312 do CPP como condutas que colocam em risco a garantia da ordem pública, da ordem econômica, a instrução criminal ou a aplicação da lei penal.

Embora a nova redação do art. 312 do CPP não seja a melhor, pois embaralha pressupostos e requisitos para decretação da prisão preventiva, pode-se dizer que foi feliz ao trazer para a lei um reforço semântico quanto ao *princípio de necessidade* ou de *ultima ratio* da prisão preventiva.

Assim, conforme nova redação do referido artigo 312: 1) primeiro estão enunciados os requisitos (garantia da ordem pública, da ordem econômica, conveniência da instrução criminal, assegurar a aplicação da lei penal); 2) em seguida estão enunciados os pressupostos (prova da existência do crime e indício suficiente de autoria) e; 3) ao final, há reforço semântico, afirmando a fórmula latina *periculum libertatis* (princípio de necessidade da prisão preventiva).

Logo, não é hipóteses nova de prisão preventiva, mas é dispositivo legal saudável num país que caminha para alcançar uma população prisional com um milhão de presos em pouco tempo, dos quais aproximadamente 40% são provisórios.

4.2. As hipóteses de vedação da prisão preventiva

Nos termos do § 2º do art. 313 do CPP *"não será admitida a decretação da prisão preventiva com a finalidade de antecipação de cumprimento de pena ou como decorrência imediata de investigação criminal ou da apresentação ou recebimento de denúncia"*.

Temos, portanto, três "novos" usos vedados para a prisão preventiva (que, aliás, não são novos, nem do ponto de vista doutrinário, tampouco jurisprudencial). Podemos agrupar as duas últimas espécies de proibição em uma só por razões idênticas. Veda-se a decretação da prisão preventiva: 1) como antecipação do cumprimento de pena e; 2) como decorrência imediata de investigação criminal ou da apresentação ou recebimento de denúncia.

Com relação à primeira hipótese, desde que a teoria da pena se estabeleceu e desde que firmou-se entendimento de que pena privativa de liberdade é uma forma detenção cuja natureza jurídica é diversa da prisão cautelar[12] parece absolutamente desnecessário um dispositivo como o novo art. 313, § 2º do CPP. Esta regra pode parecer tão mais desnecessária, diante do consagradíssimo princípio constitucional da presunção de inocência.

Todavia, quem se dispuser a fazer uma rápida busca pela jurisprudência dos tribunais de sobreposição – STJ e STF – encontrará diversos julgados os quais reiteradamente afirmam que a prisão cautelar não deve ser utilizada como antecipação de pena e não deve ser usada como sanção penal *ex ante*[13]. Surge, então, a justa questão: Por qual razão aquilo que aparentemente é comezinho no direito processual penal precisaria estar sendo afirmado e reafirmado pelo STJ e STF e, agora, positivado no CPP? Afinal, nenhum magistrado diz *expressamente*, ao decretar uma prisão preventiva, que o está fazendo por motivo de desejar antecipada-

---

[12] Confira-se, de nossa autoria, A História da Pena de Prisão. Jundiaí, Paco Editorial: 2016.
[13] Entre muitos julgados, confira-se, o HC 93.883/SP, j. em 26/08/2008, Rel. Min. Celso de Mello: "Impõe-se advertir, no entanto, que a prisão cautelar ("carcer ad custodiam") – que não se confunde com a prisão penal ("carcer ad poenam") – não objetiva infringir punição à pessoa que sofre sua decretação. Não traduz a prisão cautelar, em face da estrita finalidade a que se destina, qualquer ideia de sanção. Constitui, ao contrário, instrumento destinado a atuar "em benefício da atividade desenvolvida no processo penal" (BASILEU GARCIA, "Comentários ao Código de Processo Penal", Vol. III/7, item nº 1, 1945, Forense), tal como esta suprema corte tem proclamado: ...".

mente infligir uma pena criminal a uma pessoa que ainda não foi submetida ao julgamento final. Todavia, os tribunais de sobreposição têm identificado que em muitos casos depreende-se a antecipação de pena *implicitamente* a partir da decisão judicial que decreta a prisão preventiva.

Isso tem ocorrido nas mais diversas situações, conforme visão do STF e STJ, nas quais:

a) o decreto judicial de prisão não contém fundamentação idônea, sendo motivado genericamente na garantia da ordem pública e sem embasamento nos fatos concretos (se limita a reproduzir o enunciado legal do art. 312 do CPP);
b) ou no sentido oposto, quando examina o mérito do caso em profundidade, ultrapassando excessivamente o mero juízo de cognição superficial necessário ao exame dos indícios suficientes de autoria (o decreto de prisão faz cognição exauriente do mérito);
c) decreta a prisão preventiva com base na elevada gravidade abstrata do delito sub judice.

Note-se que esta última situação corresponde às demais hipóteses do art. 313, § 2º do CPP, ou seja prisão preventiva como decorrência automática da investigação criminal, do oferecimento da denúncia ou de seu recebimento. Isto é, diante de um crime de alta gravidade abstrata (um homicídio doloso, por exemplo), aos primeiros indícios de autoria nas investigações, ou diante do oferecimento da denúncia, ou de seu recebimento, a prisão preventiva seria automaticamente decretada com fundamento na garantia da ordem pública, uma vez que se trata de crime grave.

Em todos esses casos, conforme interpretação dos tribunais de sobreposição, o que se tem é o desrespeito à caraterística de *ultima ratio* que rege a prisão preventiva. Não haveria, nesses casos, consideração às particularidades do caso concreto, as quais ditam à necessidade da prisão preventiva. O julgador ignoraria as singularidades do fato, o que conduz à deformação da prisão preventiva como a única a reger-se pelo princípio de excepcionalidade e necessidade.

5. A adequação do processo penal à audiência de custódia

O CPP recebeu atualização importante com relação às audiências de custódia. A Resolução nº 213, de 15 de dezembro de 2015 do CNJ disciplinou a prática das audiências de custódia em todo o território nacional, conforme o reconhecimento de sua obrigatoriedade no direito interno, tal qual fora decidido nos autos de Arguição de Descumprimento de Preceito Fundamental nº 347 do STF. Assim, tais atos de garantias já eram eficazes no Brasil, há alguns poucos anos. Mas, formalmente, ainda não faziam parte do CPP. Isso, agora, foi corrigido pela Lei nº 13.964/2019.

Conforme nova redação do art. 310, caput do CPP, "*após receber o auto de prisão em flagrante, no prazo máximo de até 24 horas após a realização da prisão, o juiz deverá promover audiência de custódia com a presença do acusado, seu advogado constituído ou membro da Defensoria Pública e o membro do Ministério Público...*".

Caso a audiência de custódia não se realize no prazo de 24 horas, o CPP prevê sanção: "§ 3º. *A autoridade que deu causa, sem motivação idônea, à não realização da audiência de custódia no prazo estabelecido no caput deste artigo responderá administrativa, civil e penalmente pela omissão*".

Desde que haja justo motivo para a não realização da audiência de custódia ou seu atraso, a autoridade não responderá em qualquer esfera. No âmbito criminal, ademais, a leitura atenta da Lei de Abuso de Autoridade (Lei nº 13.869/2019) não permite encontrar tipo penal que corresponda à conduta prevista acima.

6. As hipóteses de prisão preventiva obrigatória

A Lei nº 13.964/2019 criou hipóteses de prisão preventiva obrigatórias, as quais encontram-se previstas no art. 310, § 2º do CPP. Nesta regras consta que caso o juiz verifique que o agente: 1) é reincidente; ou: 2) que integra organização criminosa armada, ou: 3) que integra milícia, ou; 4) que porta arma de fogo de uso restrito, deverá denegar a liberdade provisória, com ou sem medidas cautelares.

Ou seja, não resta outra alternativa ao magistrado senão converter a prisão em flagrante em prisão preventiva. E isso é inconstitucional.

O que a CF autoriza é que a lei preveja hipóteses de inafiançabilidade (art. 5º, XLIII). Somente é possível que a lei proíba a concessão de liberdade provisória com fiança. Em nenhum momento a CF permite a vedação total de liberdade provisória, isto é, a proibição legal de liberdade provisória com <u>e</u> sem fiança. Isso equivaleria a uma leitura negativa das liberdades constitucionais. Seria uma interpretação absolutamente equivocada do art. 5º da CF.

Ademais, negaria um cristalino posicionamento dos tribunais de sobreposição que vem sendo adotado desde que a primeira vedação legal dessa ordem foi criada pela Lei de Crimes Hediondos (art. 2º, II da Lei nº 8.072/1990). Aliás, foi graças a essa firme jurisprudência, que o Parlamento Brasileiro sensibilizou-se aos ditames da justiça e editou a Lei nº 11.464/2007 que revogou a vedação total à liberdade provisória originalmente prevista na regra do art. 2º, II da Lei nº 8.072/1990. Mais: com relação a proibição de legal de liberdade provisória prevista no art. 21 do Estatuto do Desarmamento, o STF declarou sua inconstitucionalidade conforme decidido na ADI nº 3112[14]. Ainda: no que diz respeito à proibição da mesma espécie contida no art. 44 da Lei nº 11.343/2006, o STJ e o STF reiteradamente têm afirmado que a vedação de concessão de liberdade provisória cumuladas com medidas cautelares diversas da prisão previstas no art. 319 do CPP fere diversos princípios constitucionais: a) o da liberdade, isto é, em regra o acusado deve responder à acusação à em liberdade; b) o da necessidade da prisão preventiva, ou seja, esta somente será decretada em caso de comprovada necessidade extraída das particularidades existentes no caso concreto e não com base na mera gravidade abstrata do delito; c) o da presunção de inocência, que veda o cumprimento antecipado da pena; d) o da excepcionalidade da prisão preventiva, que somente poderá ser aplicada em situações nas quais for comprovado *periculum libertatis*.

De nossa parte, acrescentamos a violação de mais um princípio constitucional, anterior e superior aos acima referidos: o da isonomia. O art. 310, § 2º do CPP, ao obrigar o juiz a decretar a prisão preventiva nas hipóteses que prevê, infringe o princípio da igualdade, pois pretende tratar com uma mesma moldura legal proibitiva uma realidade de infinitas expressões que pode ser de nenhum *periculum libertatis* (imagine-se um reincidente cujo crime anterior foi o de posse de entorpecentes para consumo próprio).

---

[14] Ementa: "V – Insuscetibilidade de liberdade provisória quanto aos delitos elencados nos arts. 16, 17 e 18. Inconstitucionalidade reconhecida, visto que o texto magno não autoriza a prisão ex lege, em face dos
princípios da presunção de inocência e da obrigatoriedade de fundamentação dos mandados de prisão pela autoridade judiciária competente".

Em conclusão: o novo art. 310, § 2º do CPP ignora por completo a clara orientação das mais altas Côrtes Brasileiras traçada desde as últimas três décadas, em tema de liberdade provisória proibida.

7. A execução provisória da pena no caso de condenação à pena igual ou superior a 15 anos por crime doloso contra a vida

O art. 492, inciso I, letra e, segunda parte do CPP, conforme redação que lhe foi conferida pela Lei nº 13.964/2019 nasce polêmico, pois afirma que no caso de condenação pelos jurados, em julgamento pelo Tribunal do Júri, cuja sentença condenatória aplique uma pena igual ou superior a 15 anos de reclusão, o juiz presidente determinará a execução provisória das penas, com expedição do mandado de prisão, se for o caso, sem prejuízo do conhecimento de recursos que vierem a ser interpostos.

Como se sabe, por decisão do STF no final do ano de 2019 (ADCs 43, 44 e 54), a execução antecipada da pena não é considerada constitucional, sendo necessário o esgotamento de todos os recursos. Essa decisão tem por fundamento o princípio da presunção de inocência.

Todavia, por outro lado, o dispositivo do art. 492 não pode ser prontamente taxado inconstitucional. E isso nem mesmo seria fácil dizer. É que estamos em um outro terreno de garantia constitucional, qual seja, o da soberania dos veredictos do Tribunal do Júri. Portanto, a garantia constitucional (presunção de inocência) recebe o contrapeso de outra (soberania dos veredictos). Diante da condenação (seja a uma pena de 15 anos ou qualquer outro *quantum*) a decisão desse órgão já foi tomada e não poderá ser revista por nenhum outro órgão jurisdicional, senão pelo próprio Tribunal do Júri.

A questão é de viva discussão no STF. Por ocasião do julgamento do HC nº 118.770, tendo como relator o Min. Marco Aurélio e redator do acórdão Min. Luís Roberto Barroso (j. em 07/03/2017), disse:

> *12. Como já assentei, a presunção de inocência é princípio (e não regra) e, como tal, pode ser aplicada com maior ou menor intensidade, quando ponderada com outros princípios ou bens jurídicos constitucionais colidentes. No caso específico da condenação pelo Tribunal do Júri, na medida em que a responsabilidade penal do réu já foi assentada soberanamente pelo Júri, e o Tribunal não pode substituir-se aos jurados na apreciação de fatos e provas (CF/1988, art. 5º, XXXVIII, c), o princípio da presunção de inocência adquire menor peso ao ser ponderado com o*

interesse constitucional na efetividade da lei penal, em prol dos bens jurídicos que ela visa resguardar (CF/1988, arts. 5º, caput e LXXVIII e 144). Assim, interpretação que interdite a prisão como consequência da condenação pelo Tribunal do Júri representa proteção insatisfatória de direitos fundamentais, como a vida, a dignidade humana e a integridade física e moral das pessoas.

13. Essa forma de solucionar a questão se mostra compatível com a lógica adotada nas deliberações do Plenário Físico (HC 126.292, Rel. Min. Teori Zavascki; ADCs 43 e 44, Rel. Min. Marco Aurélio) e do Plenário Virtual por este Tribunal (ARE 964.246-RG, Rel. Min. Teori Zavascki), relativamente à exequibilidade das condenações criminais após o julgamento em segundo grau de jurisdição. É que, como já observado, tendo em vista a competência privativa do Tribunal do Júri e a soberania dos seus veredictos, o Tribunal não pode rediscutir autoria ou materialidade, ante a impossibilidade de substituir os jurados na apreciação de fatos e provas⁵ . Daí ser legítima a execução antecipada da condenação. Sobre a matéria, veja-se a lição do eminente professor José Afonso da Silva⁶:

"[...] Veredictos são exatamente as decisões tomadas pelos jurados a respeito de cada questão de fato, a eles submetida em forma de quesitos. A 'soberania dos veredictos' significa precisamente a imodificabilidade dessas decisões de fato. Se o Júri decidir que Fulano matou Sicrano, o Tribunal Superior não pode modificar essa decisão, ainda que as provas não sejam assim tão precisas. É verdade que há o problema de julgamento contra as provas dos autos, que permite, mediante recurso, a determinação de novo Júri. Essa soberania tem razão de ser, pois sem ela é inútil manter a instituição do Júri, que hoje não tem mais a expressiva significação democrática que orientou seu surgimento..." (grifos acrescidos)

14. Por esse conjunto de razões, como regra geral quase absoluta, prevalecerá a decisão do Tribunal do Júri. Ademais, no caso de crimes dolosos contra a vida, mais notoriamente nos de homicídio, a celeridade da resposta penal é indispensável para que a Justiça cumpra o seu papel de promover segurança jurídica, dar satisfação social e cumprir sua função de prevenção geral.

Pelos motivos acima alinhavados, não se pode estender, pura e simplesmente, os motivos e fundamentos que nortearam os julgados das ADCs 43, 44 e 54 ao novo art. 492, inciso I, letra e, segunda parte do CPP. Como visto, existem boas razões, também de ordem constitucional para isso.

Nos termos do § 3º do mesmo artigo o juiz presidente do Júri poderá, excepcionalmente, deixar de autorizar a execução provisória das penas, se interpretar que está diante de questão substancial, cuja resolução pelo tribunal ao qual competir o julgamento possa plausivelmente levar à revisão da condenação.

Em caso de apelação, o efeito será apenas devolutivo (§ 4º), sendo que excepcionalmente, poderá o tribunal *ad quem* atribuir-lhe efeito suspensivo (§ 5º), desde que identifique, cumulativamente, que o recurso: I – não tem propósito meramente protelatório; e II – levanta questão substancial e que pode resultar em absolvição, anulação da sentença, novo julgamento ou redução da pena para patamar inferior a 15 (quinze) anos de reclusão.

Em termos procedimentais (§ 6º), o pedido de concessão de efeito suspensivo poderá ser feito incidentemente na apelação ou por meio de petição em separado dirigida diretamente ao relator, instruída com cópias da sentença condenatória, das razões da apelação e de prova da tempestividade, das contrarrazões e das demais peças necessárias à compreensão da controvérsia.

Referências

AMARAL, Claudio do Prado. A História da Pena de Prisão. Jundiaí, Paco Editorial: 2016.

AMARAL, Claudio do Prado; SILVEIRA, Sebastião Sérgio da. Prisão, liberdade e medidas cautelares no processo penal: as reformas introduzidas pela Lei nº 12.403/2011 comentadas artigo por artigo. Leme: Ed. J H Mizuno, 2012.

BADARÓ, Gustavo Henrique Righi Ivahy. *Processo penal*. Rio de Janeiro: Campus: Elsevier, 2012.

FILHO, Antônio Magalhães Gomes. A motivação das decisões penais. 2ª ed. São Paulo: RT, 2013.

GOMES FILHO, Antônio Magalhães. Medidas cautelares e princípios constitucionais. In: FERNANDES, Og. (Coord.). Medidas cautelares do processo penal: prisões e suas alternativas: comentários a lei 12.43/2011. São Paulo: RT, 2011.

JARDIM, Afrânio Silva. Direito Processual Penal; Rio de Janeiro: Forense, 2003.

NOJIRI, Sérgio. O dever de fundamentar as decisões judiciais. Coleção Estudos de Direito de processo – Enrico Tullio Liebman – vol. 39. 2ª ed. São Paulo; RT, 2000.

POLASTRI, Marcellus. A tutela cautelar no processo penal. 3ª ed. São Paulo: Atlas, 2014.

PRADO, Geraldo. *Sistema acusatório; a conformidade constitucional das leis processuais penais*. Rio de Janeiro: Lumen Juris, 2006.

RAMOS, João Gualberto Garcez. A tutela de urgência no processo penal brasileiro. Belo Horizonte: Del Rey, 1998.

SILVA, Ana de Lourdes Coutinho. A motivação das decisões judiciais. Coleção Atlas de Processo Civil. Coordenação: Carlos Alberto Carmona. São Paulo: Atlas, 2012.

TARUFFO, Michele. La motivación de la sentencia civil. Trad. Lorenzo Córdova Vianello. México: Tribunal Electoral del Poder Judicial de la Federación, 2006.

6. Cadeia de Custódia

Aline Thaís Bruni

"A ausência da evidência não significa evidência da ausência."
Carl Sagan

Introdução

O cometimento de crimes faz parte da história e, embora haja iniciativas focadas na prevenção, a materialização de condutas contrárias à Lei é uma realidade. Quando um crime ocorre, toda a sociedade espera um esclarecimento. A investigação, de uma maneira geral, tem por objetivo esclarecer autoria, motivação e *modus operandi*. A constatação de uma dinâmica criminosa depende intrinsecamente da produção de provas.

O desenvolvimento crescente nos setores científico e tecnológico encontra cada vez mais espaço dentro das questões jurídicas. Dessa forma, as políticas públicas não podem prescindir de conhecimento especializado nem em mecanismos de prevenção e tampouco para a elucidação de condutas criminosas. Várias áreas do conhecimento científico são comumente utilizadas e têm importância inquestionável para auxiliar os mecanismos de aplicação da lei. É nesse contexto que temos as chamadas ciências forenses. Apesar da prova material não ser considerada superior em um julgamento, é fato que sua confiabilidade é associada à correta aplicação do método científico.[1]

---

[1] CERQUEIRA, Daniel *et al*, *Atlas da Violência 2019*, 1. ed. Brasíia: Instituto de Pesquisa Econômica Aplicada; Fórum Brasileiro de Segurança Pública., 2019; BRUNI, Aline Thaís *et al*, *Procedimentos Periciais em Foco*, Revista Brasileira de Criminalística, v. 8, n. 1, p. 5, 2019.

As ciências forenses podem ser sintetizadas como um conjunto de conhecimentos técnicos e científicos direcionados para auxiliar a resolver problemas jurídicos de uma maneira ampla. Não corresponde a mera ciência aplicada, pois deve ter características específicas para poder atender aos requisitos da Lei. É necessário que a metodologia tenha eficiência comprovada, seja célere e suficientemente esclarecedora para conseguir resolver problemas individualizados. Cada análise forense é uma tese independente a ser estudada. No contexto criminal, contudo, as ciências forenses são de extrema importância para manter os direitos e garantias fundamentais. Para que isso seja assegurado, e apesar da complexidade das análises, o conjunto de conhecimentos científicos deve atuar num exercício transdisciplinar e integrado.[2]

A perícia consiste na atuação profissional que leva em conta conhecimentos acadêmicos relacionados às ciências forenses. Podemos dizer que os peritos são os profissionais habilitados na aplicação das práticas técnico-científicas dentro da necessidade da Lei. Na área penal, o objetivo da perícia é procurar descobrir a verdade por trás de uma conduta ilícita.[3]

Tanto o mundo jurídico quanto toda a sociedade esperam uma resposta sólida sobre os fatos questionados. Além disso, também há expectativa de que a ciência seja hábil em auxiliar na administração da justiça. A evidência científica é entendida como aquela que fornece as provas mais confiáveis dentro de um procedimento criminal e é muitas vezes vista como inquestionável e infalível. O próprio exercício da ciência requer constante reavaliação metodológica conforme novos conhecimentos e tecnologias vão surgindo e oferecendo alternativas e melhorias às análises. Procedimentos periciais e de análises têm sido cada vez mais sofisticados. Contudo, a necessidade de respostas céleres exigidas pela justiça pode limitar a aplicação do método científico e sujeitar as ciências forenses a críticas. Não é incomum encontrar problemas acerca das provas periciais.[4] Além de eventuais discussões sobre o alcance da

---

[2] Morgan, R. M., *Forensic science. The importance of identity in theory and practice*, Forensic Science International: Synergy, v. 1, p. 239–242, 2019.

[3] Bruni et al, *Procedimentos Periciais em Foco*, Revista Brasileira de Criminalística, v. 8, n. 1, p. 5, 2019.

[4] O'Brien, Éadaoin; Nic Daeid, Niamh; Black, Sue, *Science in the court: pitfalls, challenges and solutions*, Philosophical Transactions of the Royal Society B: Biological Sciences, v. 370,

cientificidade, é notória que a ausência de investimento em segurança pública é um grande desafio para as práticas periciais. Um desafio adicional corresponde à lacuna de comunicação entre as áreas científicas e jurídicas. Os profissionais do direito podem ter dificuldades em avaliar adequadamente as evidências científicas por não terem suficiente conhecimento em ciências forenses.[5] No entanto, ainda que haja uma série de desafios que envolvam adaptação dos métodos científicos às necessidades da Lei, essa é ainda a maneira mais confiável de se investigar.[6]

No desenvolvimento da prática pericial, muitas questões devem ser entendidas em relação à cena de crime, avaliação e prática de laboratório e interpretação do contexto das análises dentro do questionamento legal.

O Artigo 158 do Código de Processo Penal (CPP) dispõe em seu *caput*: *quando a infração deixar vestígios, será indispensável o exame de corpo de delito, direto ou indireto, não podendo supri-lo a confissão do acusado*. Entende-se que a confissão em nenhum momento pode ser utilizada como forma alternativa à investigação do corpo de delito. Apesar de haver uma certa admissibilidade da confissão, os fatos devem ser confirmados durante a instrução probatória.[7] Enquanto a confissão pode eventualmente ser aceita, o exame de corpo de delito é imperativo.

---

n. 1674, p. 20150062, 2015; JUNKER, Kirk W, *Comparing Law as Science with Science in the Law: Preliminary Thoughts*, Law and Forensic Science, v. 14, n. 2, p. 82–97, 2017; RIBAUX, Olivier; WALSH, Simon J; MARGOT, Pierre, *The contribution of forensic science to crime analysis and investigation: Forensic intelligence*, Forensic Science International, v. 156, n. 2–3, p. 171–181, 2006; ROBERTS, Paul, *Paradigms of forensic science and legal process: A critical diagnosis*, Philosophical Transactions of the Royal Society B: Biological Sciences, v. 370, n. 1674, 2015; ROUX, Claude; RIBAUX, Olivier; CRISPINO, Frank, *Forensic science 2020–the end of the crossroads?*, Australian Journal of Forensic Sciences, v. 50, n. 6, p. 607–618, 2018; HAACK, Suzan, *Irreconcilable differences: the troubled marriage of Science and Law*, Law and Contemporary Problems, v. 7, n. 1, p. 1–23, 2009.

[5] SANGER, Robert M, *Forensics: Educating the Lawyers*. Forthcoming: The Journal of the Legal Profession (University of Alabama), Available at SSRN:, v. Spring 201, p. 1–28, 2018; EDMOND, Gary *et al*, *Model forensic science*, Australian Journal of Forensic Sciences, v. 48, n. 5, p. 496–537, 2016; REID, Melanie M, *A CSI Story: The Past, Present, and Future of Crime Scene Collection and What Litigators Need to Know*, Wake Forest Journal of Law & Policy, v. 8, n. 2, p. 409–454, 2018.

[6] HAACK, Susan. *Irreconcilable differences: the troubled marriage of Science and Law*. Law and Contemporary, v. 7, n. 1, p. 1-23, 2009.

[7] DE MENDONÇA, Andrey Borges, *The Criminal Justice System in Brazil: a brief account*, Resource Material Series, n. 92, p. 63–70, 2014.

Existem alguns conceitos que precisam ser avaliados de maneira independente. Há diferença entre o que significa corpo de delito e exame de corpo de delito. Em relação ao corpo de delito, temos que a modalidade direta corresponde aos vestígios materiais que podem ser encontrados no local onde se desenrolaram os fatos principais e em locais conexos.[8] Podemos dizer que corpo de delito direto corresponde à representação física de todos os vestígios gerados pela interação entre autor, local e dano decorrente. O corpo de delito indireto diz respeito a eventuais depoimentos colhidos que podem vir a ser utilizados como prova testemunhal.

Em relação ao exame de corpo de delito, a forma direta corresponde à análise técnico-cientifica dos vestígios que podem ser de interesse ara entender os fatos. O Artigo 167 indica que: *Não sendo possível o exame de corpo de delito, por haverem desaparecido os vestígios, a prova testemunhal poderá suprir-lhe a falta.* O próprio CPP, portanto, dispõe que provas testemunhais podem ser admitidas de maneira suplementar à falta do exame de corpo de delito direto quando não há mais formas de encontrar vestígios. O exame de corpo de delito indireto, por sua vez, corresponde ao exame pericial que pode ser feito a partir de elementos que auxiliem a interpretação do perito, como, por exemplo, fotografias, filmagens e documentos que não foram diretamente encontrados no local dos fatos, mas que tenham relação com a conduta.

Nesse capítulo pretendemos comentar as mudanças feitas no Código de Processo Penal pela Lei 13.964 de 24 de dezembro de 2019, que inseriu os artigos 158-A até 158-F que versam sobre a cadeia de custódia. A ideia é verificar como essas inserções podem ser entendidas no contexto da produção da prova pericial.

1. A Cadeia de Custódia

A prova pericial deve ser suficientemente precisa, técnica e padronizada para atender de maneira satisfatória os interessados no esclarecimento dos fatos. Para que isso aconteça, deve haver procedimentos consistentes em relação ao gerenciamento de local de crime.

---

[8] VELHO, Jesus Antonio et al, *A Perícia em Locais de Crime*, in: Ciências Forenses – Uma Introdução Às Principais Áreas Da Criminalística, 3. ed. Campinas, SP: Millenium Editora, 2017, p. 19–32.

Pode-se dizer que a cena de crime é o ponto de partida para a aplicação das ciências forenses. Processar uma cena de crime é uma empreitada desafiadora e crítica, pois qualquer inconsistência pode comprometer toda a avaliação do caso.[9] O caminho de um vestígio dentro da marcha investigativa deve obedecer a rigorosos critérios de documentação, a fim de que a fidelidade da análise seja atrelada a um protocolo conhecido e bem estabelecido. Ao processo de documentação desde a identificação do vestígio, passando pelo seu registro, coleta, transferências para exames e guarda, até a destinação final dá-se o nome de Cadeia de Custódia.[10]

Até 2019, a maioria do entendimento sobre os principais mecanismos sobre gerenciamento de locais de crime e métodos relacionados à cadeia de custódia ficavam a cargo da doutrina e da jurisprudência. O *caput* do Artigo 158-A inseriu, portanto, a definição legal de cadeia de custódia:

> Art. 158-A. Considera-se cadeia de custódia o conjunto de todos os procedimentos utilizados para manter e documentar a história cronológica do vestígio coletado em locais ou em vítimas de crimes, para rastrear sua posse e manuseio a partir de seu reconhecimento até o descarte.
>
> § 1º O início da cadeia de custódia dá-se com a preservação do local de crime ou com procedimentos policiais ou periciais nos quais seja detectada a existência de vestígio.
>
> § 2º O agente público que reconhecer um elemento como de potencial interesse para a produção da prova pericial fica responsável por sua preservação.
>
> § 3º Vestígio é todo objeto ou material bruto, visível ou latente, constatado ou recolhido, que se relaciona à infração penal.

---

[9] Houck, Max M.; Crispino, Frank; McAdam, Terry, *The Science of Crime Scenes*, 1. ed. San Diego: Academic Press, Inc., 2012.
[10] Velho *et al*, A Perícia em Locais de Crime; Badiye, Ashish; Kapoor, Neeti; Menezes, Ritesh G., Chain of Custody (Chain of Evidence), 2019; Velho, Jesus Antônio; Costa, Karina Alves; Damasceno, Clayton Tadeu Mota, *Capítulo 1. O local de crime e suas interfaces*, in: Locais de Crimes -Dos vestígios à dinâmica Criminosa, 1. ed. Campinas, SP: Millennium Editora, 2013, p. 20.

O conceito expresso no *caput* do Artigo 158-A não se distancia daqueles apresentados pelas doutrinas nacional e internacional. [11]A cadeia de custódia tem por objetivo assegurar que um vestígio detectado no local do crime tenha sua identidade e integridade garantidos pelo registro cronológico, que dá informações sobre manuseio e rastreabilidade.[12] É importante ter informações sobre o caminho percorrido por uma prova e sua localização desde a cena até o destino final.[13]

O parágrafo 1º do Artigo 158-A fala sobre o início da cadeia de custódia. Observamos nesse caso que o Código coloca como alternativa para o início da cadeia de custódia três possíveis opções: a preservação do local **ou** procedimentos policiais **ou** periciais (grifo nosso). Nesse ponto, o Artigo 6º do CPP dispõe:

> Art. 6º Logo que tiver conhecimento da prática da infração penal, a autoridade policial deverá:
>
> I – dirigir-se ao local, providenciando para que não se alterem o estado e conservação das coisas, até a chegada dos peritos criminais;

De acordo com essas disposições, temos que o início da cadeia de custódia ocorrerá quando a autoridade policial providenciar que não se alterem o estado das coisas. No entanto, o legislador entendeu que pode

---

[11] VELHO, Jesus Antonio; GEISER, Gustavo Caminoto; ESPINDULA, Alberi, *Introdução às ciências forenses*, in: Ciências Forenses – Uma introdução às principais áreas da criminalística, 3. ed. Campinas, SP: Millennium Editora, 2017; BADIYE, Ashish; KAPOOR, Neeti; MENEZES, Ritesh G. Chain of Custody (Chain of Evidence). 2019. Disponível em: <https://www.ncbi.nlm.nih.gov/books/NBK551677/>.; MAIA, Francisco Sílvio, **Criminalística Geral**, Escola Superior do Ministério Público do Estado do Ceará – ESMP/CE, disponível em: <http://www.pgj.ce.gov.br/esmp/apresentacoes/I_Curso_de_Investigacao_Criminal_Homicídio/02_Criminalistica_Geral_29_11_2012.pdf>, acesso em: 12 abr. 2020; VELHO, Jesus Antônio; COSTA, Karina Alves; DAMASCENO, Clayton Tadeu Mota. *Capítulo 1. O local de crime e suas interfaces. In*: Locais de Crimes – Dos vestígios à dinâmica Criminosa. 1. ed. Campinas, SP: Millennium Editora, 2013.p. 20.

[12] VELHO, Jesus Antonio; SILVA, Luiz Antonio Ribeiro da; CARMO, Cristiano Furtado Assis do; *et al*, *A Perícia em Locais de Crime*. In: Uma Introdução às Principais Áreas da Criminalística. 3; ed; Campinas, SP: Millennium Editora, 2017, p. 19-32; PRADO, Geraldo, *Cadeia De Custódia Da Prova No Processo Penal*, 1. ed. São Paulo: Marcial Pons, 2019; BRENNER, John C., *Forensic science: an illustrated dictionary*, Rev. ed. o. New York: CRC Press, 2004.

[13] BADIYE, Ashish; KAPOOR, Neeti; MENEZES, Ritesh G. Chain of Custody (Chain of Evidence). 2019. Disponível em: <https://www.ncbi.nlm.nih.gov/books/NBK551677/>

haver alternativas para o início da cadeia de custódia conforme a percepção da existência de vestígios. De fato, qualquer procedimento feito na intenção de preservar o local é acertada e valida o início da cadeia de custódia. A delimitação da área e o controle sobre os materiais passíveis de análise são importantes para garantir a prova pericial. Dessa forma, a integridade de cadeia de custódia depende intrinsecamente de técnica e conhecimento científico, o que leva às boas práticas de análise, que já estavam incorporadas à filosofia pericial antes mesmo da mudança da Lei.

O Parágrafo 2º do Artigo 158-A designa ao agente público o reconhecimento da potencialidade de algum elemento para a prova pericial bem como a sua preservação. Observamos que o Código dá apenas a função de preservação, mas não de análise, a um agente público que não foi expressamente indicado no dispositivo legal.

O Parágrafo 3º tem por intuito definir o que é vestígio, relacionando-o a algo material que pode ou não estar visível, e condiciona ao fato de que deve estar ligado à dinâmica criminosa. A importância da análise forense de vestígios em um contexto amplo decorre do Princípio da Troca de *Locard*, cuja teoria afirma que todo contato deixa uma marca.[14] Isso pode levar a uma conexão entre um suspeito e uma cena de crime ou suspeito e vítima, com base em fragmentos de materiais transferidos nesses momentos. No entanto, nem toda marca se refere ao elo entre ação e resultado da conduta criminosa. Por isso é essencial que o conceito de vestígio não seja delimitado pela interpretação literal do Parágrafo 3º do artigo 158-A.

Antes da definição legal, a doutrina definia o vestígio de maneira mais abrangente, relacionando-se a toda parte material que tenha potencial ligação com os fatos criminosos. Acreditamos que essa seria a melhor forma de definir vestígio, uma vez que não é possível saber da sua relação com a dinâmica criminosa antes de efetuar as análises que sejam pertinentes. Ainda, necessitamos chamar a atenção para os vestígios

---

[14] MISTEK, Ewelina *et al*, *Toward Locard's Exchange Principle: Recent Developments in Forensic Trace Evidence Analysis*, Analytical Chemistry, v. 91, n. 1, p. 637–654, 2019; MAIA, *Criminalística Geral*, Escola Superior de Ministério Público do Estado do Ceará – ESMP/CE..

imateriais, como, por exemplo, aqueles de natureza digital.[15] A atual definição no CPP se amoldaria mais ao conceito doutrinário de evidência:

> "[...]no conceito criminalístico, evidência significa qualquer material, objeto ou informação que esteja relacionado com a ocorrência do delito no campo da materialidade. O *vestígio* é, portanto, o material bruto constatado e/ou recolhido no local do crime. A *evidência* é o vestígio analisado e depurado, tornando-se uma *prova* por si só ou em conjunto, para ser utilizada no esclarecimento dos fatos."[16]

Deve-se também entender que a coleta indiscriminada de materiais em locais de crime pode causar um acúmulo indesejado de análises laboratoriais, levando ao efeito *backlog*.[17] No entanto, a literatura internacional também indica que os vestígios devem ser coletados de maneira ampla e que a conexão com o crime depende de análises baseadas em processo de tomada de decisão aplicadas caso a caso. Para isso, o profissional deve ter treinamento e proficiência adequados para que possa atuar na investigação de local de crime.[18]

2. Etapas da Cadeia de Custódia

A avaliação da cena do crime deve observar etapas rigorosas e com gerenciamento adequado. É impraticável que a cena do crime seja mantida até o caso ser levado ao tribunal. Assim, apenas com o processamento

---

[15] MACHADO, Leonardo Marcondes, *Aplicação da cadeia de custódia da prova digital*, Consultor Jurídico. Acesso em: 17 abr. 2020; VELHO, Jesus Antonio; GEISER, Gustavo Caminoto; ESPINDULA, Alberi, *Introdução às ciências forenses*, in: Ciências Forenses – Uma introdução às principais áreas da criminalística, 3. ed. Campinas, SP: Millennium Editora, p. 1-18, 2017.

[16] VELHO, Jesus Antonio; GEISER, Gustavo Caminoto; ESPINDULA, Alberi, *Introdução às ciências forenses*, in: Ciências Forenses – Uma introdução às principais áreas da criminalística, 3. ed. Campinas, SP: Millennium Editora, p. 1-18, 2017.

[17] WATALINGAM, Renuka Devi, RICHETELLI, Nicole; PELZ, Jeff B et al, *Eye tracking to evaluate evidence recognition in crime scene investigations*, Forensic Science International, v. 280, p. 64–80, 2017.

[18] BITZER, Sonja; RIBAUX, Olivier; ALBERTINI, Nicola; et al. *To analyse a trace or not? Evaluating the decision-making process in the criminal investigation*, Forensic Science International, v. 262, p. 1–10, 2016; HOUCK, Max M.; CRISPINO, Frank; MCADAM, Terry, *The Science of Crime Scenes*. 1. ed. San Diego: Academic Press, Inc., 2012.

adequado da prática pericial é possível perpetuar a cena do crime para a avaliação do material probatório. A reconstrução da cena do crime deve ser transparente e, acima de tudo, deve-se ter consciência da complexidade desse trabalho.[19]

O artigo 158-B dedica-se às etapas que uma cadeia de custódia deve compreender juntamente com uma descrição de cada uma delas.

> Art. 158-B. A cadeia de custódia compreende o rastreamento do vestígio nas seguintes etapas:
> I – reconhecimento: ato de distinguir um elemento como de potencial interesse para a produção da prova pericial;
> II – isolamento: ato de evitar que se altere o estado das coisas, devendo isolar e preservar o ambiente imediato, mediato e relacionado aos vestígios e local de crime;
> III – fixação: descrição detalhada do vestígio conforme se encontra no local de crime ou no corpo de delito, e a sua posição na área de exames, podendo ser ilustrada por fotografias, filmagens ou croqui, sendo indispensável a sua descrição no laudo pericial produzido pelo perito responsável pelo atendimento;
> IV – coleta: ato de recolher o vestígio que será submetido à análise pericial, respeitando suas características e natureza.
> V – acondicionamento: procedimento por meio do qual cada vestígio coletado é embalado de forma individualizada, de acordo com suas características físicas, químicas e biológicas, para posterior análise, com anotação da data, hora e nome de quem realizou a coleta e o acondicionamento;
> VI – transporte: ato de transferir o vestígio de um local para o outro, utilizando as condições adequadas (embalagens, veículos, temperatura, entre outras), de modo a garantir a manutenção de suas características originais, bem como o controle de sua posse;
> VII – recebimento: ato formal de transferência da posse do vestígio, que deve ser documentado com, no mínimo, informações referentes ao número de procedimento e unidade de polícia judiciária relacionada,

---

[19] MORGAN, Ruth M; MEAKIN, Georgina E.; FRENCH, James C.; *et al*, *Crime reconstruction and the role of trace materials from crime scene to court*, WIREs Forensic Science, v. 2, n. 1, p. 1–18, 2020.

local de origem, nome de quem transportou o vestígio, código de rastreamento, natureza do exame, tipo do vestígio, protocolo, assinatura e identificação de quem o recebeu;

VIII – processamento: exame pericial em si, manipulação do vestígio de acordo com a metodologia adequada às suas características biológicas, físicas e químicas, a fim de se obter o resultado desejado, que deverá ser formalizado em laudo produzido por perito;

IX – armazenamento: procedimento referente à guarda, em condições adequadas, do material a ser processado, guardado para realização de contraperícia, descartado ou transportado, com vinculação ao número do laudo correspondente;

X – descarte: procedimento referente à liberação do vestígio, respeitando a legislação vigente e, quando pertinente, mediante autorização judicial.

Na etapa de reconhecimento, o Código indica que o profissional deve distinguir um elemento de potencial interesse para a produção de provas. No entanto, como já discutimos no tópico anterior, o interesse probatório de um vestígio só é verificado após minuciosa análise, que muitas vezes ocorre em momento posterior ao processamento da cena. Acreditamos que isso deva ser levado em consideração durante a coleta, a fim de que nenhum vestígio seja abandonado na análise e apenas posteriormente se perceba sua importância.

Na etapa de isolamento, o legislador levou em consideração a classificação de local de crime quanto ao acontecimento dos fatos. Assim, temos que o Código se refere à preservação do ambiente imediato, mediato e relacionado aos vestígios e local de crime. O termo imediato é usado para indicar o local onde ocorre a grande parte dos atos da ação criminosa propriamente dita. O local mediato, por sua vez, corresponde às áreas contíguas ao local imediato, que pode conter vestígios valiosos para a elucidação da dinâmica e identificação do autor.[20] Já o local relacionado corresponde àquele local no qual pode haver vestígios importantes, mas não está geometricamente conectado ao local imediato.

---

[20] VELHO, Jesus Antonio; SILVA, Luiz Antonio Ribeiro da; CARMO, Cristiano Furtado Assis do; et al, A Perícia em Locais de Crime. In: Uma Introdução às Principais Áreas da Criminalística. 3; ed; Campinas, SP: Millennium Editora, 2017, p. 19-32.

Pode, por exemplo, ser o local no qual houve planejamento para a prática criminosa.

O isolamento tem por objetivo preservar a cena do crime evitando assim que os vestígios sejam retirados do local original. Essa etapa já estava prevista tanto no Artigo 6º quanto no Artigo 169 do CPP.

> Art. 6º Logo que tiver conhecimento da prática da infração penal, a autoridade policial deverá:
> I – **dirigir-se ao local, providenciando para que não se alterem o estado e conservação das coisas, até a chegada dos peritos criminais;**
> (grifo nosso)

> Art. 169. Para o efeito de exame do local onde houver sido praticada a infração, **a autoridade providenciará imediatamente para que não se altere o estado das coisas até a chegada dos peritos**, que poderão instruir seus laudos com fotografias, desenhos ou esquemas elucidativos)
> (grifo nosso)
> Parágrafo único. Os peritos registrarão, no laudo, as alterações do estado das coisas e discutirão, no relatório, as consequências dessas alterações na dinâmica dos fatos.

O isolamento da cena é essencial e deve ser feito o quanto antes, uma vez que a não preservação do local pode interferir na etapa seguinte, que corresponde à fixação. Conforme preconiza o CPP, na etapa de fixação devem ser utilizadas técnicas periciais para assegurar a disposição relativa dos vestígios, que é essencial para desvendar a dinâmica criminosa. Qualquer alteração verificada no local de crime deve ser registrada no laudo, bem como o alcance dessas alterações para a interpretação da dinâmica criminosa.

Para a etapa de fixação, o profissional deve ter treinamento em padrões de busca de vestígios em locais de crime. Só dessa forma é possível acessar de maneira adequada o local para a varredura dos vestígios com a menor interferência do investigador. A ideia de buscar vestígios por meio de um padrão de varredura tem por objetivo utilizar pelos peritos uma metodologia uniformizada e diminuir a chance de que os vestígios importantes não sejam notados. Os padrões de busca e métodos de amarração são importantes para sistematizar a posição relativa dos vestígios dentro da cena. O profissional responsável pela fixação deve ser hábil em reconhecer qual é o melhor tipo de método para efetuar a busca e o alcance da eficiência desse método escolhido. Há diferentes formas de fazer a varredura no local de crime e cada uma delas depende das características da área e da infração cometida. Temos como exemplo de padrões de busca os métodos em linha, em grade, espiral, entre outros. O perito deve escolher cuidadosamente o melhor método a fim de evitar, ele mesmo, deixar seus próprios rastros no local, em obediência ao Princípio de *Locard*. Ainda, o perito pode optar por uma combinação de métodos de busca caso seja necessário. Para toda essa análise há técnicas específicas e o profissional deve ser treinado em todas elas, além de estar a par das novas tecnologias disponíveis para averiguar o local de crime. Os detalhes da metodologia podem ser encontrados em literatura especializada.[21]

Em seguida, temos as etapas de coleta, acondicionamento, transporte e recebimento. Essas etapas envolvem manuseio dos vestígios sem haver exatamente análise deles, que ocorre na etapa de processamento. O manuseio de vestígios é crucial para a manutenção da idoneidade do material, uma vez que a contaminação direta ou cruzada pode afetar as análises posteriores.

As técnicas para coleta de vestígios devem ser adequadas e pouco invasivas. É essencial que sejam observadas as características biológicas, físicas e químicas dos materiais a serem coletados,[22] o que é adequadamente expresso na Lei na etapa de acondicionamento e de processamento.

As metodologias de acondicionamento devem evitar a perda, a degradação e a contaminação vestigiais. As embalagens devem fornecer proteção adequada inclusive durante o transporte e o posterior armazenamento. Protocolos específicos precisam ser observados para preservar as características das amostras de maneira apropriada até o envio ao laboratório.[23]

---

[21] HOUCK, Max M.; CRISPINO, Frank; MCADAM, Terry. *The Science of Crime Scenes.* 1. ed. San Diego: Academic Press, Inc., 2012; DE GRUIJTER, Madeleine; DE POOT, Christianne J.; ELFFERS, Henk, *The Influence of New Technologies on the Visual Attention of CSIs Performing a Crime Scene Investigation,* Journal of Forensic Sciences, v. 61, n. 1, p. 43–51, 2016.

[22] MORGAN, R. M. Forensic science. *The importance of identity in theory and practice.* Forensic Science International: Synergy, v. 1, p. 239–242, 2019.

[23] ENSFI SCENES OF CRIME WORKING GROUP, *Scenes of Crime Examination Best Practice Manual,* p. 1–47, 2012; BRENNAN, N; MARCUS, D; RENO, J; et al. *Crime Scene Investigation:*

O armazenamento deve ser suficientemente seguro não só para manter as condições das amostras retiradas do local, mas também para permitir contraprovas da perícia oficial e eventuais exames do assistente técnico, como previsto no Artigo 159 do CPP em seu parágrafo 6º: *"Havendo requerimento das partes, o material probatório que serviu de base à perícia será disponibilizado no ambiente do órgão oficial, que manterá sempre sua guarda, e na presença de perito oficial, para exame pelos assistentes, salvo se for impossível a sua conservação.".*

Por fim, o descarte de um vestígio também não pode ser feito de maneira aleatória e sem metodologia, devendo observar requisitos legais e técnicos para garantir que essa ação só possa ser feita caso realmente não restem dúvidas sobre a influência de um determinado vestígio na investigação.

3. Gerenciamento da coleta e do acondicionamento

O Artigo 158-C fala sobre a responsabilidade de coleta de vestígio.

> Art. 158-C. A coleta dos vestígios deverá ser realizada preferencialmente por perito oficial, que dará o encaminhamento necessário para a central de custódia, mesmo quando for necessária a realização de exames complementares.
>
> § 1º Todos vestígios coletados no decurso do inquérito ou processo devem ser tratados como descrito nesta Lei, ficando órgão central de perícia oficial de natureza criminal responsável por detalhar a forma do seu cumprimento.
>
> § 2º É proibida a entrada em locais isolados bem como a remoção de quaisquer vestígios de locais de crime antes da liberação por parte do perito responsável, sendo tipificada como fraude processual a sua realização.

A lei atribui preferencialmente ao perito oficial a coleta, mas não dispõe sobre quais seriam os outros profissionais que poderiam realizar essa tarefa. Isso pode ter ocorrido possivelmente não porque o legis-

---

A Guide for Law Enforcement. National Institute of Justice, p. 1–58, 2000; REID, Melanie M. *A CSI Story: The Past, Present, and Future of Crime Scene Collection and What Litigators Need to Know*. Wake Forest Journal of Law & Policy, v. 8, n. 2, p. 409–454, 2018.

lador tenha pensando que essa coleta possa ser feita por outro profissional, mas porque em algumas localidades/situações podem não existir o perito oficial e pode haver nomeação de um perito *ad hoc*. Ainda, há situações nas quais a coleta de vestígios precise ser realizada em local relacionado onde não necessariamente um procedimento pericial de processamento do local de crime daria início à cadeia de custódia. Citamos, como exemplo desta última hipótese, um local alvo de mandado de busca e apreensão em que houve a arrecadação de vestígios preciosos à investigação.

Assim, acreditamos que exceto pelo caso expressamente previsto no Parágrafo 1º Artigo 159 do CPP, todas as etapas da cadeia de custódia devem ser cumpridas não preferencialmente, mas exclusivamente por perito oficial, investido do cargo por meio de concurso público. Ademais, esse é o profissional que é comprovadamente treinado nos procedimentos e boas práticas de cadeia de custódia e que contém conhecimento científico adequado para o gerenciamento de local. A atuação do perito criminal é a melhor forma de resguardar a máxima credibilidade ao procedimento.

> Art. 159. O exame de corpo de delito e outras perícias serão realizados por perito oficial, portador de diploma de curso superior.
>
> § 1º **Na falta de perito oficial**, o exame será realizado por 2 (duas) pessoas idôneas, portadoras de diploma de curso superior preferencialmente na área específica, dentre as que tiverem habilitação técnica relacionada com a natureza do exame.

A análise de vestígios deve levar em consideração três momentos diferentes: a presença do material na cena do crime, a avaliação laboratorial decorrente e a interpretação sobre os resultados obtidos. É essencial que o profissional envolvido com avaliação forense tenha uma visão ampla do procedimento, incluindo conhecimento científico, raciocínio e noções básicas de criminalística. O método científico deve conduzir a investigação da dinâmica do crime em relação ao ator e ao modo de ação. Os dados coletados precisam ser capazes de explicar os achados observados sem controvérsias, evitando dúvidas ao máximo possível.[24]

---

[24] LAYCOCK, G, Crime, *Science and Evaluation*, Criminal Justice Matters, v. 62, n. 1, p. 10-11, 2005; COCKBAIN, Ella; LAYCOCK, Gloria, *Crime Science*, OXFORD RESEARCH ENCYCLOPEDIA,

O treinamento adequado é crucial para que a condução das análises possa ser feita de maneira satisfatória.[25]

É importante ressaltar que a coleta não corresponde apenas ao ato de empacotar e etiquetar e deve ser feita com conhecimento e gerenciamento adequados.[26] Problemas no processamento de evidências podem ser fonte de incerteza e provocar nulidades, como prevê o próprio CPP:

> Art. 564. A nulidade ocorrerá nos seguintes casos:
> I – por incompetência, suspeição ou suborno do juiz;
> II – por ilegitimidade de parte;
> III – por falta das fórmulas ou dos termos seguintes:
> a) a denúncia ou a queixa e a representação e, nos processos de contravenções penais, a portaria ou o auto de prisão em flagrante;
> **b) o exame do corpo de delito nos crimes que deixam vestígios, ressalvado o disposto no Art. 167** (grifo nosso)

A nulidade sobre o exame de corpo de delito não é apenas prevista pela legislação nacional. No âmbito internacional, o famoso caso de OJ Simpson apresentou o exemplo no qual o mau gerenciamento da cadeia de custódia, principalmente em relação à coleta e acondicionamento de vestígios, foi utilizado pela defesa para a consequente absolvição do réu.[27]

CRIMINOLOGY AND CRIMINAL JUSTICE, p. 1–35, 2017; RIBAUX, Olivier; CRISPINO, Frank; ROUX, Claude, *Forensic intelligence: deregulation or return to the roots of forensic science?*, Australian Journal of Forensic Sciences, v. 0618, n. November, p. 1–11, 2014.

[25] EDMOND, Gary; MARTIRE, Kristy; KEMP, Richard; et al, *How to cross-examine forensic scientists: A guide for lawyers*, Australian Bar Review, v. 39, p. 174–197, 2014; WYATT, David, *Practising crime scene investigation: Trace and contamination in routine work*, Policing and Society, v. 24, n. 4, p. 443–458, 2014; VELHO, Jesus Antonio; SILVA, Luiz Antonio Ribeiro da; CARMO, Cristiano Furtado Assis do; et al. *A Perícia em Locais de Crime*. In: Uma Introdução Às Principais Áreas Da Criminalística. 3. ed. Campinas, SP: Millenium Editora, 2017, p. 19–32; MARCUS, D; RENO, J; et al. *Crime Scene Investigation: A Guide for Law Enforcement*. National Institute of Justice, p. 1–58, 2000; HOUCK, Max M.; CRISPINO, Frank; MCADAM, Terry. *The Science of Crime Scenes*. 1. ed. San Diego: Academic Press, Inc., 2012.

[26] HOUCK, Max M.; CRISPINO, Frank; MCADAM, Terry. *The Science of Crime Scenes*. 1. ed. San Diego: Academic Press, Inc., 2012.

[27] LYNCH, Michael, *The Discursive Production of Uncertainty: The OJ Simpson "Dream Team" and the Sociology of Knowledge Machine*, Social Studies of Science, v. 28, n. 5–6, p. 829–868, 1998; LYNCH, Michael; JASANOFF, Sheila, *Contested Identities: Law, Science and Forensic Practice*, Social

Os parágrafos 1º ao 5º do Artigo 158-D dão instruções sobre documentação e acondicionamento de vestígios. A documentação da cadeia de custódia é decisiva para garantir ao tribunal a autenticidade das provas e o caminho que estas seguiram dentro da marcha investigativa.[28]

Sobre os recipientes, não há nenhuma indicação expressa no dispositivo legal que aponte o tipo adequado para cada material. Esse conhecimento deve ficar a cargo dos peritos criminais, que devem adequar o tipo de recipiente ao material coletado de acordo com a natureza do vestígio e cuidar para não haver contaminação e deterioração do material.[29]

> Art. 158-D. O recipiente para acondicionamento do vestígio será determinado pela natureza do material
>
> § 1º Todos os recipientes deverão ser selados com lacres, com numeração individualizada, de forma a garantir a inviolabilidade e a idoneidade do vestígio durante o transporte.
>
> § 2º O recipiente deverá individualizar o vestígio, preservar suas características, impedir contaminação e vazamento, ter grau de resistência adequado e espaço para registro de informações sobre seu conteúdo.
>
> § 3º O recipiente só poderá ser aberto pelo perito que vai proceder à análise e, motivadamente, por pessoa autorizada.
>
> § 4º Após cada rompimento de lacre, deve se fazer constar na ficha de acompanhamento de vestígio o nome e a matrícula do responsável, a data, o local, a finalidade, bem como as informações referentes ao novo lacre utilizado.
>
> § 5º O lacre rompido deverá ser acondicionado no interior do novo recipiente.

Studies of Science, v. 28, n. 5–6, p. 675–686, 1998; BERNACCHI, Paulo Eduardo Elias; RODRIGUES, Anderson Rocha, *As Garantias Constitucionais e a Cadeia De Custódia das Provas no Processo Penal*, Revista do Curso de Direito da UNIABEU, v. 10, n. 1, p. 13–31, 2018.

[28] BADIYE, Ashish; KAPOOR, Neeti; MENEZES, Ritesh G. *Chain of Custody (Chain of Evidence)*. 2019.

[29] BRENNAN, N; MARCUS, D; RENO, J; et al. *Crime Scene Investigation: A Guide for Law Enforcement*. National Institute of Justice, p. 1–58, 2000; HOUCK, Max M.; CRISPINO, Frank; MCADAM, Terry. *The Science of Crime Scenes*. 1. ed. San Diego: Academic Press, Inc., 2012.

4. Central de Custódia

Por fim, os Artigos 158-E e 158-F tratam da central de custódia, uma novidade inserida dentro da disciplina legal e que irá auxiliar em todo o processo de gerenciamento de vestígios. O Artigo 158-E coloca a obrigatoriedade de uma central de custódia dentro dos Institutos de Criminalística bem como a exigência de protocolo e documentação para acesso aos vestígios. Esses procedimentos são muito importantes, pois conferem idoneidade legal à guarda de vestígios.

> Art. 158-E. Todos os Institutos de Criminalística deverão ter uma central de custódia destinada à guarda e controle dos vestígios, e sua gestão deve ser vinculada diretamente ao órgão central de perícia oficial de natureza criminal.
>
> § 1º Toda central de custódia deve possuir os serviços de protocolo, com local para conferência, recepção, devolução de materiais e documentos, possibilitando a seleção, a classificação e a distribuição de materiais, devendo ser um espaço seguro e apresentar condições ambientais que não interfiram nas características do vestígio.
>
> § 2º Na central de custódia, a entrada e a saída de vestígio deverão ser protocoladas, consignando-se informações sobre a ocorrência no inquérito que a eles se relacionam.
>
> § 3º Todas as pessoas que tiverem acesso ao vestígio armazenado deverão ser identificadas e deverão ser registradas a data e a hora do acesso.
>
> § 4º Por ocasião da tramitação do vestígio armazenado, todas as ações deverão ser registradas, consignando-se a identificação do responsável pela tramitação, a destinação, a data e horário da ação.

Por fim, o Artigo 158-F determina que os vestígios devem ser mantidos na central de custódia mesmo após a realização da perícia. Isso é uma medida de cautela e confere ao órgão criminalístico a responsabilidade da guarda do material, uma vez que este pode ser utilizado para posterior análise tanto da própria perícia quanto pela assistência técnica, dentro das condições legais previstas. É necessário manter um gerenciamento não apenas documental, mas baseado em requisitos de qualidade, logística de armazenamento e controle das condições ambientais, garantindo a melhor maneira de preservar os vestígios antes de qualquer ação de descarte. Apesar da importância jurídica da implementação de uma central de custódia isso pode não ser uma tarefa simples, uma vez que requer aporte financeiro e de recursos humanos.

O Parágrafo único do Artigo 158-F prevê a situação na qual a central de custódia não possua espaço físico para armazenamento de vestígios específicos.

> Art. 158-F. Após a realização da perícia, o material deverá ser devolvido à central de custódia, devendo nela permanecer.
>
> Parágrafo único. Caso a central de custódia não possua espaço ou condições de armazenar determinado material, deverá a autoridade policial ou judiciária determinar as condições de depósito do referido material em local diverso, mediante requerimento do diretor do órgão central de perícia oficial de natureza criminal.

É importante que os Institutos de Criminalística tenham procedimentos relativamente padronizados para a central de custódia a fim de evitar a não uniformidade pelas diferentes instituições. Isso pode afetar o bom andamento da análise científica, principalmente por falta de estrutura, gerenciamento e financiamento. Essas condições podem gerar vícios nas operações de análise, interpretação e disseminação de resultados.[30]

Conclusões

A perícia da cena do crime é decisiva para elucidação de todos os crimes. É a partir dela que se perpetuam todos os detalhes da dinâmica criminosa, uma vez que a cena de crime não pode resistir à passagem do tempo. Todas as etapas subsequentes para a investigação de vestígios dependem de como estes foram identificados, manuseados e gerenciados a partir do local de crime até o descarte da prova pericial.

A inserção de aspectos técnicos relacionados à cadeia de custódia no Código de Processo Penal pode trazer alguma uniformização e transparência procedimental.

Boas práticas de investigação forense devem contar com o maior aparato possível de tecnologia, com profissionais com conhecimento criminalístico e com avaliação imparcial baseada apenas na ciência.

---

[30] ROBERTS, Paul. *Paradigms of forensic science and legal process: A critical diagnosis*. Philosophical Transactions of the Royal Society B: Biological Sciences, v. 370, n. 1674, 2015.

O processamento da cadeia de custódia é importante para que informações não sejam perdidas dentro do procedimento de identificação e análise de vestígios. Isso pode evitar questionamentos e nulidades, aumentando a segurança jurídica do processo.

Quanto maior a segurança sobre a qualidade da produção de provas, maior é a adequação de toda a investigação aos direitos e garantias fundamentais relacionadas ao devido processo legal e à presunção de inocência. Ainda, orienta a atividade do Estado para a correta aplicação da Lei, o que traz reflexos importantes no contexto dos direitos humanos.

Referências

BADIYE, Ashish; KAPOOR, Neeti; MENEZES, Ritesh G. *Chain of Custody (Chain of Evidence)*. 2019. Disponível em: <https://www.ncbi.nlm.nih.gov/books/NBK551677/>.

BERNACCHI, Paulo Eduardo Elias; RODRIGUES, Anderson Rocha. *As Garantias Constitucionais e a Cadeia De Custódia das Provas no Processo Penal*. Revista do Curso de Direito da UNIABEU, v. 10, n. 1, 2018.

BITZER, Sonja; RIBAUX, Olivier; ALBERTINI, Nicola; et al. *To analyse a trace or not? Evaluating the decision-making process in the criminal investigation*. Forensic Science International, v. 262, 2016.

BRENNAN, N; MARCUS, D; RENO, J; et al. *Crime Scene Investigation: A Guide for Law Enforcement*. National Institute of Justice, 2000.

BRENNER, John C. *Forensic science: an illustrated dictionary*. Rev. ed. o. New York: CRC Press, 2004.

BRUNI, Aline Thaís; PINHEIRO SILVA, Adelino; TELLES, Bruno; et al. *Procedimentos Periciais em Foco*. Revista Brasileira de Criminalística, v. 8, n. 1, 2019.

CERQUEIRA, Daniel; PALMIERI, Paloma; PESQUISADORA, Alves; et al. *Atlas da Violência 2019*. 1. ed. Brasíia: Instituto de Pesquisa Econômica Aplicada; Fórum Brasileiro de Segurança Pública, 2019.

COCKBAIN, Ella; LAYCOCK, Gloria. *Crime Science*. OXFORD RESEARCH ENCYCLOPEDIA, CRIMINOLOGY AND CRIMINAL JUSTICE, 2017. Disponível em: <http://criminology.oxfordre.com/view/10.1093/acrefore/9780190264079.001.0001/acrefore-9780190264079-e-4?print=pdf>.

DE GRUIJTER, Madeleine; DE POOT, Christianne J.; ELFFERS, Henk. *The Influence of New Technologies on the Visual Attention of CSIs Performing a Crime Scene Investigation*. Journal of Forensic Sciences, v. 61, n. 1, 2016. Disponível em: <https://doi.org/10.1111/1556-4029.12904>.

DE MENDONÇA, Andrey Borges. *The Criminal Justice System in Brazil: a brief account*. Resource Material Series, n. 92, 2014. Disponível em: <https://www.unafei.or.jp/english/publications/resource.html>.

EDMOND, Gary; FOUND, Bryan; MARTIRE, Kristy; et al. *Model forensic science*. Australian Journal of Forensic Sciences, v. 48, n. 5, 2016. Disponível em: <http://dx.doi.org/10.1080/00450618.2015.1128969>.

EDMOND, Gary; MARTIRE, Kristy; KEMP, Richard; et al. *How to cross-examine forensic scientists: A guide for lawyers*. Australian Bar Review, v. 39, 2014.

ENSFI SCENES OF CRIME WORKING GROUP. *Scenes of Crime Examination Best Practice Manual*. 2012. Disponível em: <http://library.college.police.uk/docs/appref/ENFSI-BPM-vl_0.pdf>.

HAACK, Suzan. *Irreconcilable differences: the troubled marriage of Science and Law*. Law and Contemporary Problems, v. 7, n. 1, 2009.

HOUCK, Max M.; CRISPINO, Frank; MCADAM, Terry. *The Science of Crime Scenes*. 1. ed. San Diego: Academic Press, Inc., 2012.

JUNKER, Kirk W. *Comparing Law as Science with Science in the Law: Preliminary Thoughts*. Law and Forensic Science, v. 14, n. 2, 2017.

LAYCOCK, G. *Crime, Science and Evaluation*. Criminal Justice Matters, v. 62, n. 1, 2005. Disponível em: <http://discovery.ucl.ac.uk/39887/>.

LYNCH, Michael. *The Discursive Production of Uncertainty: The OJ Simpson "Dream Team" and the Sociology of Knowledge Machine*. Social Studies of Science, v. 28, n. 5–6, 1998. Disponível em: <http://hjb.sagepub.com.proxy.lib.umich.edu/content/9/2/183.full.pdf+html>.

LYNCH, Michael; JASANOFF, Sheila. *Contested Identities: Law, Science and Forensic Practice*. Social Studies of Science, v. 28, n. 5–6, 1998.

MACHADO, Leonardo Marcondes. *Aplicação da cadeia de custódia da prova digital*. Consultor Jurídico. Disponível em: <https://www.conjur.com.br/2020-mar-31/academia-policia-aplicacao-cadeia-custodia-prova-digital>. Acesso em: 17 abr. 2020.

MAIA, Francisco Sílvio. *Criminalística Geral*. Escola Superior do Ministério Público do Estado do Ceará – ESMP/CE. Disponível em: <http://www.pgj.ce.gov.br/esmp/apresentacoes/I_Curso_de_Investigacao_Criminal_Homicídio/02_Criminalistica_Geral_29_11_2012.pdf>. Acesso em: 12 abr. 2020.

MISTEK, Ewelina; FIKIET, Marisia A.; KHANDASAMMY, Shelby R.; et al. *Toward Locard's Exchange Principle: Recent Developments in Forensic Trace Evidence Analysis*. Analytical Chemistry, v. 91, n. 1, 2019.

MORGAN, R. M. Forensic science. *The importance of identity in theory and practice*. Forensic Science International: Synergy, v. 1, 2019.

MORGAN, Ruth M.; MEAKIN, Georgina E.; FRENCH, James C.; et al. *Crime reconstruction and the role of trace materials from crime scene to court*. WIREs Forensic Science, v. 2, n. 1, 2020.

O'Brien, Éadaoin; Nic Daeid, Niamh; Black, Sue. *Science in the court: pitfalls, challenges and solutions*. Philosophical Transactions of the Royal Society B: Biological Sciences, v. 370, n. 1674, 2015. Disponível em: <http://rstb.royalsocietypublishing.org/lookup/doi/10.1098/rstb.2015.0062>.

Prado, Geraldo. *Cadeia De Custódia Da Prova No Processo Penal*. 1. ed. São Paulo: Marcial Pons, 2019. Disponível em: <https://www.livrariadoadvogado.com.br/cadeia-de-custodia-da-prova-no-processo-penal-a-p48202/>. Acesso em: 12 abr. 2020.

Reid, Melanie M. *A CSI Story: The Past, Present, and Future of Crime Scene Collection and What Litigators Need to Know*. Wake Forest Journal of Law & Policy, v. 8, n. 2, 2018.

Ribaux, Olivier; Crispino, Frank; Roux, Claude. *Forensic intelligence: deregulation or return to the roots of forensic science?* Australian Journal of Forensic Sciences, v. 0618, n. November, 2014. Disponível em: <http://www.tandfonline.com/eprint/2KEbIjCebw6BSYTZpwMi/full#.VEDk8CJ4r3s>.

Ribaux, Olivier; Walsh, Simon J; Margot, Pierre. *The contribution of forensic science to crime analysis and investigation: Forensic intelligence*. Forensic Science International, v. 156, n. 2–3, 2006.

Roberts, Paul. *Paradigms of forensic science and legal process: A critical diagnosis*. Philosophical Transactions of the Royal Society B: Biological Sciences, v. 370, n. 1674, 2015.

Roux, Claude; Ribaux, Olivier; Crispino, Frank. *Forensic science 2020–the end of the crossroads?* Australian Journal of Forensic Sciences, v. 50, n. 6, 2018.

Sanger, Robert M. Forensics: educating the lawyers. *Forensics: Educating the Lawyers*. Forthcoming: The Journal of the Legal Profession (University of Alabama), Available at SSRN: v. Spring 201, 2018. Disponível em: <https://ssrn.com/abstract=3303376>.

Velho, Jesus Antonio; Geiser, Gustavo Caminoto; Espindula, Alberi. *Introdução às ciências forenses*. In: Ciências Forenses – Uma introdução às principais áreas da criminalística. 3. ed. Campinas, SP: Millennium Editora, 2017.

Velho, Jesus Antonio; Silva, Luiz Antonio Ribeiro da; Carmo, Cristiano Furtado Assis do; et al. *A Perícia em Locais de Crime*. In: Uma Introdução Às Principais Áreas Da Criminalística. 3. ed. Campinas, SP: Millenium Editora, 2017.

Velho, Jesus Antônio; Costa, Karina Alves; Damasceno, Clayton Tadeu Mota. Capítulo 1. O local de crime e suas interfaces. *In*: **Locais de Crimes -Dos vestígios à dinâmica Criminosa**. 1. ed. Campinas, SP: Millennium Editora, 2013.

Watalingam, Renuka Devi; Richetelli, Nicole; Pelz, Jeff B.; et al. *Eye tracking to evaluate evidence recognition in crime scene investigations*. Forensic Science International, v. 280, 2017. Disponível em: <https://doi.org/10.1016/j.forsciint.2017.08.012>.

Wyatt, David. *Practising crime scene investigation: Trace and contamination in routine work*. Policing and Society, v. 24, n. 4, 2014.

7. O novo desenho da colaboração premiada conforme o "Pacote Anticrime"

Hermes Duarte Morais

Introdução

O "pacote anticrime" introduziu no regramento da colaboração premiada alguns posicionamentos que já haviam se consolidado na jurisprudência e no âmbito da doutrina conferindo assim maior segurança jurídica na utilização do instituto. Contudo deixou de aclarar pontos relevantes que já eram objeto de divergência desde que a lei n.º 12.850/13 entrou em vigor.

Importa rememorar que colaboração premiada é meio de obtenção de prova, baseada em um negócio jurídico processual personalíssimo, celebrado entre o Ministério Público (ou o Delegado de Polícia) e o coautor ou partícipe da infração penal, no qual este se compromete a contribuir com as investigações, fornecendo informações objetivamente eficazes sobre atividades delituosas que praticou ou tem conhecimento, recebendo, em contrapartida, determinada benesse legal.

Já inserida em nosso ordenamento jurídico desde as Ordenações Filipinas, tal instituto encontra-se positivado em diversos diplomas legais, entre eles, a Lei dos Crimes contra o Sistema financeiro Nacional (Lei 7.492/1986), a Lei que define os Crimes contra a Ordem Tributária, Econômica e contra as Relações de Consumo (Lei 8.137/1990), Lei de Lavagem de Capitais (Lei 9.613/1998), Lei de Proteção a Vítimas e Testemunhas (Lei 9.807/1999) e Lei Antitóxicos (Lei 11.343/2006).

Entretanto, foi somente após a edição da Lei 12.850/13, conhecida como Lei das Organizações Criminosas, é que se passou a ter um regramento mais detalhado, com estabelecimento do rito a ser adotado para a utilização do instituto, com a consignação dos requisitos e dos possíveis benefícios.

Em que pese a Lei das Organizações Criminosas ter tratado sobre colaboração premiada como nenhuma outra, trazendo inovações ao tema, ainda assim haviam inúmeras lacunas legislativas, o que justificava uma pertinente revisitação à Lei, visando o aperfeiçoamento do instituto na prática forense.

Por conseguinte, promovendo uma verdadeira reforma na legislação penal e processual penal, a Lei Anticrime também modificou paradigmas substanciais da colaboração premiada, trazendo avanços, os quais serão abordados a seguir.

1. Do conceito

Em primeiro plano, o mencionado diploma normativo decidiu por definir legalmente a colaboração premiada, assentando que "o acordo de colaboração premiada é negócio jurídico processual e meio de obtenção de prova, que pressupõe utilidade e interesse públicos". Trata-se de definição que acata os exatos termos da Orientação Conjunta 01/2018[1], já sendo empregada pela jurisprudência, especialmente no âmbito do Supremo Tribunal Federal[2]. A positivação sedimenta eventuais dúvidas quanto à natureza processual do instituto, além de afastar interpretações equivocadas de que este consistiria meio de prova.

Porém, a principal novidade reside em assentar que a colaboração premiada deve pressupor a existência de utilidade e interesse público. O enunciado estabelece assim um conceito jurídico indeterminado como critério para aferição da conveniência e oportunidade da celebração do negócio jurídico.

---

[1] BRASIL. Ministério Público Federal. Orientação Conjunta nº 01/2018. 2ª e 5ª Câmaras de Coordenação e Revisão – Combate à Corrupção. MPF. Disponível em: <http://www.mpf.mp.br/atuacao-tematica/ccr5/orientacoes/orientacao-conjunta-no-1-2018.pdf> Acesso em: 07 março 2020.

[2] BRASIL. Supremo Tribunal Federal. Habeas Corpus 127.483/PR, Relator Ministro Dias Toffoli, DJE: 27 de agosto de 2015. Disponível em: <http://redir.stf.jus.br/paginadorpub/paginador.jsp?docTP=TP&docID=10199666> Acesso em: 07 março 2020.

É certo que a pressuposição de tais qualidades podem trazer inúmeras consequências práticas quando da tramitação do acordo:

> Esse ponto parece fundamental inclusive para se que se evite pedidos de rescisão dos acordos firmados com o Ministério Público Federal. Se, desde o início, houver a fundamentação de que se trata de interesse público não há como contestar o acordo, depois, como se o seu objeto fora de interesse particular. Além disso, somente essa utilidade e interesse poderão levar à concessão do prêmio máximo da cláusula da não denúncia, chamada por muitos de imunidade (CALLEGARI, 2019)[3].

2. Do Procedimento

Por se tratar de um negócio jurídico, a colaboração premiada demanda uma convergência de vontades, com o fito de estabelecer um vínculo entre as partes (colaborador e Ministério Público/Autoridade Policial) de direitos e obrigações.

Entretanto, antes da elaboração da proposta em si, inicia-se uma fase preliminar, de tratativas, ocasião em que são trocadas informações para que as partes envolvidas avaliem a conveniência, ou não, da realização do acordo.

Assim, além de estabelecer formalmente o momento de início do procedimento, o mencionado artigo consigna a confidencialidade das informações angariadas, inclusive, daquelas obtidas durantes as tratativas iniciais. O dispositivo consiste em uma transcrição quase integral do item 4 da citada Orientação Conjunta do MPF, cujo teor já determinava a celebração de um termo de confidencialidade.

A confecção de um termo de confidencialidade apresenta uma dupla função: proteger o sigilo das informações, impedindo o vazamento de informações sensíveis, ao mesmo tempo que fomenta o estabelecimento de um vínculo, ainda que precário, de confiança entre a autoridade e o potencial colaborador, ao não permitir este se colocasse em situação de extrema desvantagem.

Desta forma, ainda que tratativas consistam em negociações preliminares que, em tese, não geram vinculação contratual, estas também se

---

[3] CALLEGARI, André Luís. Nova lei melhora delação premiada, mas ainda há brechas. Consultor Jurídico, 25 Dezembro 2019. Disponível em: <https://www.conjur.com.br/2019--dez-25/callegari-lei-melhora-delacao-ainda-brechas>. Acesso em: 08 Março 2020.

encontram protegidas pela confidencialidade. Trata-se de uma garantia ao investigado que, no caso de insucesso na colaboração, não terá seu depoimento e eventuais documentos fornecidos utilizados contra sua pessoa durante a persecução penal, impedindo ainda a divulgação destes para mídia como forma de retaliação.

Com efeito, buscou-se, no mencionado artigo, o que muitos juristas não respeitaram no passado, a garantia da confidencialidade do acordo, inerente a sua própria satisfação, o que configurava uma quebra de confiança e, até mesmo, uma conduta penalmente relevante, nos termos do artigo 325 do Código Penal (Nucci, 2020, p. 154)[4].

Superada a fase das tratativas, a proposta de acordo de colaboração premiada poderá ser sumariamente indeferida, com a devida justificativa, cientificando-se o interessado (art. 3º-B, § 1º, Lei 12.850/13).

Trata-se de uma discricionariedade regrada, isto é, existem balizas que devem nortear a opção de indeferir ou não o acordo, e a consequência é que em caso de indeferimento, o não atendimento de algum dos requisitos deve ser explicitado em obediência ao dever de fundamentação. Decerto que o diploma legal deveria prever a possibilidade de impugnar a decisão denegatória, especialmente quando esta não oferecer justificativa idônea, no entanto, ante a inexistência de recurso próprio, entende-se ser cabível a impetração de recurso no âmbito interno de cada Ministério Público[5].

Sem prejuízo, caso não haja indeferimento sumário, as partes deverão firmar Termo de Confidencialidade para prosseguimento das tratativas, o que vinculará os órgãos envolvidos na negociação e impedirá o indeferimento posterior sem justa causa (art. 3º-B, § 2º, Lei 12.850/13).

Na mesma esteira, a celebração do termo de confidencialidade também vincula as partes do acordo, impedindo posteriores insurgências quanto a seus termos. Denota-se, neste aspecto, a inspiração de princí-

---

[4] Nucci, Guilherme de Souza. Pacote Anticrime Comentado Lei 13.964, de 24.12.2019. 1ª. ed. Rio de Janeiro: Forense, 2020, p. 154.

[5] Nesse sentido, embora sem se referir expressamente a colaboração premiada, mas sim ao ANPP, enunciado aprovado pelo Ministério Público de São Paulo: 17. A instância de revisão ministerial do arquivamento de inquérito policial, termo circunstanciado, procedimento investigatório criminal, peças de informação de natureza criminal e recusa de acordo de não persecução penal é o Procurador Geral de Justiça. Disponível em: http://www.mpsp.mp.br/portal/pls/portal/!PORTAL.wwpob_page.show?_docname=2656840.PDF. Acesso em: 17 de marco de 2020.

pios originários do Direito Civil para sustentar a posição vinculativa, tais como *o pacta sunt servanda*, a proibição do *venire contra factum proprio* e a boa-fé objetiva.

Entretanto, reconhece-se que, com o advento da Lei Anticrime, o sigilo das informações e documentos trazidos pelo colaborador emanam atualmente do próprio texto legal (artigo 3º-B, caput, da Lei 12.850/13) e não mais do pacto celebrado entres as partes.

Ademais, tanto o recebimento de proposta de colaboração para análise, como do termo de confidencialidade não implicam, por si só, na suspensão da investigação, ressalvado acordo em contrário quanto à propositura de medidas processuais penais cautelares e assecuratórias, bem como medidas processuais cíveis admitidas pela legislação processual civil (art. 3º-B, § 3º, Lei 12.850/13). Assim, da redação do parágrafo, extrai-se que a colaboração premiada consiste em incidente autônomo, não possuindo o condão de suspender automaticamente o regular andamento das investigações criminais.

Frisa-se que os termos de recebimento de proposta de colaboração e de confidencialidade serão elaborados pelo celebrante e assinados por ele, pelo colaborador e pelo advogado ou defensor público com poderes específicos (art. 3º-B, § 5º, Lei 12.850/13).

Não obstante, o acordo de colaboração premiada poderá ser precedido de instrução, quando houver necessidade de identificação ou complementação de seu objeto, dos fatos narrados, sua definição jurídica, relevância, utilidade e interesse público (art. 3º-B, § 4º, Lei 12.850/13), essa colheita de elementos informativos pode ocorrer tanto no âmbito de um Procedimento Investigatório Criminal (PIC) como no de um Inquérito Policial.

Por derradeiro, na hipótese de não ser celebrado o acordo por iniciativa do celebrante, esse não poderá se valer de nenhuma das informações ou provas apresentadas pelo colaborador, de boa-fé, para qualquer outra finalidade (art. 3º-B, § 5º, Lei 12.850/13). Ao que se nota, o mencionado dispositivo aperfeiçoa o que já era previsto no artigo 4º, §10, da Lei 12.850/2013[6], estendendo e expandindo seus efeitos para a fase de negociação do benefício.

---

[6] Art. 4º O juiz poderá, a requerimento das partes, conceder o perdão judicial, reduzir em até 2/3 (dois terços) a pena privativa de liberdade ou substituí-la por restritiva de direitos

A existência de previsão normativa assegurando a imprestabilidade irrestrita das informações e documentos apresentados consiste em um garantia ao colaborador, ao mesmo tempo que o incentiva a contribuir com as autoridades, visto que tais informações não produziram qualquer efeito prático contra sua pessoa ou a terceiro, caso o celebrante não se convença da utilidade da celebração do acordo. Cuida-se de uma consequência lógica, pois é por meio do acordo, e não da negociação, que a autoridade adquire legitimamente o material probatório.

Ademais, vale consignar que a Lei Anticrime normatizou um procedimento que já era adotado na prática, uma vez que os membros do Ministério Público Federal já eram orientados a celebrar pré-acordos com potenciais colaboradores garantindo a inutilização das informações colhidas durante as tratativas em caso de posterior insucesso na celebração da colaboração premiada. Nesse diapasão, é a lição de Andrey Borges de Mendonça:

> Inicialmente, a questão passa pela necessidade do estabelecimento de confiança entre o membro do MP e o colaborador (sempre com cautela!). Mas, a par disso, a solução para esse aparente dilema é simples: peça uma amostra e prometa ao colaborador que aquilo que ele disser não será utilizado em seu prejuízo. Para tanto pode ser firmado um pré-acordo, indicando que as provas produzidas antes da concretização do acordo não poderão ser usadas, o que deve ser respeitado. Assim, para que o réu/investigado colaborador não fique em situação desconfortável, enquanto o acordo não for formalizado, o membro do MP não deve utilizar, em hipótese alguma, os elementos e provas apresentados nestas reuniões preliminares pelo colaborador em seu desfavor (2013, p. 15).[7]

---

daquele que tenha colaborado efetiva e voluntariamente com a investigação e com o processo criminal, desde que dessa colaboração advenha um ou mais dos seguintes resultados: [...]
§ 10. As partes podem retratar-se da proposta, caso em que as provas autoincriminatória produzidas pelo colaborador não poderão ser utilizadas exclusivamente em seu desfavor.

[7] MENDONÇA, Andrey Borges de. A Colaboração Premiada e a Nova Lei do Crime Organizado (Lei 12.850/2013). Custos Legis, Rio de Janeiro, v. IV, p. 1-38, 2013. Disponível em: <http://www.prrj.mpf.mp.br/sala-de-imprensa/publicacoes/revista-custos-legis>. Acesso em: 07 Março 2020.

Contudo, deve-se ter cautela quanto ao momento processual em que se opera a desistência da colaboração. Se o acordo deixa de ser celebrado, ainda na fase de tratativas, a qual abrange todo o período anterior a assinatura do acordo e do termo de confidencialidade, todas as informações e documentos fornecidos pelo colaborador serão considerados imprestáveis. No entanto, caso haja retratação do acordo pelas partes, ou seja, após a sua celebração, somente as peças de informação de natureza autoincriminatória permanecerão inutilizáveis, enquanto as demais poderão exercer efeitos incriminatórios contra terceiros, conforme interpretação a *contrario sensu* da redação do artigo 4º, §10, da Lei 12.850/2013.

3. Das Formalidades

A colaboração premiada consiste em negócio jurídico processual, com natureza semelhante a de um contrato. Logo, de nada adiantaria a legislação garantir a existência do instituto, sem que procedesse sua adequada instrumentalização. A ausência de um procedimento uniformizado resultava, muitas vezes, em colaborações disfórmicas, prejudicando, assim, o controle jurisdicional por parte do magistrado. Deste modo, consciente de tal problemática, a Lei Anticrime cuidou de estabelecer uma série de formalidades para a celebração do acordo, estreitando ainda mais os laços do Direito Contratual com o Direito Penal.

Entre as formalidades inseridas, encontra-se a necessidade de instruir a proposta de colaboração premiada com a procuração do interessado, dotada de poderes específicos para iniciar o procedimento de colaboração e suas tratativas, ou firmada pessoalmente pela parte interessada na colaboração e seu advogado ou defensor público (art. 3º-C, *caput*, Lei 12.850/13).

Poderes específicos são aqueles que extrapolam os atos de mera administração ordinária do interesse, razão pela qual devem constar expressamente no mandato. Por se tratar comando imperativo (deve), caso o acordo for firmado com uma procuração ordinária, de certo que não ocorreria, em tese, a vinculação do mandante aos termos da colaboração, tornando o ato passível de invalidação. No entanto, não se ignora a possibilidade da ausência de poderes específicos ser posteriormente suprida pela manifestação de vontade do colaborador, desde que ratifique expressamente os termos da colaboração.

Cuidou-se também de estabelecer que nenhuma tratativa sobre colaboração premiada deverá ser realizada sem a presença de advogado constituído ou defensor público. Inspirada na Orientação Conjunta nº 01/2018 do MPF (item 10), a imposição de uma assistência jurídica integral em favor do colaborador evita os possíveis malefícios provocados pelo aconselhamento tardio do advogado ou defensor público, como por exemplo, a celebração de "acordos informais". Obsta-se, assim, situações em que autoridade pública, aproveitando da ausência de conhecimento técnico do interessado, o ludibria para a angariar informações, sem a necessidade de barganha-las, colocando-o em condição de extrema desvantagem quando da fixação do prêmio. Ademais, a ausência do advogado ou do defensor público no momento das tratativas também prejudicaria a fiel observância do comando previsto no artigo Art. 3º-B, § 6º, da Lei 12.850/2013, visto que por não terem conhecimento das informações e documentos repassados pelo potencial colaborador, não poderão atestar a imprestabilidade delas em juízo (vez que colhidas na informalidade), caso o Autoridade Policial ou Ministério Público entenda por usá-las contra o investigado ou terceiros na hipótese de não celebração do acordo.

Todavia, apesar da notável preocupação do legislador em evitar arbitrariedades fundadas na vulnerabilidade técnica do colaborador, resta evidente que seu excesso de zelo acabou por abrir margem a outras tipos de abusos por parte do celebrante, ao permitir que este, em caso de eventual conflito de interesses, ou de colaborador hipossuficiente, possa solicitar a presença de outro advogado ou a participação de defensor público.

Embora inquestionável a boa intenção que reveste o aludido parágrafo, pecou o texto legal em atribuir à pessoa do celebrante o encargo de solicitar a substituição da representação processual nos casos de conflito de interesses ou quando da incapacidade técnica do advogado em defender os interesses do potencial colaborador. Ignora-se a realidade acreditar que o celebrante, o qual se configura como uma das partes do acordo, haja com imparcialidade e equidistância ao ponto de poder indicar a necessidade de substituição. Ora, por ter interesse direto no resultado do acordo, nada impede o celebrante de fazer vista grossa à uma defesa hipossuficiente, no intento de conceder prêmios pífios, ou, no caso de dificuldade em entabular os termos de um acordo de relevante interesse da instituição, devido à uma postura mais rígida do advogado, decida retalia-lo, pleiteando sua substituição sob um falso pretexto de incapacidade técnica.

Deste modo, cumprirá ao juiz, quando do recebimento do acordo para análise de sua legalidade e regularidade, nos termos do artigo 4º, § 7º, Lei 12.850/2013, agir com extrema cautela quando da análise de acordos em que houve a substituição do causídico, a fim de distinguir as situações em que a parte estatal, de fato, prezou pelas garantias individuais do colaborador, daquelas em que houve interesses escusos. Em verdade, entende-se que o exame de tergiversação ou da inépcia do advogado deveria partir exclusivamente do magistrado, de modo que a solicitação de troca deveria, ao menos, ser submetida ao controle jurisdicional antes de ser realizada.

A Lei Anticrime estabelece ainda que o colaborador deve narrar todos os fatos ilícitos para os quais concorreu, desde que tenham relação direta com os fatos investigados. Deste modo, adotando uma visão pragmática, buscou-se outorgar uma maior eficiência à colaboração premiada, na medida em que, ao impor limites quanto ao o objeto do acordo, impede-se a narração de fatos que não configurem ilícitos penais, ou que são alheios aos fatos objetos de investigação.

Desta forma, supera-se o entendimento já acolhido pelo Supremo Tribunal Federal de que o acordo de colaboração premiada poderia prever cláusula consignando o dever do colaborador em noticiar todos os crimes que participou ou tem conhecimento, ainda que alheios ao ilícito que ensejou o acordo. Nestes termos, cita-se a seguinte cláusula:

> "é objeto deste acordo todos os fatos ilícitos praticados pelo colaborador até a data da assinatura deste termo, assim como todos os fatos ilícitos que sejam de seu conhecimento, os quais estão explicitados nos anexos que compõe e integram este acordo." (cláusula 3, Pet. 7003 STF).[8]

Portanto, protege-se a pessoa do colaborador, dispensando-o do dever de narrar fatos que não estejam, objetiva e/ou temporalmente, com-

---

[8] BRASIL. Supremo Tribunal Federal. Petição 7003/2017. Relator Ministro Edson Fachin. Disponível em: <https://www.camara.leg.br/stf/Inq4483/INQ_4483_PenDrive_Fl._1.787/DOC%2003%20-%20Acordo%20de%20Colaboracao/3_2%20Acordo%20de%20Colabora%C3%A7%C3%A3o%20Francisco%20de%20Assis%20e%20Silva.pdf>. Acesso em: 19 de março de 2020.

preendidos no específico âmbito das investigações. Assim, a limitação do objeto do acordo garante maior segurança ao colaborador, posto que este saberá exatamente quais revelações deverá fazer à autoridade pública, sem ter o receio de ter seu benefício posteriormente rescindido, sob a acusação de ter feito reserva mental de crimes pretéritos outrora desconhecidos pelo celebrante.

Entretanto, não se desconhece que a imposição de limites a matéria do acordo resulta em cerceamento quanto à possibilidade obtenção de elementos informativos sobre outros delitos, obstando a eficácia plena do instituto, tanto que a própria Procuradoria Geral da República, por meio da Nota Técnica Conjunta 2ª e 5ª CCRs/MPF Nº 17/2019, antes do sancionamento do diploma normativo, protestou pelo veto do parágrafo, aduzindo que este protegeria criminosos habituais:

> Em que pese sua intenção, uma das principais razões dos expressivos resultados de grandes operações foi a possibilidade de realizar acordos de colaboração premiada que levaram a descoberta de vários crimes sem relação com os fatos inicialmente investigados, os quais foram, posteriormente, desmembrados e encaminhados aos juízos competentes. A previsão do § 3º restringe a eficácia do instituto e, por conseguinte, os bons resultados decorrentes dele, pois, de antemão, não há como prever os desdobramentos de um processo investigativo oriundo da colaboração premiada. Diante do exposto, o § 3º do novo art. 3º-C proposto à Lei n. 12.850/2013 deve ser vetado por proteger criminosos habituais e impedir que se avance sobre crimes praticados por eles[9].

Por fim, cumpre à defesa instruir a proposta de colaboração e os anexos com os fatos adequadamente descritos, com todas as suas circunstâncias, indicando as provas e os elementos de corroboração.

Os anexos consistem em termos de declarações do colaborador, contendo sinopses dos fatos ilícitos que praticou ou tem conhecimento, devendo ser realizado em apartado para cada fato ou linha de investigação. Isso porque, caso haja menção à autoridade com foro especial, apenas

---

[9] BRASIL. Procuradoria Geral da República. Nota Técnica Conjunta 2ª e 5ª CCRs/MPF Nº 17/2019. Disponível em: <https://www.conjur.com.br/dl/pgr-propoe-veto-16-pontos-pacote.pdf>. Acesso em: 13 de março de 2020.

aquele anexo, referente a um dos fatos objeto da colaboração premiada, haverá de ser remetido ao juízo competente. Remanescendo os demais no juízo original, sem comprometer, deste modo, a continuidade das investigações, resguardando ainda o sigilo das informações.

Nesta esteira, André Luís Calegari aponta que o anexo deve conter, no mínimo, os seguintes elementos:

a) Descrição dos fatos delitivos;
b) Duração dos fatos e locais de ocorrência;
c) Identificação de todas as pessoas envolvidas;
d) Meios de execução do crime;
e) Eventual produto ou proveito do crime;
f) Potenciais testemunhas dos fatos e outras provas de corroboração existentes em relação a cada fato ou pessoa;
g) Estimativa dos danos causados (CALLEGARI, 2019).[10]

Não obstante ao preenchimento de tais requisitos, deve o potencial colaborador indicar as provas e os elementos que corroborem suas assertivas. Condição já existente na Orientação Conjunta nº 01/2018 do MPF (item 13). Cuida-se de uma precaução ao celebrante, impedindo que este invista tempo e recursos em delações vazias que não levarão a um resultado útil.

Por sorte, cumprirá ao membro do Ministério Público ou Autoridade Policial distinguir os casos de propostas de colaboração manifestamente despidas de conteúdo, daquelas em que há considerável plausibilidade nas alegações do colaborador, ainda que desprovidas de lastro. Nesta última hipótese, deverá o celebrante se valer dos instrumentos investigativos que se encontram a sua disposição para buscar elementos informativos, e após a adequada apuração, entabular o acordo, se viável.

4. Das Sanções Premiais

De início, cumpre destacar que não houve alterações quantos as modalidades de sansões premiais passíveis de serem negociadas, mantendo-se as mesmas descritas no artigo 4º, *caput*, da Lei nº 12.850/13. Nessa esteira,

---

[10] CALLEGARI, André Luís. Colaboração Premiada: aspectos teóricos e práticos. 1ª. ed. São Paulo: Saraiva Educação, 2019.

tais prêmios continuam subordinadas a presença de um dos resultados elencados nos incisos do mencionado artigo. A inovação, de fato, concentra-se no regramento quanto à concessão da benesse.

Primeiramente, passou-se a restringir a aplicação da imunidade processual (não exercício da pretensão punitiva pelo não oferecimento da denúncia), benesse máxima a ser concedia no âmbito da colaboração premiada. Se antes somente o investigado que não fosse o líder da organização criminosa e colaborasse primeiro poderia fazer jus ao citado prêmio, agora, com a nova redação, amplia-se os requisitos permissivos para sua concessão, determinando que proposta de acordo deverá, necessariamente, versar sobre infração, cuja existência era ignorada pelo Ministério Público.

Desta forma, a concessão da imunidade processual se manterá restrita aos casos em que o potencial colaborador, cumulativamente, seja o primeiro a prestar a colaboração, não seja o líder da organização criminosa e, a partir de agora, delate crime inédito, desconhecido pelo órgão ministerial.

Para tanto, no intento de afastar controvérsias, preocupou-se o legislador em fixar objetivamente o que consistiria o conhecimento prévio da infração pela autoridade pública, fenômeno que se configuraria quando da existência de inquérito ou procedimento investigatório para apuração dos fatos apresentados pelo colaborador. Logo, denota-se que o desconhecimento do crime deve ter de natureza formal, pouco importando se a autoridade pública já tinha tomado ciência deste na informalidade, visto que a ausência de peças de investigação resulta na presunção de ignorância dos fatos pelo ente público.

Em regra, o controle judicial dos atos praticados na fase de tratativas será posterior, devendo o juiz intervir somente em casos excepcionais, tal como, na hipótese de instrução prévia do acordo de colaboração, prevista no artigo 3º-B, § 4º, da Lei 12.850/13. Isso porque, deve o magistrado prezar pela equidistância, evitando um envolvimento emocional com a causa. Conforme observa a doutrina, a "participação do juiz em tal acordo colocará em risco a sua imparcialidade objetiva" (BADARÓ, 2015, p. 317).[11]

---

[11] BADARÓ, Gustavo Henrique. Processo penal. rev., atual. e ampl. São Paulo: Editora Revista dos Tribunais, 2015.

Uma vez formalizado o acordo, porém, tal risco já não se verifica, sendo apropriado que ele, o juiz, tenha plena cognição das razões que levaram às autoridades a firmarem o acordo para que possa melhor aferir o preenchimento dos requisitos legais (MARTELLO, 2016)[12].

Em outras palavras, o Poder Judiciário atuará, predominantemente, na fase de admissão, corroboração e valoração do acordo, nos quais, no primeiro dar-se-á a análise da legalidade e voluntariedade do pacto firmado, e, no segundo análise das provas de corroboração, e no terceiro a apreciação da efetividade da colaboração, proferindo-se sentença.

Assim, com a nova redação adotada, ampliou-se o controle judicial sobre o acordo, compelindo o magistrado a proceder uma análise mais pormenorizada. Trata-se de um aperfeiçoamento ao juízo de admissibilidade, o qual deixou de ser meramente reativo, passando a demandar um maior protagonismo por parte do Judiciário. Isso se extrai, por exemplo, da imposição ao juiz de ouvir, sigilosamente, o colaborador para o exame dos pressupostos de admissibilidade do acordo, comportamento que consistia em mera faculdade na redação anterior.

Para efeitos de organicidade, os pressupostos a serem a avaliados foram convencionados em incisos. O critério da regularidade e legalidade, agora situado de modo autônomo no inciso I, antes estava compreendido no corpo do pretérito parágrafo.

Por sua vez, o inciso II, atendendo a críticas doutrinárias relevantes, estabelece balizas legais à fixação dos benefícios, extirpando, assim, a controversa possibilidade de pactuação da sanções premiais diferenciadas, também conhecidas como extralegais.

Antes da reforma, era habitual a pactuação de "regime de cumprimento diferenciado" de pena, tais como a "reclusão doméstica", "regime semiaberto diferenciado", ou diferentes modos de progressão de regime, em formas que destoavam do regime previsto na legislação, tanto que a própria Orientação Conjunta nº 01/2018 do MPF (item 27[13]) autorizava a livre pactuação de cláusulas penais.

---

[12] MARTELLO, Orlando. A negociação da colaboração premiada e sua prática. Disponível em: <http://www.academia.edu/27495561/A_NEGOCIA%C3%87%C3%83O_DA_COLABORA%C3%87C3%83O_PREMIADA_E_SUA_PR%C3%81TICA>. Acesso em 25 de abril de 2017> Acesso em 20 de março de 2020.

[13] Item 27. "O acordo pode prever, como indicativo para a resposta penal a ser concretizada em sede judicial, além da pena unificada para o montante de fatos e a pena a ser efetiva-

Embora não se desconheça a falta de atribuição do Ministério Público em disciplinar pena, fato que constitui a maior crítica as sanções premiais diferenciadas, é certo que estas eram admitidas em razão da distinção conceitual existente entre pena criminal e sanção premial. Enquanto a primeira depende da existência de um devido processo legal, presidido por um juiz natural, com condenação criminal; a sanção premial decorre de um processo negocial entre as partes, posteriormente homologado pelo juiz.

Desta forma, com o novo texto legal, tentou o legislador alinhar conceitualmente ambos institutos, vinculando o cumprimento da "sanção premial" aos mesmos ditames da "pena criminal" de reclusão ou detenção, que deve obviamente ser cumprida dentro dos regimes legais e de forma progressiva. Logo, a subordinação das sanções premiais as mesmas regras do regime comum, evita o surgimento de situações teratológicas, que desnaturalizem o objetivo do instituto, pois, ainda que a colaboração premiada vise primariamente o combate ao crime organizado, a partir da negociação de informações privilegiadas, não pode olvidar da finalidade repressiva e preventiva da medida, cuja observância deve ser respeitada.

Em resumo, a alteração consiste em um resultado direto da postura do celebrantes em fazer tabula rasa com a lei, misturando indiscriminadamente medidas que o legislador havia balizado com certa harmonia, o que resultou na pactuação de sanções esdrúxulas (NUCCI, 2020, p. 159).[14]

Vale observar ainda que o mencionado inciso determina a nulidade de toda cláusula que viole os critérios de definição do regime inicial de cumprimento de pena, as regras de cada um dos regimes ou dos requisitos de progressão de regime não abrangidos pelo § 5º do artigo 4º da Lei 12.850/13. No âmbito penal, a nulidade decorre de vício processual provocado pelo inobservância de exigências previstas em lei, inerentes a formação e, consequentemente, para validade do ato. A presença de

---

mente cumprida, eventuais penas restritivas de direito, o regime inicial de cumprimento da pena, a progressão de regimes, a suspensão condicional da pena, a suspensão condicional do processo, a suspensão do prazo prescricional e a aplicação dos institutos da remissão e detração. Em caso da previsão de regimes diferenciados, suas regras devem ser detalhadas no acordo".

[14] NUCCI, Guilherme de Souza. Pacote Anticrime Comentado Lei 13.964, de 24.12.2019. 1ª. ed. Rio de Janeiro: Forense, 2020, p. 159.

disposição expressa dispensa maiores discussões quanto à configuração ou não da nulidade, visto que está ocorrerá automaticamente.

Sem prejuízo, conforme disposto no inciso III, deverá o magistrado analisar se os resultados obtidos na colaboração correspondem aos resultados mínimos exigidos, elencados nos incisos I, II, III, IV e V do *caput* do artigo. Inaugura-se, assim, um critério de aptidão eficacial, subordinando a homologação do acordo à existência de adequação entre o prêmio concedido e o resultado a ser obtido por meio da delação, evitando, por conseguinte, situações desproporcionais em que há concessão de sanções premiais extremante benéficas para colaborações com resultados pífios.

Por fim, como último critério, deverá se analisar a voluntariedade da manifestação de vontade do colaborador, especialmente nos casos em que este está ou esteve sob efeito de medidas cautelares. Tamanha foi a preocupação do legislador com a voluntariedade, que cuidou de promover a audiência de homologação à requisito obrigatório, cuja finalidade precípua é a oitiva do colaborador.

Tal providência consiste em medida de excelência para aferir o grau de voluntariedade do agente, análise impossível de ser feita apenas com a leitura de documentos escritos. A referida formalidade evita que os acordos de colaboração sejam tratados como verdadeiros contratos de adesão pelos celebrantes, especialmente nas situações em que o colaborador está ou foi submetido a medida cautelar. Essa análise é fundamental para obstar casos em que a imposição da medida cautelar é utilizada para constranger, ou até mesmo coagir, o investigado a colaborar.

Ainda buscando a ampliação e aprofundamento do controle judicial sobre o acordo de colaboração premiada, o acréscimo do § 7º-A explicitou a necessidade de na fase de valoração, ao proferir a sentença, se analisar, como sempre deveria ser feito o conteúdo da acusação, a possibilidade de aplicação do perdão judicial e fixar as penas em conformidade com as regras estabelecidas na parte geral.

Isso porque, embora o acordo esteja em seus regulares termos, nada impede que a denúncia que o substancia seja manifestamente inepta, ou pior, esteja configurado uma das hipóteses de absolvição sumária do artigo 397, do Código de Processo Penal. Portanto, diante de tais possibilidades, não se pode permitir que o juiz continue a proceder uma análise superficial da causa, centrada apenas aos seus aspectos formais.

A importância de aclarar essa necessidade se deve ao fato de que a homologação do acordo já consistia em um duplo julgamento de admissibilidade, visto que, se parte dos pressupostos legais do acordo são os mesmos requisitos obrigatórios da denúncia, a homologação do acordo implicava também o recebimento tácito da denúncia, ou, ao menos, impedia que esta fosse rejeitada pela ausência de algum dos requisitos que o próprio magistrado já havia considerado como satisfeito. (CID, 2016).[15]

Portanto, ainda que antiga redação pressupunha um completo alheamento do magistrado ao mérito dos fatos investigados, este era meramente teórico, visto que, na prática forense, a homologação do acordo já consistia, ainda que indiretamente, no conhecimento do caso penal pelo magistrado e, consequentemente, em uma pré-disposição ao seu julgamento. O acréscimo do parágrafo apenas cuidou de sedimentar situação que já ocorria implicitamente na prática.

No mais, assentou-se que toda cláusula de renúncia ao direito de impugnar a decisão homologatória será nula de pleno direito. Tal previsão normativa se baseia em acórdãos que validavam cláusulas que previam a impossibilidade do colaborador se valer de qualquer recurso, inclusive *habeas corpus*, quando da homologação do acordo, em total afronta ao devido processo legal e, até mesmo, ao Estado Democrático de Direito (NUCCI, 2020, p. 159)[16].

É cediço que colaboração premiada, por se tratar de negócio jurídico personalíssimo, além da plena capacidade das partes (voluntariedade), é necessário que seu objeto (cláusulas) seja lícito. Essa licitude, todavia, engloba não apenas o aspecto da legalidade do direito civil (é lícito aquilo que não está proscrito), mas também, e principalmente, a legalidade do direito público (é licito o que está prescrito em lei). Portanto, é dever do Juiz proceder o confronto das cláusulas pactuadas com o ordenamento jurídico como um todo, apontando eventuais irregularidades quanto ao atendimentos dos requisitos.

---

[15] CID, Daniel Del. Homologação de acordo delação e a justa prestação jurisdicional. Consultor Jurídico, 15 novembro 2016. Disponível em: <https://www.conjur.com.br/2016-nov-11/del-cid-homologacao-delacao-justa-prestacao-jurisdicional>. Acesso em: 15 Março 2020.
[16] NUCCI, Guilherme de Souza. Op. cit. p. 159.

Porém, inobservados os parâmetros legais, não se mostrava razoável que a adequação do acordo se operasse por iniciativa do próprio magistrado, postura que desnaturalizava a equidistância e imparcialidade esperada, porquanto colocava o juiz como parte interessada.

Desta feita, a transferência do ônus de retificação do acordo para as partes supera, por completo, tal problemática, de modo a prestigiar a verdadeira função do magistrado, qual seja, exercer o controle sobre os atos da colaboração e não reformulá-los.

Antes da reforma, a Lei das Organizações Criminosas era silente quanto ao tratamento processual a ser empregado nas ações penais que tramitavam com réus delatores e delatados conjuntamente. Em muitos casos, o juiz fixava prazo comum para as partes se manifestarem, não fazendo qualquer distinção processual entre eles.

No entanto, ainda que integrem o mesmo processo, não estão em igual posição, haja vista que o acusado, ao assumir qualidade de colaborador, também passa a exercer, ainda que indiretamente, um papel de acusador, visto que fornecerá informações dessaborados sobre os demais coautores, os quais poderão, tão somente, se defender, visto que sequer possuem legitimidade para impugnar o acordo de colaboração.

Assim, evidente que a manifestação simultânea dos acusados no processo resultava em um cerceamento de defesa ao não-delator, uma vez que impedia o pleno exercício do direito ao contraditório e a ampla defesa.

Diante de tais considerações, o Supremo Tribunal Federal, quando do julgamento do Agravo Regimental no Habeas Corpus 157.627[17], reco-

---

[17] BRASIL. Supremo Tribunal Federal. Habeas Corpus 157.627. "A Turma, por maioria, conheceu do habeas corpus, vencido, no ponto, o Ministro Relator e, no mérito, também por maioria, deu provimento ao agravo regimental e concedeu a ordem em favor do paciente, anulando o julgamento proferido na ação penal 5035263-15.2017.404.7000/PR, bem como os atos processuais subsequentes ao encerramento da instrução processual, assegurando ao paciente, por consequência, o direito de oferecer novamente seus memoriais escritos após o decurso do prazo oferecido aos demais réus colaboradores, nos termos do voto divergente do Ministro Ricardo Lewandowski, redator para o acórdão, vencido o Ministro Edson Fachin (Relator). Falaram: pelo agravante, o Dr. Alberto Zacharias Toron e, pelo Ministério Público Federal, o Dr. Antônio Carlos Alpino Bigonha, Subprocurador-Geral da República. Ausente, justificadamente, o Ministro Celso de Mello". Presidência da Ministra Cármen Lúcia. 2ª Turma, 27.8.2019.

nheceu o a nulidade absoluta do julgamento proferido na ação penal 5035263-15.2017.404.7000/PR, bem como os atos processuais subsequentes ao encerramento da instrução processual, pelo fato do juiz *a quo* não ter oportunizado ao corréu não-delator a apresentação de suas alegações finais após os corréus colaboradores.

Deste modo, seguindo o entendimento jurisprudencial, o novo diploma normativo passou a assegurar, em todas as fases do processo, a oportunidade do réu relatado manifestar-se após o decurso do prazo concedido ao réu que o delatou.

Deixando de ser uma mera faculdade, os atos de colaboração agora deverão ser gravados por meios ou recursos de gravação magnética, estenotipia, digital ou técnica similar, inclusive audiovisual.

Antes de consistir em formalidade de cumprimento compulsório, o registro audiovisual dos atos de colaboração já era defendido na doutrina como instrumento para garantir o controle dos atos de negociação, mormente quanto a sua voluntariedade, tornando necessário se assegurar o duplo registro dos atos de negociação, por meio escrito e audiovisual (BORRI e SOARES, 2017)[18].

Isso porque, é possível, a partir de tal procedimento, por exemplo, comprovar-se futuramente situação em que o colaborador tenha sido coagido a fornecer informações ou documentos ao Ministério Público ou a intensificar a colaboração, ou, até mesmo, que tenha comparecido à reuniões desassistido de defensor.

Como bem salientado por Guilherme Nucci (2020, p. 160), trata-se de "modificação extremamente relevante, pois muitas foram as reclamações de delatores e seus advogados de pressão excessiva da polícia ou do MP para que o acordo saísse, perturbando a voluntariedade da declaração"[19].

Por derradeiro, deve-se garantir a disponibilização de cópia do registro audiovisual em favor do colaborador. Tal previsão normativa consiste em uma precaução, evitando arbitrariedades, haja vista que, caso os arquivos digitais permanecessem exclusivamente com o celebrante, nada

---

[18] BORRI, Luiz Antônio; SOARES, Rafael Junior. A obrigatoriedade do duplo registro da colaboração premiada e o acesso pela defesa técnica. Revista Brasileira de Direito Processual Penal, v. III, n. 1, p. 167-187, Janeiro/Abril 2017. Disponível em: <https://doi.org/10.22197/rbdpp.v3i1.48>. Acesso em: 16 março 2020.

[19] NUCCI, Guilherme de Souza. Op. cit. p. 159.

impediria que estes fossem destruídos ou, até mesmo, manipulados, a fim de atender interesses escusos do ente estatal. Em outras palavras, a posse da cópia do registro pelo colaborador possibilita "a conferência de eventuais manipulações e/ou descompassos entre o conteúdo dos registros escritos disponibilizados e o conteúdo das respectivas gravações" (Borri e Soares, 2017, p. 176)[20].

A nova redação do § 16, amplia as hipóteses de ineficácia das palavras do colaborador, quando isoladamente consideradas. É a chamada regra de corroboração, a qual demanda que o juiz não julgue limitado exclusivamente pela produção de prova angariada por meio da colaboração. Daí que se faz imprescindível a produção de provas, sob o crivo do contraditório, que confirmem o teor das declarações do colaborador, pois, diante da reduzida confiabilidade da palavra do acusado, de rigor que seu depoimento seja corroborado com provas autônomas. Não havendo lastro, sua oitiva não pode ensejar uma condenação criminal e, muito menos, uma acusação formal (Moro, 2012)[21].

Ainda que o recebimento de uma denúncia ou o recolhimento à prisão não constituem um juízo de culpa, é certo que as mencionadas medidas provocam um estigma frente à sociedade, o qual, muitas vezes, a sentença absolutória é incapaz de apagar. Logo, diante da consequência, revela-se irresponsável a utilização da palavra do colaborador como único embasamento para tais fins, especialmente nos casos em que há fixação de medida cautelar que restrinja o direito de liberdade.

Deste modo, partindo da premissa que a colaboração premiada, não pode, por si só, funcionar como *fumus commissi delict*, o texto legal estende as hipóteses de imprestabilidade, com o fito de impedir a decretação de medidas cautelares ou o início de uma persecução criminal (recebimento de denúncia ou queixa-crime), fundadas exclusivamente na palavra do colaborador.

Neste diapasão, cumpre consignar que o dispositivo somente impede o emprego das declarações do colaborador, nada aduzindo sobre eventuais documentos ou demais indicações de prova que o colaborador, porventura, apresente quando da realização da proposta de acordo. Ou seja, ainda que seja vedada a utilização de sua palavra como funda-

---

[20] Borri, Luiz Antônio; Soares, Rafael Junior. Op. cit. p. 176.
[21] Moro, Sérgio Fernando. Crime de Lavagem de Dinheiro. 1ª. ed. São Paulo: Saraiva, 2012.

mento isolado, outros elementos que compõem a colaboração, como por exemplo, extratos bancários, fotografias, contratos, entre outros, poderão ser admitidos como embasamento para decretar uma medida cautelar ou a instauração da persecução penal.

Antes da análise do dispositivo, convém destacar as diferenças existentes entre retratação e a revogação (rescisão). Dá-se a retratação quando, nas fases de tratativas, normalmente após a formalização da proposta de acordo, as partes entendem inexistir interesse no prosseguimento das negociações. Nesse caso, como o acordo sequer foi homologado, a inexecução não demanda controle judicial, equivalendo a uma desistência da proposta inicialmente ofertada, sendo impossível a utilização de elementos de prova eventualmente fornecidos pelo potencial colaborador (Art.4º, §10º).

Superada a fase do juízo de admissibilidade da colaboração, tendo sido ela homologada, prevalece que, é impossível a desistência unilateral quanto ao que foi acordado. Com o acordo já homologado, pode ser que haja o descumprimento de uma das cláusulas do acordo ou dos deveres das partes. Diante desse cenário, estar-se-ia configurada a hipótese de revogação (rescisão) do acordo, pautada na "inexecução de negócio jurídico perfeito".

Todavia, não obstante a rescisão contratual fundada na inobservância de uma das cláusulas (hipótese de natureza eminentemente doutrinária), a Lei Anticrime cuidou de estabelecer dispositivos próprios para rescisão, estipulando hipóteses diversas. O § 17 prevê a rescisão do acordo, quando da omissão dolosa do colaborador sobre os fatos objetos da colaboração. O dolo pressupõe uma intenção voluntária e consciente de omitir fatos que deveriam fazer parte da colaboração, logo, caso seja constada eventual lacuna na narrativa do colaborador, deverá se analisar se esta decorreu de uma vontade deliberada do agente ou de omissão culposa, não intencional, em razão do tempo decorrido e/ou da complexidade dos fatos. Para tanto, resta indispensável a demonstração do dolo.

Contudo, a redação do artigo foi silente de como se daria a comprovação da má-fé do colaborador. Se esta partiria de uma análise meramente objetiva ou se demandaria uma instrução processual, garantindo-se a ampla defesa e o contraditório. Neste ponto, vale a transcrição da acertada crítica de André Luís Callegari e Raul Linhares no tocante a tal omissão legislativa:

Ainda hoje não se dispõe de balizas legais para se avaliar a (in)existência de descumprimento do acordo pelo colaborador, a maior ou menor gravidade do descumprimento e se tal descumprimento deve importar em rescisão do acordo ou em sua revisão. Essa temática é objeto de exame pioneiro pelo ministro Edson Fachin, no Inquérito 4.483, ainda pendente de decisão. (CALLEGARI e LINHARES, 2020)[22].

Assim, diante da lacuna legislativa, a melhor forma de veicular a pretensão de rescisão ao Juiz seria o entabulamento de cláusula, dispondo a instauração de um "procedimento de verificação de descumprimento" pelo Ministério Público, no qual se notifica as partes, oportuniza-se a manifestação (resguardando o contraditório e a ampla defesa), e se reúne provas que serão levados ao conhecimento posterior do Poder Judiciário. (Cláusula 41, § 5º, acordo na Pet.5.952 STF[23]).

Observar-se ainda que a rescisão apenas será admitida quando a omissão dolosa for sobre fatos relacionados ao objeto da colaboração. Dessa maneira, não haverá maiores consequências ao colaborador que omita voluntariamente infrações criminais, desde que estas não ostentem pertinência fática com o objeto do acordo. Tal previsão supera o entendimento jurisprudencial anteriormente adotado de que o colaborador, sabedor da pratica de ilícitos, ainda que não investigados, deveria relatar tudo que sabe, posto que ao silenciar-se, frustraria a própria finalidade do instituto, qual seja, de enfrentamento da criminalidade organizada. Trata-se do mesmo raciocínio extraído da redação do artigo 3º-C, § 3º.

Com efeito, respeitado entendimento diverso, o critério de pertinência fática previsto no §17 é justificável, pois não era razoável que o potencial colaborador exercesse um juízo de autoincriminação, "entregando sua cabeça" ao Estado, por crimes que este nem ao menos tinha conhecimento, apenas para fazer jus ao um benefício que, muitas vezes, sequer englobava todos ilícitos delatados.

---

[22] CALLEGARI, André Luís; LINHARES, Raul. A colaboração premiada após a lei "anticrime". Consultor Jurídico, 4 Março 2020. Disponível em: <https://www.conjur.com.br/2020-mar-04/opiniao-colaboracao-premiada-lei-anticrime>. Acesso em: 16 Março 2020.
[23] Brasil. Supremo Tribunal Federal. Petição 5952-DF. Relator Ministro Teori Zavascki. Disponível em <https://www.conjur.com.br/dl/delacao-premiada-delcidio-amaral.pdf>. Acesso em: 19 de abril de 2020

Por outro lado, o §18 dispõe que a celebração do acordo de colaboração premiada pressupõe que o colaborador cesse o envolvimento em conduta ilícita relacionada ao objeto da colaboração, sob pena de rescisão. Cuida-se de previsão normativa semelhante à cláusula já existente na Orientação Conjunta 01/2018 (item 29[24]).

No entanto, enquanto a mencionada Orientação impõe uma cessação da conduta ilícita pelo colaborador em sentido amplo e irrestrito, o novo parágrafo determina que a rescisão do acordo apenas operar-se-á nos casos em que a perpetuação da conduta criminosa apresente pertinência com objeto da colaboração. Trata-se de uma limitação mais contida, a denotar que o colaborador, em tese, não estaria obrigado a abandonar a vida criminosa, mas tão somente alterar seu ramo de atividade, praticando crimes cuja natureza e o contexto fático sejam estranhos ao ilícito objeto do acordo.

Não deixa de ser elogiável a postura do legislador em fixar hipóteses legais de rescisão contratual, as quais, no silêncio da redação anterior, eram previstas apenas no âmbito contratual, desde que houvesse a estipulação de cláusulas de tal natureza (*inter partes*). Contudo, não se pode fechar os olhos para tamanho equívoco. Vincular a rescisão contratual à presença de pertinência delitiva entre o crime cometido e aquele objeto do acordo é dar margem ao descrédito do próprio instituto. Frisa-se que a efetividade da colaboração não pode ser apenas interna, com a obtenção de informações que contribuam para o desmantelamento de organizações criminosas, mas também externa, devendo transmitir a sociedade uma imagem de confiança e justiça, o que certamente deixará de ocorrer quando réus, beneficiados com a colaboração premiada, permaneçam com suas sanções premiais, ainda que condenados posteriormente por outros crimes.

Cumpre salientar que o mencionado parágrafo não representa um permissivo legal para a prática de delitos, desde que desconexos ao objeto da colaboração, até porque nada impede estipulação de cláusula de controle mais rígida, proibindo o colaborador de cometer crimes em sentido amplo. No entanto, a ausência de um regramento mais severo,

---

[24] Orientação Conjunta 01/2018. Item 29. "O acordo de colaboração premiada pressupõe que o colaborador cesse o envolvimento com qualquer conduta ilícita, sob pena de rescisão do acordo no caso de continuidade das práticas ilícitas".

lamentavelmente, possibilitará a impunidade. A mera transcrição integral do item 29 da citada Orientação ao corpo do parágrafo já teria sido capaz de extirpar, pela raiz, as futuras problemáticas advindas do texto adotado.

Por fim, somente será válida a rescisão do acordo de colaboração, tendo como base o cometimento de outro crime, quando houver a comprovação, de fato, da prática delitiva. Ou seja, apenas quando houver a devida a formação de culpa, a partir do trânsito em julgado de sentença penal (NUNES e MELO, 2019)[25].

5. Dos Direitos do Colaborador

Ainda que haja particularidades evidentes na colaboração premiada que a distingue dos demais negócios jurídicos, um aspecto essencial os iguala: a bilateralidade inerente a obrigação pactuada, e a partir dela a reciprocidade de direitos e deveres entre os sujeitos celebrantes do acordo. Em outras palavras, dado seu caráter correlacional, os direitos do colaborador correspondem a deveres do Ministério Público e vice versa.

A Lei Anticrime não efetuou mudanças significativas em tais direitos, os quais permaneceram praticamente irretocáveis. Houve apenas a ampliação legal de um deles e o positivismo implícito de outro.

A nova redação do inciso IV garantiu ao colaborador o direito de cumprir prisão cautelar em estabelecimento prisional diverso ao dos demais corréus ou condenados, direito que antes era limitado apenas ao cumprimento de pena condenatória, o que, muitas vezes, colocava o delator e o corréu delatado no mesmo ambiente prisional quando da decretação de uma prisão preventiva. Desta maneira, instituiu-se uma completa separação física entre eles, com o fito de impedir eventuais retaliações a pessoa do colaborador, casos ambos permanecem recolhidos na mesma unidade penitenciária, visto que "na lei selvagem dos presídios, delatores devem morrer" (NUCCI, 2020, p. 164)[26].

---

[25] NUNES, Filipe Maia Broeto; MELO, Valber. A prática de novo crime, após a homologação de acordo de colaboração premiada, como hipótese de rescisão do pacto: os limites semânticos da expressão e a subjetividade da cláusula contratual. Revista Jus Navigandi, ISSN 1518-4862, Teresina, ano 24, n. 5955, 21 out. 2019. Disponível em: https://jus.com.br/artigos/65384. Acesso em: 17 mar. 2020.

[26] NUCCI, Guilherme de Souza. Op. cit. p. 164.

Por sua vez, o §13 do artigo 4º, ao estabelecer o direito do colaborador em obter uma cópia das gravações audiovisuais das tratativas e atos de colaboração, consigna, ainda que implicitamente, o direito ao duplo registro da colaboração, consistente no registro não apenas escrito de todos os atos da colaboração premiada, como também seu registro audiovisual.

Conforme já exposto em subcapítulo próprio, a imperatividade da gravação audiovisual permite o seu confronto com o registro escrito das declarações, no intento de aquilatar a voluntariedade do colaboradores, verificar ilegalidades e, até mesmo, a concordância entre os registros e o termo de colaboração. Embora não conste expressamente no rol do artigo 5º, trata-se de um direito agora legalmente estabelecido, de observância obrigatória.

6. Do Sigilo da Colaboração Premiada

Dada a natureza jurídica de meio especial de obtenção de prova, destinada ao enfrentamento de criminalidade organizada, notória pela dificuldade de obtenção de elementos que demonstrem a sua ocorrência, o sigilo revela-se como medida indispensável para se assegurar a eficácia da colaboração premiada e garantir a proteção do colaborador. É certo, portanto, que o sigilo abrange todos os atos desde a fase de tratativas até o recebimento da denúncia ou queixa-crime.

A redação anterior do §3º já delimitava o marco temporal para manutenção do sigilo, apontando o recebimento da denúncia como seu termo final, porém, na prática forense sua aplicação era mitigada. Em verdade, entendia-se que o recebimento da denúncia consistia no limite máximo para a manutenção do sigilo do acordo, o qual poderia ser levantado em momento anterior, a depender do caso concreto. Nessa esteira, cumpre transcrever parte do decidido na Petição n.º 5.952-DF[27], pelo ministro Teori Zavascki, no âmbito do Superior Tribunal de Justiça, em 16 de março de 2016:

---

[27] BRASIL. Supremo Tribunal Federal. Relator Ministro Teori Zavascki. Petição nº 5.952-DF. Disponível em: <http://portal.stf.jus.br/processos/downloadPeca.asp?id=308950479&ext=.pdf>. Aceso em 20 de março de 2020.

4. Por fim, nada impede o levantamento do sigilo, tal como evocado pelo aditamento de fls. 243-250. É que a Constituição proíbe restringir a publicidade dos atos processuais, salvo quando a defesa da intimidade ou o interesse social o exigirem (art. 5º, LX), e estabelece, com as mesmas ressalvas, que a publicidade dos julgamentos do Poder Judiciário é pressuposto inafastável de sua validade (art. 93, IX). Não há, aqui, interesse social a justificar a reserva de publicidade. É certo que a Lei 12.850/2013, quando trata da colaboração premiada em investigações criminais, impõe regime de sigilo ao acordo e aos procedimentos correspondentes (art. 7º), sigilo que, em princípio, perdura até a decisão de recebimento da denúncia, se for o caso (art. 7º, § 3º). Essa restrição, todavia, tem como finalidades precípuas (a) proteger a pessoa do colaborador e de seus próximos (art. 5º, II) e (b) garantir o êxito das investigações (art. 7°, § 2º). No caso, o colaborador já teve sua identidade exposta publicamente e o desinteresse manifestado pelo órgão acusador revela não mais subsistir razões a impor o regime restritivo de publicidade.

Em que pese a existência de situações que justificassem a mitigação do sigilo tal como apresentada no trecho acima, uma considerável parte das colaborações, especialmente aquelas relativas à investigações criminais com potencial apelo midiático, tinham seu sigilo sistematicamente levantados, inclusive, informalmente. Postura que nunca contribuiu para a preservação das investigações ou para segurança do colaborador, resultando em verdadeiras catástrofes. Os delatores viam-se na condição de réus ou, até mesmo, de condenados, frente à opinião pública, enquanto sequer havia um processo propriamente dito.

Desta feita, diante de tantos levantamentos de sigilos temerários, sem contar os famigerados "vazamentos", cuidou o legislador de adotar uma redação mais enfática, vedando expressamente a publicidade da colaboração premiada em qualquer outra hipótese, senão a do recebimento da denúncia. É uma reforma sintomática às inúmeras polêmicas e controversas repercutidas na mídia.

Entretanto, embora louvável a postura adotada pelo legislador, notável a falta de apreço quanto da edição do texto. Ao ser demasiadamente categórico, o legislador impede o levantamento do sigilo para situações em que há verdadeira necessidade.

Vide, por exemplo, a figura do terceiro delatado, o qual tem contra si a instauração de um procedimento investigativo para apurar as declarações expendidas pelo colaborador sobre sua pessoa. Com a nova redação, o terceiro somente terá acesso ao anexo que ensejou a investigação, quando do recebimento da denúncia nos autos de origem. Em outras palavras, será vedado ao terceiro o direito de ter conhecimento dos fatos pelo qual está sendo investigado, conduta que vai de encontro à Súmula Vinculante nº 14[28], tratando-se de uma nítida afronta Estado Democrático de Direito.

Não se ignora que há diligências que devem ser sigilosas, a fim de garantir sua eficácia, todavia, o sigilo somente é necessário para apuração e à atividade instrutória. Após a formalização documental de seu resultado, não há motivos que justifiquem a manutenção do sigilo, ante a cessação da razão que o ensejou (eficácia da diligência). Assim, não se pode subtrair do indiciado, nem do defensor, o direito de acesso a tais documentos, sob pena de ofender a ampla defesa e o contraditório.

A mesma lógica se aplica aos anexos da colaboração premiada que envolvam terceiros alheios à investigação matriz. Faltou tato ao legislador em disciplinar, taxativamente, situações em que a publicidade da colaboração deve anteceder o recebimento da denúncia. Ao tentar solucionar uma problema, criou-se outro.

7. Conclusões

O legislador conseguiu captar uma sensível parte das problemáticas presentes na Lei das Organizações Criminosas (Lei nº 12.850/13), especialmente aquelas gerados pelas sanções premiais diferenciadas ou pela quebra de sigilo, aperfeiçoando o instituto por meio de reformas substanciais. Em verdade, não houve grandes inovações, visto que os dispositivos inseridos, em sua grande maioria, abarcam matéria já sedimentada pelos Tribunais Superiores ou regulamentada pela Orientação Conjunta nº 01/2018 do MPF, norma administrativa que certamente serviu de inspiração às reformas.

---

[28] BRASIL. Supremo Tribunal Federal. Súmula Vinculante nº 14. "É direito do defensor, no interesse do representado, ter acesso amplo aos elementos de prova que, já documentados em procedimento investigatório realizado por órgão com competência de polícia judiciária, digam respeito ao exercício do direito de defesa". DJe nº 26 de 09/02/2009, p. 1.

Entretanto, a Lei Anticrime, embora tenha trazido melhorias, também apresenta falhas, frutos de uma redação equivocada e, as vezes, imprecisa.

Não obstante, o saldo final é positivo. Merece destaque a regulamentação formal do procedimento (rito) a ser seguido, instituindo garantias ao colaborador, entre elas, a obrigatoriedade da oitiva em juízo e da gravação audiovisual das tratativas. Por outro lado, com a extinção das sanções premiais diferenciadas, denota-se uma sensível redução da discricionariedade do *parquet*, no momento de fixar as cláusulas do acordo, diante da diminuição de seu poder de negociação. Consequentemente, observa-se uma maior protagonismo por parte do Poder Judiciário, cuja atribuição, embora continue a mesma, passou a ter uma natureza "qualificada", deixando de apenas homologar papéis, para assumir uma posição mais fiscalizatória, tanto no aspecto formal, quanto material, do acordo.

Desta feita, numa tentativa de modernizar a legislação criminal, a Lei Anticrime, ao estabelecer o acordo de não persecução penal e o aperfeiçoamento da colaboração premiada, sinaliza para o futuro, qual seja, um sistema jurídico mais célere, eficiente e menos burocrático, graças ao emprego da justiça penal consensual. Cumprirá aos operadores do direito se adequarem à nova realidade.

Referências

ANDREUCCI, Ricardo Antonio. Legislação Penal Especial. 13ª. ed. São Paulo: Saraiva, 2018.

BRASIL. Decreto-lei nº 2.848, de 07 de dezembro de 1940. Código Penal. Disponível em: <http://www.planalto.gov.br/ccivil_03/decreto-lei/del2848compilado.htm>. Acesso em: 20 de março de 2020.

_____. Decreto Lei nº 3.689, de 3 de outubro de 1941. Código de Processo Penal. Disponível em: <http://www.planalto.gov.br/ccivil_03/decreto-lei/Del3689Compilado.htm>. Acesso em: 20 de março de 2020.

_____. Lei nº 8.038, de 28 de maio de 1990. Institui normas procedimentais para os processos que especifica, perante o Superior Tribunal de Justiça e o Supremo Tribunal Federal. Disponível em: <http://www.planalto.gov.br/ccivil_03/leis/L8038.htm>. Acesso em 20 de março de 2020.

_____. Lei nº 9.099, de 26 de setembro de 1995. Dispõe sobre os Juizados Especiais Cíveis e Criminais e dá outras providências. Disponível em: <http://www.planalto.gov.br/ccivil_03/leis/l9099.htm>. Acesso em 20 de março de 2020

_____. Lei nº 12.850, de 02 de agosto de 2013. Define organização criminosa e dispõe sobre a investigação criminal, os meios de obtenção da prova, infrações penais correlatas e o procedimento criminal; altera o Decreto-Lei no 2.848, de 7 de dezembro de 1940 (Código Penal); revoga a Lei no 9.034, de 3 de maio de 1995; e dá outras providências. Disponível em: <http://www.planalto.gov.br/ccivil_03/_ato2011-2014/2013/lei/l12850.htm>. Acesso em: 20 de março de 2020.

_____. Lei nº 13.964, de 24 de dezembro de 2019. Aperfeiçoa a legislação penal e processual penal. Disponível em: <http://www.planalto.gov.br/ccivil_03/_ato2019-2022/2019/lei/L13964.htm>. Acesso em: 20 de março de 2020.

_____. Procuradoria Geral da República. Nota Técnica Conjunta 2ª e 5ª CCRs/MPF Nº 17/2019. Disponível em: <https://www.conjur.com.br/dl/pgr-propoe-veto-16-pontos-pacote.pdf>. Acesso em: 13 de março de 2020.

_____. Ministério Público Federal. 2ª e 5ª Câmaras de Coordenação e Revisão – Combate à Corrupção. Orientação Conjunta nº 01/2018. Disponível em: <http://www.mpf.mp.br/atuacao-tematica/ccr5/orientacoes/orientacao-conjunta-no-1-2018.pdf> Acesso em: 07 março 2020.

_____. Superior Tribunal de Justiça. Súmula nº 536. Terceira Seção, julgado em 10 de junho de 2015. DJe 15 de junho de 2015.

_____. Supremo Tribunal Federal. Habeas Corpus 157.627. Relator Ministro Edson Fachin. 2ª Turma. Julgamento em: 27 de agosto de 2019. Disponível em: <https://portal.stf.jus.br/processos/detalhe.asp?incidente=5472232>. Acesso em 20 de março de 2020.

_____. Supremo Tribunal Federal. Habeas Corpus 127.483/PR, Relator Ministro Dias Toffoli, DJE: 27 de agosto de 2015. Disponível em: <http://redir.stf.jus.br/paginadorpub/paginador.jsp?docTP=TP&docID=10199666> Acesso em: 07 março 2020.

_____. Supremo Tribunal Federal. Relator Ministro Teori Zavascki. Petição nº 5.952-DF. Disponível em: <http://portal.stf.jus.br/processos/downloadPeca.asp?id=308950479&ext=.pdf>. Aceso em 20 de março de 2020.

_____. Supremo Tribunal Federal. Petição 7.003-DF. Relator Ministro Edson Fachin Disponível em: <https://www.camara.leg.br/stf/Inq4483/INQ_4483_PenDrive_Fl._1.787/DOC%2003%20-%20Acordo%20de%20Colaboracao/3_2%20Acordo%20de%20Colabora%C3%A7%C3%A3o%20Francisco%20de%20Assis%20e%20Silva.pdf>. Acesso em: 19 de março de 2020.

_____. Supremo Tribunal Federal. Súmula Vinculante nº 14. DJe nº 26 de 09/02/2009, p. 1.

BORRI, Luiz Antônio; SOARES, Rafael Junior. A obrigatoriedade do duplo registro da colaboração premiada e o acesso pela defesa técnica. Revista Brasileira de Direito Processual Penal, v. III, n. 1, p. 167-187, Janeiro/Abril 2017. Disponível em: <https://doi.org/10.22197/rbdpp.v3i1.48>. Acesso em: 16 março 2020.

CALLEGARI, André Luís. Colaboração Premiada: aspectos teóricos e práticos. 1ª. ed. São Paulo: Saraiva Educação, 2019.

_____. Nova lei melhora delação premiada, mas ainda há brechas. Consultor Jurídico, 25 Dezembro 2019. Disponível em: <https://www.conjur.com.br/2019-dez-25/callegari-lei-melhora-delacao-ainda-brechas>. Acesso em: 08 março 2020.

_____. LINHARES, Raul. A colaboração premiada após a lei "anticrime". Consultor Jurídico, 4 Março 2020. Disponível em: <https://www.conjur.com.br/2020-mar-04/opiniao-colaboracao-premiada-lei-anticrime>. Acesso em: 16 março 2020.

CID, Daniel Del. Homologação de acordo delação e a justa prestação jurisdicional. Consultor Jurídico, 15 Novembro 2016. Disponível em: <https://www.conjur.com.br/2016-nov-11/del-cid-homologacao-delacao-justa-prestacao-jurisdicional>. Acesso em: 15 de março de 2020.

FILHO, Fernando da Costa Tourinho. Comentários à Lei dos Juizados Especiais Criminais. 8ª. ed. São Paulo: Saraiva, 2011.

GORDILHO, Heron José de Santana. Justiça Penal Consensual e as Garantias Constitucionais no Sistema Criminal do Brasil e dos EUA. Revista do Curso de Mestrado em Direito da UFC, Fortaleza, v. 29, n. 1, p. 55/71, jan/jun 2009. Disponível em: <http://periodicos.ufc.br/nomos/article/view/6431/4682>. Acesso em: 09 de fevereiro de 2020.

LAI, Sauvei. Primeiras Impressões Sobre o Acordo de Não Persecução Penal. Migalhas, 10 Fevereiro 2020. Disponível em: <https://www.migalhas.com.br/depeso/320078/primeiras-impressoes-sobre-o-acordo-de-nao-persecucao-penal>. Acesso em: 23 fevereiro 2020.

MARTELLO, Orlando. A negociação da colaboração premiada e sua prática. Disponível em: <http://www.academia.edu/27495561/A_NEGOCIA%C3%87%C3%83O_DA_COLABORA%C3%87%C3%83O_PREMIADA_E_SUA_PR%C3%81TICA >. Acesso em 25 de abril de 2017.

MENDONÇA, Andrey Borges de. A Colaboração premiada e a nova Lei do Crime Organizado (Lei 12.850/2013). Custos Legis, Rio de Janeiro, v. IV, p. 1-38, 2013. Disponivel em: <http://www.prrj.mpf.mp.br/sala-de-imprensa/publicacoes/revista-custos-legis>. Acesso em: 07 Março 2020.

MIRABETE, Júlio Fabbrini; FABBRINI, Renato. N. Manual de Direito Penal – Parte Geral. 30ª. ed. São Paulo: Atlas, v. I, 2014.

MORAIS, Hermes Duarte. Acordo de não persecução penal: um atalho para o triunfo da Justiça penal consensual?. Consultor Jurídico. 30 novembro 2018. Disponível em: <https://www.conjur.com.br/2018-nov-30/hermes-morais-acordo-nao-persecucao-penal-constitucional>. Acesso em: 20 de março de 2020.

_____, Hermes Duarte. Regime Jurídico da Colaboração Premiada: direitos e deveres das partes e poderes do juiz. São Paulo: Liberars, 2019.

MORO, Sérgio Fernando. Crime de Lavagem de Dinheiro. 1ª. ed. São Paulo: Saraiva, 2012.

NUCCI, Guilherme de Souza. Código de Processo Penal Comentado. 9ª. ed. São Paulo: Revista dos Tribunais, 2009.

_____, Guilherme de Souza. Pacote Anticrime Comentado Lei 13.964, de 24.12.2019. 1ª. ed. Rio de Janeiro: Forense, 2020.

PACHECO, Denilson Feitoza. Direito Processual Penal. 6ª. ed. Niterói-RJ: Impetus, 2009.

RIOS, Rodrigo Sánchez; FARIAS, Renata Amaral. Norma do MPF sobre delação mostra preocupação com conduta de membros. Consultor Jurídico, 12 Junho 2018. Disponível em: <https://www.conjur.com.br/2018-jun-12/opiniao-norma-mpf-delacao-mostra-preocupacao-condutas>. Acesso em: 14 de março de 2020.

SOUZA, Renee de Ó. Acordo de Não Persecução Penal: O papel da confissão e a inexistência de plea bargain. Consultor Jurídico, janeiro 2019. Disponível em: <www.conjur.com.br/2019-jan-07/renee-souza-papel-confissao-inexistencia-plea-bargain>. Acesso em: 13 de fevereiro de 2020.

TASSE, Adel El. O Acordo de Não Persecução Penal: Possibilidade vinculada à observância da Constituição Federal. Migalhas, Janeiro 2020. Disponível em: <https://www.migalhas.com.br/depeso/318960/o-acordo-de-nao-persecucao-penal-possibilidade-vinculada-a-observancia-da-constituicao-federal>. Acesso em: 14 de fevereiro de 2020.

8. Das alterações na Lei dos Crimes hediondos

Eduardo Saad-Diniz

A partir da Lei n. 13.964/2019 alterou-se também a Lei n. 8.072/1990, convencionada como "Lei de Crimes Hediondos", modificando o texto normativo para a seguinte redação:

> Art. 5º O art. 1º da Lei nº 8.072, de 25 de julho de 1990, passa a vigorar com as seguintes alterações:
>
> "Art. 1º (...) I – homicídio (art. 121), quando praticado em atividade típica de grupo de extermínio, ainda que cometido por um só agente, e homicídio qualificado (art. 121, § 2º, incisos I, II, III, IV, V, VI, VII e VIII);
>
> II – roubo: a) circunstanciado pela restrição de liberdade da vítima (art. 157, § 2º, inciso V);
>
> b) circunstanciado pelo emprego de arma de fogo (art. 157, § 2º-A, inciso I) ou pelo emprego de arma de fogo de uso proibido ou restrito (art. 157, § 2º-B);
>
> c) qualificado pelo resultado lesão corporal grave ou morte (art. 157, § 3º);
>
> III – extorsão qualificada pela restrição da liberdade da vítima, ocorrência de lesão corporal ou morte (art. 158, § 3º);
>
> (...)
>
> IX – furto qualificado pelo emprego de explosivo ou de artefato análogo que cause perigo comum (art. 155, § 4º-A)
>
> Parágrafo único. Consideram-se também hediondos, tentados ou consumados:
>
> I – o crime de genocídio, previsto nos arts. 1º, 2º e 3º da Lei nº 2.889, de 1º de outubro de 1956;
>
> II – o crime de posse ou porte ilegal de arma de fogo de uso proibido, previsto no art. 16 da Lei nº 10.826, de 22 de dezembro de 2003;

III – o crime de comércio ilegal de armas de fogo, previsto no art. 17 da Lei nº 10.826, de 22 de dezembro de 2003;

IV – o crime de tráfico internacional de arma de fogo, acessório ou munição, previsto no art. 18 da Lei nº 10.826, de 22 de dezembro de 2003;

V – o crime de organização criminosa, quando direcionado à prática de crime hediondo ou equiparado." (NR)

As alterações apresentadas ao Estatuto do Desarmamento (Lei n. 10.826/2003) promovidas pela Lei n. 13.964/2019 implementam modificações nas legislações penal e processual penal. As mudanças reproduzem, em grande medida, a agenda política do combate ao "crime organizado". Apesar das manifestações públicas do Executivo Federal sobre a flexibilização da aquisição e controle sobre armas, as alterações acabaram por enrijecer as regras sobre o tema, trazendo como consequência o endurecimento das regras constantes do Estatuto do Desarmamento (Lei n. 10.826/2003). É claro que, uma vez que a lei penal não retroage, salvo para beneficiar o acusado, a sujeição ao endurecimento das penas apenas poderá sujeitar aquele que cometeu o crime após a promulgação da nova lei.

Desde a perspectiva da moderna dogmática jurídico-penal, as alterações remontam à técnica de tipificação dos delitos de posse (*Besitzdelikte*), antecipando a incriminação da conduta a estado prévio ao emprego ou produção efetiva do resultado daquilo que se tem a mera posse[1]. O que se justifica é a proibição do perigo abstrato de possuir determinada coisa, atribuindo-se responsabilidade a um estado de coisas, no lugar de um comportamento propriamente dito. Assim, agora quem possuir, deter, portar, adquirir, fornecer, receber, ter em depósito, transportar, ceder, ainda que gratuitamente, emprestar, remeter, empregar, manter sob sua guarda ou ocultar arma de fogo, acessório ou munição de uso restrito, sem autorização ou em desacordo com determinação legal ou regulamentar, está sujeito a punição de 3 a 6 anos, todavia, nestes casos, a partir da nova lei, se a arma ou munição for de uso proibido, a punição se eleva para reclusão de 4 a 12 anos.

---

[1] SAAD-DINIZ, Eduardo. La técnica de los delitos de posesión. In: FALCONE, Andrés *et al* (org). Delitos de posesión o tenencia: estudios de derecho penal, partes general y especial, y de derecho procesal penal. Buenos Aires: Ad Hoc, 2016, p. 303-324.

1. Sobre o homicídio doloso: alterações insignificantes, confusas e perda de oportunidades

Não podem ser chamadas propriamente de alterações, pois nesse tema o legislador desperdiçou a oportunidade de pacificar uma questão jurídica e ainda criou outra. Isso ocorreu precisamente na redação do art. 1º, I, Lei n. 8.072/90, a qual se manteve praticamente a mesma. Pior do que isso, criou mais um equívoco.

O legislador poderia (e deveria) ter corrigido a confusão gerada pela referência à qual remete o leitor quando classifica como hediondo o homicídio simples praticado em atividade típica em de grupo de extermínio, ainda que cometido por um só agente. Note-se que conforme redação *supra* exposta, o inciso I inicia inserindo entre parênteses a expressão "I – homicídio (art. 121)" para em seguida explicitar que se trata, na realidade, do tipo simples quando realizado em atividade típica de extermínio, mas que não se confunde com a qualificadora prevista no art. 121, § 6º, CP. Foi o que bastou para que a confusão estivesse feita e alguns setores defendessem que o art. 121, *caput*, CP, também pudesse ser classificado como crime hediondo, nas hipóteses em que praticados em atividade típica de grupo de extermínio.

Ou seja, permanece no texto legal uma figura respectiva ao art. 121, *caput*, que não é qualificadora, não é causa especial de aumento de pena, não é agravante, não integra o tipo penal, não é elementar do tipo, mas, sim, é hediondo. O *quid juris* então é algo que não se pode admitir, por força do imperativo princípio da taxatividade, que por sua vez decorre do princípio da legalidade[2].

Perdeu o legislador a oportunidade de corrigir. Assim como poderia ter inserido o homicídio simples como crime hediondo (art. 121, *caput*, CP), conferindo razoabilidade à Lei n. 8.072/1990. Ora, se o furto passou a ser crime hediondo (é bem verdade que cometido com uso de explosivo, mas ainda assim, um crime contra o patrimônio sem violência ou grave ameaça contra a pessoa), não há fundamento razoável para justificar que o ataque doloso ao maior bem jurídico (vida) não figure no rol do art. 1º.

---

[2] Hassemer, Winfried. Fundamentos del Derecho Penal. trad. Muñoz Conde y Luis Arroyo Zapatero Barcelona: Bosch, 1984, p. 314.

Além disso, como *supra* demonstrado, criou-se novo equívoco, que felizmente é de menor relevo. A referência que o art. 1º, I, Lei n. 8.072/1990 faz ao homicídio qualificado inclui um inciso vetado, isto é, uma descrição típica que foi vetada e por isso não está no CP, qual seja, aquela respectiva ao inciso VIII. O art. 121, §2º, VIII, era definido no projeto de lei e definia como qualificado o homicídio cometido "com emprego de arma de fogo de uso restrito ou proibido" (art. 121, §2º, VIII). Embora no CP não apareça, no art. 1º, I, Lei n. 8.072/1990 há um espectro correspondente, cujo único efeito prático é confundir.

2. Sobre o roubo: ampliação de hipóteses

Ampliaram-se as hipóteses de roubo hediondo. Antes da Lei n. 13.964/2019, o rol limitava-se à previsão do delito de latrocínio, quer dizer, a conduta típica de roubo qualificado pelo resultado morte (art. 157, § 3º, *in fine*, conforme Lei n. 8.930/1994)[3]. Neste tema, houve alteração da redação. A Lei n. 8.072/1990 dizia que era crime hediondo o delito "latrocínio", ou seja, referindo-se a um apelido respectivo ao art. 157, § 3º. Agora, a Lei n. 8.072/1990 passa a empregar rigor técnico, referindo-se ao crime preterdoloso respectivo, qual seja, ao "roubo qualificado pelo resultado morte", atualmente previsto no art. 157, § 3, II, CP.

Também se considera hediondo o *roubo qualificado pelo resultado lesão corporal grave,* conforme previsto no art. 157, § 3º, I, CP, que congloba tanto as lesões graves como as gravíssimas. Não estava previsto na Lei n. 8.072/1990.

Além do roubo qualificado pela morte e lesão corporal grave, foram incluídas outras duas modalidades de roubo na lista de crimes hediondos: o roubo *circunstanciado pela restrição de liberdade da vítima* (art. 157, § 2º, V); e o roubo *circunstanciado pelo emprego de arma de fogo* (art. 157, § 2º-A, I) ou *circunstanciado pelo emprego de arma de fogo de uso proibido ou restrito* (art. 157, § 2º-B).

---

[3] Art. 157, CP: "Subtrair coisa móvel alheia, para si ou para outrem, mediante grave ameaça ou violência a pessoa, ou depois de havê-la, por qualquer meio, reduzido à impossibilidade de resistência: § 3º Se da violência resultade lesão corporal grave, a pena é de reclusão de 7 (sete) a 18 (dezoito) anos, e multa; morte, a pena é de reclusão de 20 (vinte) a 30 (trinta) anos, e multa".

Para fins didáticos, seria possível então discriminar como crimes hediondos as seguintes figuras típicas do roubo: (i) qualificado pela morte; (ii) qualificado pela lesão corporal grave; (iii) causa de aumento de restrição de liberdade; (iv) com emprego de arma de fogo de uso permitido, e; (v) circunstanciado pelo emprego de arma de fogo de uso proibido ou restrito.

3. Sobre a extorsão

O crime de extorsão qualificado pela morte da vítima constava do rol de crimes hediondos. Foi incluído no art. 1º, III, Lei n. 8.072/1990 pela Lei n. 8.930/1994. Tratava-se do crime previsto no art. 158, § 2º, CP[4].

No ano de 2009, foi promulgada a Lei n. 11.923, para tipificar o chamado sequestro-relâmpago no CP. E assim acrescentou-se o § 3º ao art. 158, CP[5]. Ocorre que ao mesmo tempo em que foi criado este novo tipo, o mesmo não foi incluído como crime hediondo no rol do art. 1º, Lei n. 8.072/1990.

Assim criou-se um paradoxo, a partir de 2009. Era hediondo o crime de extorsão com morte sem sequestro (art. 158, § 2º), mas não era hediondo quando houvesse extorsão com morte e sequestro-relâmpago (art. 158, § 3º). A interpretação jurisprudencial fez malabarismos para chamar de "mera ausência de técnica legislativa"[6], o que na realidade era afronta ao princípio da legalidade, permitindo que o tipo previsto no § 3º fosse compreendido como desdobramento dos parágrafos anteriores. Logo, a interpretação jurisprudencial chancelou o entendimento de que o § 3º tinha natureza jurídica de crime hediondo.

---

[4] Art. 158 – *Constranger alguém, mediante violência ou grave ameaça, e com o intuito de obter para si ou para outrem indevida vantagem econômica, a fazer, tolerar que se faça ou deixar de fazer alguma coisa:*
Pena – reclusão, de quatro a dez anos, e multa.
(...)
§ 2º – Aplica-se à extorsão praticada mediante violência o disposto no § 3º do artigo anterior.
[5] *§ 3.º Se o crime é cometido mediante a restrição da liberdade da vítima, e essa condição é necessária para a obtenção da vantagem econômica, a pena é de reclusão, de 6 (seis) a 12 (doze) anos, além da multa; se resulta lesão corporal grave ou morte, aplicam-se as penas previstas no art. 159, §§ 2º e 3º, respectivamente.*
[6] STJ, REsp 1.353.693-RS, Rel. Min. Reynaldo Soares da Fonseca, julgado em 13/9/2016, DJe 21/9/2016.

A Lei n. 13.964/2019 claramente corrigiu um esquecimento – ou uma incoerência – ocorrida pelo legislador há 10 anos atrás. Previu as condutas e os resultados escritos no art. 158, § 3º como crimes hediondos.

Note-se que o novo art. 1º, inciso III da Lei nº 8.072/1990 substituiu a redação anterior, ou seja, previu como hediondo unicamente o § 3º do art. 158 do CP. A conduta que estava prevista como hedionda desde 1994 (art. 158, § 2º) não é mais considerada crime hediondo. Portanto, é caso de *abolitio criminis* que deve retroagir para beneficiar o réu e os condenados, inclusive, alterando as contagens de prazos para a obtenção de progressão de regime prisional e outras diversas situações previstas na Lei nº 8.072/1990 que deixam de ser aplicadas.

4. Sobre o furto

Por sua vez, a Lei n. 13.964/2019 também inovou ao considerar como hediondo o *furto qualificado pelo emprego de explosivo ou de artefato análogo que cause perigo comum* (art. 155, § 4º-A). O endurecimento da punição para esse tipo penal permite expressar, uma vez mais, a estratégia de reforço punitivo de práticas socialmente indesejáveis, como explosão de caixas eletrônicos ou agências bancárias.

Em tese, parece que as alterações nos crimes hediondos pretende alcançar a atuação de associações criminosas, especialmente a partir da preocupação em tornar hediondas as práticas de *comércio ilegal de armas de fogo* (art. 17, Lei n. 10.826/2003) e *tráfico internacional de arma de fogo, acessório ou munição* (art. 18, Lei n. 10.826/2003).

A crítica merecida, contudo, recai sobre a desproporcionalidade. Trate-se de classificação que traz para um crime patrimonial, e frise-se, exclusivamente patrimonial, o grave trato retributivo da política criminal da Lei nº 8.072/1990. Não há violência ou grave ameaça contra a pessoa. É certo, há também crime de perigo, causado pelo uso de explosivo. Mas, não há resultado. Ao mesmo tempo, permanece inexplicável que o crime de homicídio em sua forma simples não tenha sido classificado como hediondo. A vida, quando dolosamente retirada, parece ser compreendida no Brasil como um ato como menos hediondo que um caixa eletrônico explodido.

5. Alterações no art. 33, § 4º, Lei n. 11.343/2006

A Lei de Drogas prevê a possibilidade de redução de pena de um sexto a dois terços, para o tipo penal previsto no art. 33, nas hipóteses em que o agente seja primário, com bons antecedentes, não se dedique a atividades criminosas nem integre organização criminosa (art. 33, §4º, Lei de Drogas). Trata-se do denominado tráfico privilegiado.

Embora a opção legislativa fosse clara no sentido de atenuar a resposta penal a quem fosse reconhecido ter agido sob tais condições objetivas e subjetivas, não foi esse o entendimento dos tribunais estaduais, cuja boa parte das câmaras insistiam em tratar como crime hediondo quem fosse condenado como incurso no art. 33, § 4º da Lei nº 11.343/2006.

Mesmo após sucessivos julgados dos tribunais superiores[7] reconhecendo que o tipo previsto no art. 33, § 4º da Lei nº 11.343/2006 não deve ser equiparado à do caput e não deve ser tratado como crime hediondo, expressiva porção das decisões emanadas dos tribunais estaduais continuaram a tratar referida figura penal como pertencente ao âmbito dos delitos, em verdadeira revalorização do componente aflitivo da pena[8].

Em favor da natureza comum e não hedionda do delito do art. 33, § 4º da Lei nº 11.343/2006, sobreveio a Lei n. 13.964/2019, a qual afirmou que referido crime não é considerado hediondo.

É bem verdade que disse isso no âmbito da LEP, ao tratar do tema das progressões de regime prisional, no art. 112, § 5º: "não se considera hediondo ou equiparado, para os fins deste artigo (isto é, para fins de progressão), o crime de tráfico de drogas previsto no *§ 4º do art. 33 da Lei nº 11.343/2006*". Todavia, não faria sentido que a lei negasse a natureza hedionda do delito numa determinada situação jurídica (progressão de regime), permitindo que se pudesse considerar a natureza hedionda em outros contextos jurídicos, por exemplo, para fins de imposição de regime inicial fechado, proibição de concessão de fiança, prisão temporária

---

[7] Em especial, confira-se: STF, HC nº 118.533/MS, j. em 23/06/2016, Rel. Min. Carmen Lúcia: "O tráfico de entorpecentes privilegiado (art. 33, § 4º, da Lei n. 11.313/2006) não se harmoniza com a hediondez do tráfico de entorpecentes definido no caput e § 1º do art. 33 da Lei de Tóxicos".

[8] Díez Ripollés, José Luis. Los nuevos modelos penales de intervención securitaria. In: Rodríguez, Raúl (org). Cuestiones de política criminal en los tiempos actuales. Santiago de Chiel: Editorial Jurídica de Chile, 2009, p. 232.

de até 30 dias, etc. Seria uma incoerência interna inadmissível do sistema jurídico penal.

Teria sido bem melhor que a Lei n. 13.964/2019 de uma vez por todas tivesse acatado o posicionamento tranquilo do STF e houvesse expurgado definitivamente da Lei n. 8.072/1990 a conduta prevista no art. 33, § 4º, Lei n. 11.343/2006, fazendo-o no âmbito do art. 5º do Pacote Anticrime, que é o artigo que tratou da reforma da Lei n. 8.072/1990. Mas, talvez fosse pedir demais ao legislador uma segunda abolitio criminis em uma lei que popularmente foi apelidada de anticrime.

6. Modificações do art. 1º, parágrafo único, Lei n. 8.072/1990

A Lei n. 13.964/2019, a sua vez, também influenciou na ampliação do rol de crimes hediondos previstos no art. 1º, parágrafo único. No que diz respeito ao crime de genocídio, preservou-se a redação original, apesar de avanços significativos no debate científico internacional, seja pela revisão dos critérios que permitiriam configurar o crime de genocídio ou mesmo na criação de uma nova figura, o crime de ecocídio.

No diz respeito ao Estatuto do Desarmamento, as alterações incidiram sobre o art. 16, Estatuto do Desarmamento, as alterações aportaram alguns detalhes técnicos que podem trazer complicações. O debate mais relevante diz respeito à limitação de armas e acessórios de uso restrito no *caput*, art. 16, a se considerar que o Pacote Anticrime introduziu o texto normativo "arma de fogo de uso proibido", que se refere em verdade ao art. 16, § 2º.

Não há maior clareza se a redação trazida pela Lei n. 13.964/2019 diz respeito ao *caput* do art. 16 ou se o seu sentido normativo alcança também as figuras equiparadas previstas na Lei n. 13.497/2017. Aqui também a adequada descrição do tipo afeta a técnica de produção legislativa, a partir da confusão entre "uso restrito" e "uso proibido".

Tudo indica que a alteração, apesar de referência genérica a "armas e acessórios de uso restrito", poderia haver se referenciado à expressão arma de fogo, acessório ou munição de uso proibido. Por força da taxatividade, e da necessidade de expressão referência normativa ao tratamento mais severo reservado aos crimes hediondos, a qualidade de hediondo parece referir-se exclusivamente ao *caput*.

Na prática, este problema técnico poderia gerar dúvidas nas hipóteses de concurso de crimes, com base em que seria possível a absorção do delito do art. 16 como crime-meio das demais condutas típicas incluídas no rol de crimes hediondos, como o comércio ilegal ou o tráfico internacional de armas de fogo[9].

Referências

CABETTE, Eduardo Luiz; CARUSO, Gianfranco Silva. Lei Anticrime e Crimes Hediondos. JusBrasil, s.d. Disponível em: https://eduardocabette.jusbrasil.com.br/artigos/815449027/lei-anticrime-e-crimes-hediondos

DÍEZ RIPOLLÉS, José Luis. Los nuevos modelos penales de intervención securitaria. In: RODRÍGUEZ, Raúl (org). Cuestiones de política criminal en los tiempos actuales. Santiago de Chiel: Editorial Jurídica de Chile, 2009, p. 232.

HASSEMER, Winfried. Fundamentos del Derecho Penal. trad. Muñoz Conde y Luis Arroyo Zapatero Barcelona: Bosch, 1984.

SAAD-DINIZ, Eduardo. La técnica de los delitos de posesión. In: FALCONE, Andrés et al (org). Delitos de posesión o tenencia: estudios de derecho penal, partes general y especial, y de derecho procesal penal. Buenos Aires: Ad Hoc, 2016, p. 303-324.

---

[9] Com riqueza de detalhes, CABETTE, Eduardo Luiz; CARUSO, Gianfranco Silva. Lei Anticrime e Crimes Hediondos. JusBrasil, s.d. Disponível em: https://eduardocabette.jusbrasil.com.br/artigos/815449027/lei-anticrime-e-crimes-hediondos

9. A nova disciplina sobre a fundamentação das decisões judiciais no processo penal

Cláudio do Prado Amaral

O direito processual penal brasileiro ressentia-se de não ter normas específicas contidas no CPP sobre a motivação das decisões judiciais, como o processo civil possui. As jurisprudências do STJ e STF têm copiosamente apontando a carência na fundamentação em determinadas decisões judiciais. Diante desse quadro, sobreveio o § o art. 315, § 2º, incisos I a VI do CPP, incluídos pela Lei nº 13.964/2019, que trazem para o Código a mesma redação existente no art. 489, § 1º, incisos I a VI do CPC. E com isso foi introduzida no CPP uma novidade de grande envergadura.

A técnica utilizada pelo CPP consiste em relacionar tipos (*standards*) que revelam que o magistrado descumpriu o dever de motivar a decisão. São atos praticados pelo juiz com aparência de decisão, porque não possuem conteúdo substancial de uma fundamentação.

Note-se que conforme esses standards o descumprimento do dever de motivar não se expressa apenas quando a decisão não é motivada total (plena ausência de motivação) ou parcialmente (parcial ausência de motivação), mas também quando ocorre a motivação inadequada conforme o que vem ensinando a teoria da motivação das decisões judiciais.

1. O status constitucional do dever de motivar no Brasil, sua indissociabilidade do princípio-garantia de publicidade e a sanção processual de nulidade

O art. 93, IX da CF determina *que todos os julgamentos dos órgãos do Poder Judiciário serão públicos, e fundamentadas todas as decisões, sob pena de nulidade*. A motivação das decisões judiciais é um direito fundamental do cidadão, perfeitamente alinhado com a opção política que o Brasil adotou, qual seja, a de um Estado Democrático de Direito[1]. A exposição pública da racionalidade que embasa uma decisão judicial permite verificar se referida decisão respeitou os princípios constitucionais, as garantias, os direitos fundamentais do cidadão e o sistema acusatório, tudo conforme o nosso modelo democrático e de direito. Trata-se de verdadeira blindagem contra julgamentos arbitrários[2].

Consoante celebrada lição de Antônio Magalhães Gomes Filho, a garantia da motivação das decisões judiciais possui dupla função: 1) política e; 2) processual[3]. Enquanto garantia política é um mecanismo relacionado: a) a legitimidade do ato judicial decisório de natureza penal; b) a adequação política desse ato conforme o Estado Democrático de Direito; c) a participação popular na administração da justiça; d) a legalidade das decisões; e) a certeza do direito; f) a separação dos poderes, e; g) a verificação sobre o respeito aos direitos fundamentais.

A função processual da garantia do dever de motivar está relacionada: a) à efetividade da cognição judicial; b) à independência e imparcialidade do julgador; c) ao contraditório; d) ao duplo grau de jurisdição e; e) à publicidade processual. Essa relação funcional permite que sejam realizados controles, os quais recaem sobre cada um dos atos processuais, que não são outra coisa senão a expressão do devido processo.

Como seria possível recorrer de uma decisão judicial, se a função processual, conforme acima exposta, não fosse inerente à garantia do dever de motivar? É precisamente a garantia que se expressa pelo binô-

---

[1] MENDES, Gilmar Ferreira; STRECK, Lênio Luiz. In: Comentários à Constituição do Brasil / J.J. Gomes ... [et al.]; outros coordenadores: Ingo Wolfgang Sarlet; Lênio Luiz Streck; Gilmar Ferreira Mendes. 2ª ed. São Paulo: Saraiva Educação, 2018 (Série IDP), p. 1423.
[2] Idem.
[3] FILHO, Antônio Magalhães Gomes. A motivação das decisões penais. 2ª ed. São Paulo: RT, 2013, p. 64 e 80.

mio motivação-publicidade que permite o adequado exercício de outra garantia, qual seja, o do duplo grau de jurisdição.

O direito constitucional brasileiro agiu de modo perfeito, pois vinculou o dever da motivação ao princípio-garantia da publicidade. Ora, de que adiantaria a obrigação da motivação se ela permanecesse oculta das partes, dos cidadãos e da sociedade? E assim, estabeleceu-se em nível constitucional o binômio *motivação-publicidade* dos atos processuais como corolário do princípio de proteção judicial efetiva dos cidadãos contra o arbítrio[4]. A publicidade dos atos processuais somente poderá ser restringida para a defesa da intimidade ou quando o interesse social o exigirem (art. 5º, LX da CF). Essa regra está conforme o art. 93, IX, cujo teor afirma que a lei pode *limitar a presença, em determinados atos, às próprias partes e a seus advogados, ou somente a estes, em casos nos quais a preservação do direito à intimidade do interessado no sigilo não prejudique o interesse público à informação.*

O descumprimento do dever de motivação implica numa pesada sanção processual: a nulidade da decisão. A arquitetura de um processo de garantias somente pode estar completa com tal previsão sancionatória em nível constitucional, por ser a melhor e mais eficiente ferramenta impeditiva do arbítrio judicial[5].

Essa sanção é replicada pelo § 2º do art. 315 do CPP ao dizer que não se considera fundamentada a qualquer decisão judicial que incorrer nos vícios de motivação por ela elencados.

2. Os requisitos da motivação

O não cumprimento do dever de fundamentar e de suas respectivas funções, conforme acima expostas, compromete o Estado Democrático de Direito, uma vez que fragiliza garantias e direitos fundamentais. Para o

---

[4] MENDES, Gilmar Ferreira; STRECK, Lênio Luiz. In: Comentários à Constituição do Brasil / J.J. Gomes ... [et al.]; outros coordenadores: Ingo Wolfgang Sarlet; Lênio Luiz Streck; Gilmar Ferreira Mendes. 2ª ed. São Paulo: Saraiva Educação, 2018 (Série IDP), p. 1425.

[5] NOJIRI, Sérgio. O dever de fundamentar as decisões judiciais. Coleção Estudos de Direito de processo – Enrico Tullio Liebman – vol. 39. 2ª ed. São Paulo; RT, 2000, p. 70: "Quando o jurisdicionado suspeitar que o magistrado decidiu contra a lei, desrespeitando direitos fundamentais ou extrapolando suas funções institucionais, deverá buscar na fundamentação da decisão subsídios para aferir a qualidade da atividade jurisdicional prestada. E a inserção dessa garantia no texto constitucional é da maior relevância".

cumprimento das funções, a motivação deve atender a determinados requisitos. A doutrina os relaciona como sendo: a) integralidade; b) dialeticidade; c) correção; d) racionalidade interna e externa[6]. Quanto à dialeticidade, nós a denominaremos requisito dialógico da motivação.

2.1 A integralidade

É requisito que designa cada deliberação parcial contida num mesmo provimento jurisdicional[7]. O caminho dos raciocínios do julgador para a decisão final, enfrentando cada questão, forma um todo, que representa um só desafio. É como se fosse uma prova de atletismo olímpico denominada corrida com barreiras. Cada avanço, cada passada e cada salto é um desafio superado que faz parte de um inteiro. Assim, cada decisão do julgador determina o passo para a seguinte decisão, e como tal, deve ser justificada[8].

Assim por exemplo, a decisão que converte uma prisão em flagrante em preventiva deverá justificar, cumulativa e seguidamente que o auto de prisão em flagrante está formalmente em ordem, sobre a insuficiência e inadequação de cada uma das medidas cautelares diversas da prisão no caso concreto e sobre a necessidade incontornável da prisão cautelar. Do contrário, a motivação não será íntegra.

Conforme a melhor doutrina, a integralidade da decisão também obriga o juiz a justificar a escolha da norma que empregou ao caso, explicando por qual motivo decidiu empregá-la, isto é, dizer por qual razão não aplicou outra norma jurídica eventualmente existente que seja semelhante àquela pela qual optou[9].

---

[6] FILHO, Antônio Magalhães Gomes. A motivação das decisões penais. 2ª ed. São Paulo: RT, 2013, p. 142.

[7] FILHO, Antônio Magalhães Gomes. A motivação das decisões penais. 2ª ed. São Paulo: RT, 2013, p. 143.

[8] SILVA, Ana de Lourdes Coutinho. A motivação das decisões judiciais. Coleção Atlas de Processo Civil. Coordenação: Carlos Alberto Carmona. São Paulo: Atlas, 2012, p. 47: "Para tanto, traz o julgador argumentos que justificam a escolha que fez para julgar em um determinado sentido, e não em outro, e que estão expostos na motivação da decisão que torna pública".

[9] TARUFFO, Michele. La motivación de la sentencia civil. Trad. Lorenzo Córdova Vianello. México: Tribunal Electoral del Poder Judicial de la Federación, 2006, p. 210.

2.2 Dialeticidade

Cabe ao juiz analisar todos os elementos que constam no processo e que sejam potencialmente úteis para decidir. Nos autos estão disponíveis para o julgador dois ou mais argumentos das partes. O magistrado irá se basear nas razões ofertadas pelas partes para chegar às suas conclusões. Ao optar por uns ou outros argumentos das partes deverá motivar. Claro que o juiz também poderá decidir com base em seus próprios motivos, mas, ainda assim, de modo algum poderá ignorar o que as partes argumentaram.

O juiz analisa argumentos, racionalidades, pedidos de realização de provas e provas, argumentos sobre essas provas, tudo conforme a dialética processual protagonizada pelas partes, sendo que ao julgador é vedado ignorar ou omitir-se diante das opções de raciocínio que lhe foram expostos. Terá que decidir acolhendo ou não uma afirmação e justificar o porquê de ter optado como optou[10].

A doutrina denomina esse requisito da motivação de dialeticidade[11]. De nossa parte o chamamos de *requisito dialógico* da motivação, na medida em que o raciocínio do juiz delineado na motivação *dialoga* com as provas e argumentos trazidos ao debate pelos interessados no provimento[12].

2.3 Correção

A correção enquanto requisito da motivação, não se relaciona ao seu mérito, isto é, ao acerto ou desacerto do provimento. Não é um requisito relacionado à sucumbência da parte, àquele que não teve seus interesses acolhidos pelo provimento. Não tem a ver com a motivação num certo sentido meritório.

---

[10] BETTIOL, Giuseppe; BETTIOL, Rodolfo. Instituições de direito e processo penal. 1ª ed, correspondente à 7ª ed. Italiana. São Paulo: Pillares, 2008, p. 168: "Com efeito, foi o mundo anglo-saxão a recolher a herança do mundo clássico da prova entendida como argumentum. A tradição tópico-retórica e a dialética entendida como *ars disputandi* foram as matizes de um sistema de aquisição e avaliação da prova por meio da qual se tende a excluir a falácia do juízo e se persegue o raciocínio da decisão".

[11] FILHO, Antônio Magalhães Gomes. A motivação das decisões penais. 2ª ed. São Paulo: RT, 2013, p. 144.

[12] CONDE, Francisco Muñoz. La búsqueda de la verdad en el processo penal. 2ª ed. Buenos Aires: Hammurabi, 2003, p. 115.

O requisito de correção expressa um tipo de motivação de conteúdo que não corresponde aos dados objetivos e evidentes existentes dentro no processo, como por exemplo, naqueles em que as decisões são estapafúrdias, cujas sentenças possuem uma justificação teratológica, ou quando as motivações se omitem sobre fatos pacíficos ou se baseiam em fato inexistente.

2.4 Racionalidade interna e externa

Este requisito da motivação, denominado racionalidade ou logicidade *interna* da motivação, significa o delineamento de um raciocínio livre de contradições e coerente com a decisão final. Trata-se da racionalidade que é o resultado da própria argumentação que foi utilizada para justificar o provimento jurisdicional. A racionalidade interna da motivação não pode conter contradição entre as várias proposições feitas no percurso decisório.

Ela cumpre uma *dever geral de coerência*, ou seja, é necessário que a decisão contenha asserções de fato e de direito que não sejam incompatíveis com as demais asserções utilizadas na mesma decisão. Cada esquema de justificação deve ser considerado idôneo para fundamentar a respectiva conclusão, sendo que seus componentes não podem estar em contraste com outros elementos presentes no discurso do juiz. Isso quer dizer que a justificação racional é aquela que cumpre a condição de que não haja contradição interna do contexto no qual foi proferida a decisão do caso concreto[13].

Quanto à racionalidade externa, esta é um requisito da motivação respectivo à congruência normativa e à congruência narrativa. A congruência normativa se revela pela aplicação do direito sob duplo aspecto: 1) ao selecionar as regras e jurisprudência relevantes para a decisão, cabe ao juiz verificar se os valores e princípios do ordenamento jurídico dão certo sentido à essas regras e julgados para a solução daquele específico caso concreto; 2) quando essas regras e precedentes são empregadas na motivação, o que ocorre na verdade é uma aplicação analógica dos mesmos princípios e valores, surgindo, desse modo, uma decisão

---

[13] TARUFFO, Michele. La motivación de la sentencia civil. Trad. Lorenzo Córdova Vianello. México: Tribunal Electoral del Poder Judicial de la Federación, 2006, p. 242-243.

congruente em relação ao conjunto do ordenamento jurídico[14]. Assim, por exemplo, quando se emprega um julgado sobre atipicidade não se pode aplica-la à argumentação baseada na culpabilidade.

A congruência narrativa, por sua vez, relaciona-se à motivação sobre os fatos, isto é, à coerência do discurso sobre o acertamento fático. Não se trata de ausência de contradição interna. A congruência narrativa é uma procedimento verificatório sobre a verdade ou a provável verdade de proposições sobre coisas ou eventos que não foram diretamente observados (por exemplo, crimes sem testemunhas presenciais). É uma aproximação funcional que justifica crenças, e portanto, justifica o próprio julgamento que recai sobre questões pretéritas que permaneciam ininteligíveis no mundo fenomênico. Há um conhecido exemplo. Um marido é acusado de ter afogado sua esposa na banheira, na noite de núpcias. A defesa alegou que foi um acidente. Todavia, o tribunal condenou o réu justificando que tais fatos já haviam ocorrido duas vezes antes com o mesmo acusado: quando o marido tem a esposa morta na banheira uma vez, isso é digno de pena; quando isso ocorre uma segunda vez, o marido torna-se suspeito. Na terceira vez que esposa morre da mesma forma, o marido é considerado culpado. Note-se, no exemplo, que a decisão surgiu a partir de uma narrativa coerente, externamente compreensível por quem assiste ao julgamento e por quem lerá o processo, pois o sentido que a narrativa conferiu ao fato criminoso foi o produto de fenômenos ligados por uma racionalidade lógica, consistente e coerente[15].

3. Os vícios da motivação

Uma vez expostos quais são os requisitos da motivação, é natural que examinemos quais são os vícios perceptíveis a partir da falta, incompletude ou inadequação em relação àqueles requisitos.

---

[14] NERY, Carmen Lígia. Decisão judicial e discricionariedade: a sentença determinativa do processo civil. 1ª ed. São Paulo: RT, 2014, p. 98: "O texto da lei não pode ser considerado como um conceito metafísico que não diz respeito a nada, como se ele fosse bastante em si mesmo e não necessitasse do caso concreto para fazer sentido. Em outras palavras, os textos legais não são 'enunciados assertóricos' que estão à disposição do sujeito solipsista para que ele os conheça por meio de sua consciência. Não existem conceitos em coisas. O sentido do texto não é uma coisa em sai mesma que possa ser acoplada ao caso concreto".

[15] FILHO, Antônio Magalhães Gomes. A motivação das decisões penais. 2ª ed. São Paulo: RT, 2013, p. 151.

O art. 315, § 2º, incisos I a VI do CPP dispõe que não se considera fundamentada qualquer decisão judicial, seja ela interlocutória, sentença ou acórdão, que:

I – limitar-se à indicação, à reprodução ou à paráfrase de ato normativo, sem explicar sua relação com a causa ou a questão decidida;
II – empregar conceitos jurídicos indeterminados, sem explicar o motivo concreto de sua incidência no caso;
III – invocar motivos que se prestariam a justificar qualquer outra decisão;
IV – não enfrentar todos os argumentos deduzidos no processo capazes de, em tese, infirmar a conclusão adotada pelo julgador;
V – limitar-se a invocar precedente ou enunciado de súmula, sem identificar seus fundamentos determinantes nem demonstrar que o caso sob julgamento se ajusta àqueles fundamentos;
VI – deixar de seguir enunciado de súmula, jurisprudência ou precedente invocado pela parte, sem demonstrar a existência de distinção no caso em julgamento ou a superação do entendimento.

3.1. A inexistência de motivação

A ausência do iter expositivo do raciocínio que conduziu à conclusão é vício denominado *inexistência de motivação*. Trata-se da completa omissão de escrita sobre os motivos. Todavia, essa é a forma mais conhecida da motivação inexistente.

Também são consideradas inexistentes as decisões tautológicas, isto é, aquelas em que o julgador repete a fórmula legal ou emprega as mesmas palavras da lei, usando-as como base da decisão[16]. Por exemplo: "Decreto a prisão preventiva para a garantia da ordem pública, com base no art. 312 do CPP", sendo que somente nisso consiste a fundamentação.

Inexistência de motivação e motivação sucinta não são a mesma coisa. Na motivação sucinta há motivação, todavia, resumida e pouco detalhista (por exemplo, cita o número do julgado que usa como referência acompanhado de brevíssima justificação). O destinatário da decisão terá

---

[16] TORNAGHI, Hélio B. Manual de processo penal: prisão e liberdade. Rio de Janeiro: Livraria Freitas Bastos, 1963, p. 619-620.

que esforçar-se para expandir a informação colocada resumidamente pelo juiz na justificativa[17].

A motivação inexistente no processo penal corresponde às hipóteses previstas no art. 315, § 2º, incisos I e II do CPP. Nessas hipóteses, o julgador: a) se limita à indicação, à reprodução ou à paráfrase de ato normativo, sem explicar sua relação com a causa ou a questão decidida e; b) emprega conceitos jurídicos indeterminados, sem explicar o motivo concreto de sua incidência no caso.

Também é possível identificar no art. 315, § 2º, V do CPP uma hipótese de inexistência de motivação, pois a decisão judicial é da espécie que se limita a invocar precedente ou enunciado de súmula *sem identificar* seus fundamentos determinantes nem demonstrar que o caso sob julgamento se ajusta àqueles fundamentos.

A sanção prevista é a de nulidade, conforme disposto no art. 93, IX da CF e outra decisão deve ser proferida em seu lugar. Não se trata de vício que pode ser sanado pelo julgador, mediante complementação, correção ou ajuste, pois existe um vazio decisório e não há o que complementar, corrigir nem ajustar.

3.2. Motivação incompleta

Como já visto, um dos requisitos da motivação é a sua integralidade ou completude, formada por decisões parciais e prejudiciais. Como exemplo, citemos a sentença penal, em que o magistrado resolve as questões em capítulos, cada qual contendo a respectiva motivação. A incompletude da motivação de um capítulo antecedente vicia os subsequentes, bem como o resultado final.

Por exemplo, numa sentença em que um réu é acusado de tráfico (art. 33 da Lei nº 11.343/2006), o juiz reconhece que houve tal delito, todavia sem motivar sobre a presença das elementares do privilégio previsto no § 4º do mesmo artigo, embora alegado pela defesa. Isso permi-

---

[17] NOJIRI, Sérgio. O dever de fundamentar as decisões judiciais. Coleção Estudos de Direito de processo – Enrico Tullio Liebman – vol 39. 2ª ed. São Paulo; RT, 2000, p. 119: "No entanto, cabe aqui um alerta: não devemos confundir ausência de motivação com fundamentação sucinta. As motivações concisas, que deixam entrever as razões pelas quais o magistrado optou por uma dada solução, não ostentando az mácula da inconstitucionalidade". Também: FERNANDES, Antônio Scarance; GRINOVER, Ada Pellegrini; FILHO, Antônio Magalhaes Gomes. As nulidades no processo penal. 11ª. São Paulo: RT, 2010, p. 200.

tiria que a sentença sequer fosse concluída, pois o acusado teria direito à proposta de não persecução penal (art. 28-A do CPP). Seria também a hipótese da sentença penal condenatória em que a defesa pleiteia que, em caso de condenação, seja aplicada ao réu uma pena não privativa de liberdade, sendo que o juiz motiva a condenação e condena o acusado a uma pena privativa de liberdade, mas não motiva esta parte da sentença.

A incompletude não se confunde com *motivação implícita*. Esta última é um artifício da motivação, mas não um vício. Ela se dá quando as razões expostas pelo julgador prestam-se implicitamente para os fins de justificação relacionados a uma questão cujos motivos não foram explicitamente expostos[18]. Ou seja, o juiz tem diante de si argumentos deduzido pelas partes cujos conteúdos logicamente excluem-se entre si quando se opta por um deles.

Por exemplo: a defesa alega em um caso de roubo qualificado pelo emprego de arma que não há apreensão desta nos autos e o crime deve ser desclassificado para a sua forma básica; o juiz não examina explicitamente a falta de apreensão da arma, mas afirma que há filmagens demonstrando que o agente empunhava uma arma no momento do delito; com isso o juiz está motivando implicitamente que a prova da materialidade está satisfeita com esse fato.

A motivação incompleta corresponde à espécie prevista no art. 315, § 2º, IV do CPP: é viciada a motivação que *não enfrentar todos os argumentos deduzidos no processo capazes de, em tese, infirmar a conclusão adotada pelo julgador*. Também está no art. 282, § 6º do CPP. Trata-se de vício insanável que também irá macular as demais decisões parciais que estiverem na mesma linha de desdobramento lógico do tema que não foi motivado.

3.3. Motivação não dialética

O conforme já exposto acima, o a motivação judicial deve levar em conta os argumentos de fato e de direito trazidos ao debate pelas partes. Corresponde ao requisito da racionalidade dialógica.

---

[18] SILVA, Ana de Lourdes Coutinho. A motivação das decisões judiciais. Coleção Atlas de Processo Civil. Coordenação: Carlos Alberto Carmona. São Paulo: Atlas, 2012, p. 159: "é comum a referência em acórdão de que o juiz não estaria obrigado a responder a todas as alegações das partes quando já tivesse encontrado motivo suficiente para fundamentar a decisão, nem se obrigaria a se ater aos fundamentos indicados por elas e tampouco responder uma a um a todos os seus argumentos".

Não se confunde ausência de dialeticidade com motivação *ad relationem* ou *per relationem*. Em alguns casos esse tipo de motivação pode ser aceita (não há nulidade) e em outros não (há nulidade).

A motivação *ad relationem* consiste no emprego pelo magistrado dos mesmos argumentos expostos por uma das partes ou em outra decisão, copiando-os. O juiz adota fundamentos de outro sujeito processual, seja repetindo-os *ipsis litteris* ou substitui algumas palavras por sinônimos. São motivações que não são produzidas pelo próprio juiz autor da decisão. Não representam sua justificativa autônoma *ad hoc* para solucionar uma questão controvertida[19].

A questão poderia parecer de solução simples Afinal, se o juiz nada tem a acrescentar diante do que já foi motivado em outro documento (que não é de sua autoria), bastaria copiar esses argumentos em sua decisão. Todavia, em inúmeros casos, a dialeticidade inerente à motivação do caso copiado só é a mesma na aparência. Ela é, em verdade, semelhante, mas, não é igual.

O correto, assim, é que em todo caso de motivação *per relationem*, o magistrado explicite as razões pelas quais está copiando os argumentos utilizados de outro documento, demonstrando sua pertinência ao caso. Note-se que ao fazer isso, o juiz estará, propriamente, proferindo uma outra decisão, qual seja aquela na qual ele explica por quais motivos as razões da decisão copiada são inteiramente cabíveis àquela que ele está proferindo. O juiz não pode dizer profeticamente que a uma decisão *A* cabem os mesmos motivos que fundamentaram a decisão *B*. O trato delicado do poder punitivo e do *ius libertatis* do acusado o impedem de agir assim.

Na motivação sem raciocínio dialógico – como também ocorre com a motivação incompleta – o vício corresponde ao previsto no art. 315, § 2º, IV do CPP. Consiste em o magistrado *não enfrentar todos os argumentos deduzidos no processo capazes de, em tese, infirmar a conclusão adotada pelo julgador*.

O vício de ausência de dialeticidade também pode ser identificado no inciso VI da mesma regra: decisão que deixa de seguir enunciado

---

[19] TARUFFO, Michele. La motivación de la sentencia civil. Trad. Lorenzo Córdova Vianello. México: Tribunal Electoral del Poder Judicial de la Federación, 2006, p. 3656.

de súmula, jurisprudência ou precedente invocado pela parte, sem demonstrar a existência de distinção no caso em julgamento ou a superação do entendimento.

Ainda, há decisão viciada por ausência de dialeticidade na hipótese do art. 315, § 2º, III, quando a motivação invoca motivos que se prestariam a justificar qualquer outra decisão. A fundamentação do juiz evidentemente não dialoga com o que as partes concretamente argumentaram no curso do processo.

Em todas essas hipóteses legais existe um vício de mesma natureza que macula a fundamentação, denominada ausência de dialeticidade, cuja respectiva decisão sofre o choque da nulidade.

3.4. Ausência de correspondência entre a motivação e as informações que constam no processo

Nesses casos a justificação está divorciada do que foi produzido na instrução probatória e não atende ao requisito de *correção* na motivação. Isto é, o juiz decide usando dados inexistentes ou valora fatos inexistentes como prova[20].

A doutrina também reconhece que há incorreção na motivação quando o juiz considera provas vedadas pelo ordenamento jurídico (art. 5º, LVI, CF)[21], pois ainda que ela esteja encartada aos autos, o juiz não poderia considerá-la por ser prova ilícita. Por exemplo, uma prova obtida mediante busca domiciliar realizada fora das hipóteses constitucionalmente permitidas.

Tais hipóteses não correspondem a nenhum dos incisos do art. 315, § 2º do CPP, posto que o fundamento da decisão está lastreado em uma base factual que não existe. A motivação é em si um *nonsense*. E como tal, não pode ser regularizada. A sanção é a constitucional para uma decisão desse tipo: a nulidade.

---

[20] FILHO, Antônio Magalhães Gomes. A motivação das decisões penais. 2ª ed. São Paulo: RT, 2013, p. 155.

[21] NUVOLONE, Pietro. Le prove vietate nel processo penale nei paesi di diritto latino. Rivista di Diritto Processuale, Anno xxi, nº 3, Padova, p. 448.

3.5. Contradição interna e externa

A contradição interna, isto é, aquela existente no discurso da justificação pode ocorrer de três maneiras[22].

1ª) Contradição lógica entre motivação e decisão final. Vejamos um exemplo: a motivação conclui pelo crime de porte de drogas para uso pessoal, sendo que o dispositivo enuncia uma condenação por crime de porte de entorpecentes para fins de tráfico. Também, seria o exemplo, da motivação que absolve com base no princípio da insignificância (fato típico, art. 386, III do CPP), mas cujo dispositivo consigna absolvição com base no art. 386, VII do CPP (insuficiência de provas).

2ª) Contradição entre os conteúdos de uma mesma questão objeto de apreciação probatória em momentos distintos da decisão. Assim, pode ocorrer que em dado momento do curso decisório o juiz avalie uma questão de um modo e essa mesma questão surja em outro momento, todavia com motivação e resultado diferentes. Seria, por exemplo, a decisão que afasta o furto privilegiado (por não reconhecer que o agente é primário), todavia fixa a pena no mínimo legal, reconhecendo que o acusado não possui antecedentes criminais.

3ª) Falta de coerência e unidade lógica na justificação de um mesmo tema abstrato. Isso pode ocorrer em relação a uma questão de direito ou a uma questão de fato. Exemplo: ao motivar sobre a necessidade de laudo pericial para a prova de uma situação que deixa vestígios (quebra do vidro de uma janela), o juiz justifica pela necessidade; mas, na mesma decisão, diante de outra situação que também deixou vestígios (aptidão da chave falsa para ligar o veículo), o magistrado afirma que o laudo é dispensável.

Atenção: aqui se trata de incongruência em relação às lógicas aplicadas a um mesmo tema abstrato (indispensabilidade/dispensa da prova pericial). Na hipótese do parágrafo anterior (2ª) a contradição reside entre um mesmo objeto de prova já confirmado (primariedade do acusado).

---

[22] FILHO, Antônio Magalhães Gomes. A motivação das decisões penais. 2ª ed. São Paulo: RT, 2013, p. 159.

As contradições internas não estão previstas nas hipóteses do art. 315, § 2º e podem ser sanadas via embargos de declaração.

No que respeito à contradição externa, conforme já exposto acima, corresponde ao não atendimento às exigências de congruência normativa e congruência narrativa.

Com algum esforço interpretativo, a decisão viciada por contradição externa pode ser identificada na hipótese do art. 315, § 2º, inciso V do CPP, (decisão que se limitar a invocar precedente ou enunciado de súmula, sem identificar seus fundamentos determinantes nem demonstrar que o caso sob julgamento se ajusta àqueles fundamentos).

Isso se deve ao fato de que a fundamentação que contém contradição externa é melhor compreendida como uma decisão cuja fundamentação é muito errada ou extremamente infeliz, seja por sua evidente contradição, seja porque foi baseada em raciocínios ou premissas equivocadas sobre valores jurídicos.

De modo geral, portanto, são decisões passíveis de correção. Não há necessidade de lhes aplicar desde logo a grave sanção de nulidade, posto que é possível o ajuste. Não há, portanto, de ausência de motivação. Ela está presente. Entretanto, não é a melhor[23].

3.6. Conclusões sobre os vícios da motivação

No caso dos vícios de motivação comentados nos itens 3.1 a 3.4, a consequência é a mais grave: nulidade absoluta, conforme previsão constitucional contida no art. 93, IX. Disso decorre que: a) o prejuízo não precisa ser demonstrado pela parte prejudicada pela motivação viciada; b) a nulidade deve ser reconhecida *ex officio* em qualquer fase do processo (logo, em qualquer instância recursal).

No caso de decisões que transitaram em julgado apesar de conterem nulidades absolutas por vícios de fundamentação que violaram direitos fundamentais e garantias do acusado, é possível corrigir tais situações. Os instrumentos a serem utilizados serão as ações impugnativas de *habeas corpus* ou a revisão criminal.

Por outro lado, caso a arguição da nulidade absoluta por vício de motivação interesse à acusação, não há previsão no ordenamento jurídico

---

[23] FILHO, Antônio Magalhães Gomes. A motivação das decisões penais. 2ª ed. São Paulo: RT, 2013, p. 160.

de mecanismos de impugnação da decisão eivada de nulidade após o seu trânsito em julgado. Caso a acusação pretenda a declaração de nulidade da decisão por vício de motivação, terá como limite impugnativo a via recursal ordinária, conforme norma contida na Súmula 160 do STF: é nula a decisão do Tribunal que acolhe, contra o réu, nulidade não *arguída no recurso da acusação, ressalvados os casos de recurso de ofício.*

Afinal, na hipótese de o tribunal tomar conhecimento de nulidade absoluta que favoreça a defesa, não precisará obrigatoriamente declará-la, pois caso verifique que também é caso de absolvição, poderá decidir o mérito a favor do acusado, isto é, proferindo uma decisão que beneficia o acusado mais amplamente.

Referências

BETTIOL, Giuseppe; BETTIOL, Rodolfo. Instituições de direito e processo penal. 1ª ed, correspondente à 7ª ed. Italiana. São Paulo: Pillares, 2008.

CONDE, Francisco Muñoz. La búsqueda de la verdad en el proceso penal. 2ª ed. Buenos Aires: Hammurabi, 2003.

FERNANDES, Antônio Scarance; GRINOVER, Ada Pellegrini; FILHO, Antônio Magalhaes Gomes. As nulidades no processo penal. 11ª. São Paulo: RT, 2010.

FILHO, Antônio Magalhães Gomes. A motivação das decisões penais. 2ª ed. São Paulo: RT, 2013.

MENDES, Gilmar Ferreira; STRECK, Lênio Luiz. In: Comentários à Constituição do Brasil / J.J. Gomes ... [et al.]; outros coordenadores: Ingo Wolfgang Sarlet; Lênio Luiz Streck; Gilmar Ferreira Mendes. 2ª ed. São Paulo: Saraiva Educação, 2018 (Série IDP).

NERY, Carmen Lígia. Decisão judicial e discricionariedade: a sentença determinativa do processo civil. 1ª ed. São Paulo: RT, 2014.

NOJIRI, Sérgio. O dever de fundamentar as decisões judiciais. Coleção Estudos de Direito de processo – Enrico Tullio Liebman – vol. 39. 2ª ed. São Paulo; RT, 2000.

NUVOLONE, Pietro. Le prove vietate nel processo penale nei paesi di diritto latino. Rivista di Diritto Processuale, Anno xxi, nº 3, Padova.

SILVA, Ana de Lourdes Coutinho. A motivação das decisões judiciais. Coleção Atlas de Processo Civil. Coordenação: Carlos Alberto Carmona. São Paulo: Atlas, 2012.

TARUFFO, Michele. La motivación de la sentencia civil. Trad. Lorenzo Córdova Vianello. México: Tribunal Electoral del Poder Judicial de la Federación, 2006.

TORNAGHI, Hélio B. Manual de processo penal: prisão e liberdade. Rio de Janeiro: Livraria Freitas Bastos, 1963.

10. A nova estratégia das medidas repressivas que recaem sobre bens

Cláudio do Prado Amaral

Já há décadas, Magalhães Noronha ensinava com a maestria habitual o quão "justa, pois, é a preocupação de se ressarcir a vítima do crime ... Consequência disso é que quase todas as leis contêm dispositivos que visam tutelar o sujeito passivo"[1]. Desde então, o tema mereceu enorme desenvolvimento, conforme já tivemos oportunidade de expor[2].

A Lei nº 13.964/2019 revela preocupação com os temas patrimoniais respectivos à persecução penal. Isso pode ser observado nos dispositivos que tratam sobre a sentença penal que decreta a perda de bens (art. 91-A do CP), a destinação de bens apreendidos (art. 122 do CPP) e a destinação de bens perdidos (arts. 124-A, 133 e 133-A do CPP). Com o desenvolvimento do direito penal e processual penal, a vítima foi progressivamente esquecida enquanto ser humano e tratada como objeto de prova, tendo reassumido protagonismo no pós-guerra, a partir de quando seus interesses voltaram a entrar em cena com maior presença[3], pelo motivo de transcenderem a esfera individual, devido a sua conexão

---

[1] NORONHA, Edgard Magalhães. Direto Penal. 10ª ed. São Paulo: Saraiva, 1973, p. 301.
[2] AMARAL, Claudio do Prado. *Despenalização pela reparação de danos: a terceira via*. Leme: Ed. J H Mizuno, 2005, p. 139-169.
[3] "En este sentido es necesario precisar que cuando se habla de devolver el protagonismo a la víctima, no se propugna en modo alguno el retorno a la justicia privada, a la venganza pura y simple. Determinadas conquistas del derecho penal son incuestionables, pero ello no puede significar dejar de atender a una realidad que se manifiesta todos los días" (COLOMER, Esther Giménez-Salinas i. *La Conciliación*

com o fato gerador do dano, que é um delito. É isso que torna a vítima um personagem especialmente visado pela sociedade. O ofendido assume um papel emblemático e, reforçando o que foi dito, a satisfação de seu dano transcende a esfera individual, sendo capaz de trazer à sociedade a sensação de reestruturação do sentimento jurídico abalado pela prática do delito[4]. Justamente por isso, a política criminal contemporânea fez com que o Estado assumisse papel ativo na busca pela recomposição plena do prejuízo sofrido pelo ofendido[5].

A matéria não carecia de urgente alteração legislativa no Brasil. Mas, a Lei nº 13.964/2019 entendeu que era a oportunidade de tratar do tema, e o fez oscilando entre o acerto e o equívoco.

1. Confisco alargado: a perda de bens prevista no art. 91-A do Código Penal.

Conforme o novo dispositivo legal inserido no Código Penal, na hipótese de condenação por infrações às quais a lei comine pena máxima superior a seis anos de reclusão, poderá ser decretada a perda, como produto ou proveito do crime, dos bens correspondentes à diferença entre o valor do patrimônio do condenado e aquele que seja compatível com o seu rendimento lícito.

Note-se, a lei não exige nexo causal entre os bens perdidos e a prática do crime pelo qual o réu é condenado na respectiva sentença, podendo haver o confisco desde que:

a) a condenação seja por infrações cuja pena máxima prevista *in abstracto* seja superior a seis anos de reclusão;
b) haja relação patrimonial conforme definida no § 1º do art. 91-A;
c) o valor do patrimônio do condenado seja superior e incompatível com o seu rendimento lícito. O confisco recairá sobre a respectiva diferença.

Víctima-Delincuente: Hacia un Derecho Penal Reparador, La Mediación Penal, Justitia i Societat, nº 19, p. 71).
[4] Roxin, Claus. *Fines de la Pena y Reparación del Daño*, De los Delitos y de las Víctimas, p. 148.
[5] Caparrós, Mª. Belén Sáinz-Cantero. *La Reparación del Daño ex delicto – Entre la Pena Privada y la mera Compensación*, p. 13.

Aqui, é preciso se compreender bem o direito, pois, aparentemente, não há necessidade de prova a ser feita pela acusação de que os bens respectivos a essa diferença de patrimônio correspondem a coisas adquiridas com o produto do crime (um carro adquirido com dinheiro desviado por corrupção), ou correspondem à alteração do produto (uma pulseira feita com ouro roubado), ou aos valores decorrentes de sua alienação (dinheiro obtido com a venda de armas contrabandeadas). Uma leitura apressada poderia levar a conclusão de que a nova regra *presume* que qualquer diferença de patrimônio é produto ou proveito ilícito do(s) específico(s) delito(s) descrito(s) na denúncia. Não é assim. Há que se dar interpretação justa e constitucional ao dispositivo, pois não se pode dispensar a prova do nexo casual, tampouco se conceberia inverter o ônus da prova no processo penal[6].

No campo da perda ou confisco como consequência da sentença penal condenatória é indispensável a demonstração inequívoca do vínculo[7] entre o delito praticado – isto é, do crime narrado na denúncia e objeto da condenação – e o produto ou proveito obtido. Tal contexto também obedece ao princípio da correlação entre denúncia e a sentença.

Isso obriga a interpretar a nova regra legal do § 3º conforme os princípios constitucionais que informam o processo penal. Assim, o Ministério Público, ao oferecer a denúncia com requerimento de perda de bens, está obrigado a fazê-lo contendo *a indicação relacionada* entre o crime narrado na inicial acusatória e o bem cuja diferença foi apurada. Ou seja, indicação da relação entre o crime denunciado e o bem a ser perdido. Ou ainda: a denúncia deverá conter a relação biunívoca: *delito/produto ou provento* a ser confiscado[8].

Só assim se poderá conferir interpretação constitucional ao novo art. 91-A, § 2º do CP o qual dispõe que o condenado poderá demonstrar a inexistência da incompatibilidade ou a procedência lícita da diferença do patrimônio apontado na inicial acusatória.

---

[6] BADARÓ, Gustavo Henrique Righi Ivahy. Ônus da prova no processo Penal. São Paulo: RT, 2003, p. 366.

[7] BITENCOURT, Cezar Roberto. Tratado de Direito Penal. Volume I. Parte Geral. 25ª ed. São Paulo: Saraiva, 2019, p. 929.

[8] § 3º A perda prevista neste artigo deverá ser requerida expressamente pelo Ministério Público, por ocasião do oferecimento da denúncia, com indicação da diferença apurada.

Pensar de modo diverso seria violador de diversos princípios constitucionais, dentre os quais, o da presunção de inocência[9], além de subverter a lógica da economia de mercado, na qual se presume a licitude do patrimônio privado até prova em contrário. Na sempre lúcida lição de Malatesta, ao comentar a presunção no campo penal, nos chama atenção para o fato de que a palavra *"presunção e seus derivados têm sido empregados para denotar um vício moral, que é próprio dos espíritos vulgares, ... Como vício moral, a presunção é a soberba dos pequenos; e abusando dela como argumentação lógica, é a certeza dos torpes, e em todo caso, é a carência de altura moral e intelectual"*[10].

Note-se que, diferentemente do art. 91-A do CP, a Lei nº 11.343/2006 (art. 63-F, § 1º) dispõe que a decretação da perda fica condicionada à existência de elementos probatórios que indiquem conduta criminosa habitual, reiterada ou profissional do condenado ou sua vinculação a organização criminosa.

Segue o art. 91-A do CP, dispondo que para efeito da perda prevista no caput, entende-se por patrimônio do condenado todos os bens: I – de sua titularidade, ou em relação aos quais ele tenha o domínio e o benefício direto ou indireto, na data da infração penal ou recebidos posteriormente; e II – transferidos a terceiros a título gratuito ou mediante contraprestação irrisória, a partir do início da atividade criminal (§ 1º).

Em relação aos itens I e II acima, há necessidade de prova, cujo ônus indiscutivelmente é da acusação. A prova da titularidade será feita, em regra, documentalmente, bem como a sua transferência. Entretanto, a prova de bens em relação aos quais o condenado tenha o domínio e o benefício direto ou indireto, na data da infração penal ou recebidos posteriormente, frequentemente dependerá de produção em dilação probatória testemunhal e prévia apuração.

Assim também, há necessidade de que a acusação demonstre a transferência dos bens pelo acusado a terceiros a título gratuito ou mediante contraprestação irrisória. O que vem a se entender por valor irrisório da contraprestação será definido conforme o caso concreto, pois a nature-

---

[9] SANTOS, Juarez Cirino dos; SANTOS, June Cirino dos. Boletim IBCCRIM, nº 277, Dezembro/2015, p. 23.
[10] MALATESTA, Framarino dei. Lógica de las pruebas em materia criminal. Tomo I (1912 – 3ª ed. Torino, Unione Tipografico – Editrice Torinese). Bogota: Temis, 2002, p. 240.

za do bem, seu respectivo mercado, suas condições particulares, as relações pessoais entre os negociantes, as tratativas negociais documentadas e outros fatores devem ser considerados para que se possa alcançar a convicção sobre ter ocorrido simulação na transferência.

Nos termos do § 5º, os instrumentos utilizados para a prática de crimes por organizações criminosas e milícias deverão ser declarados perdidos em favor da União ou do Estado, dependendo da Justiça onde tramita a ação penal, ainda que não ponham em perigo a segurança das pessoas, a moral ou a ordem pública, nem ofereçam sério risco de ser utilizados para o cometimento de novos crimes.

Claramente, a lei brasileira tentou uma aproximação à dureza da lei norte-americana em tema de confisco, a qual produziu expressiva reação pela defesa de direitos fundamentais e garantias, tendo em vista os excessos verificados na aplicação do confisco[11].

2. Da alienação e destinação de bens constritos

A Lei nº 13.964/2019 também conferiu nova redação ao caput do art. 122 do CPP e eliminou o parágrafo único desse mesmo artigo, com a finalidade de acelerar a alienação dos bens apreendidos. Essa tendência política criminal também já era perceptível, conforme expressamente anunciada na Lei nº 13.886/2019, a qual foi promulgada com o objetivo declarado de *"acelerar a destinação de bens apreendidos ou sequestrados que tenham vinculação com o tráfico ilícito de drogas"*.

A antiga redação do art. 122 do CPP exigia que se aguardassem 90 dias, desde o trânsito em julgado da sentença penal condenatória, para que, somente então o juiz decretasse a perda das coisas apreendidas e, daí, se iniciasse a avaliação e venda em leilão. Doravante não há mais necessidade que se aguardem os 90 dias. Conforme nova redação do art. 122 combinada com a do art. 133 (ambos do CPP) tornou-se possível a alienação dos bens apreendidos e declarados perdidos pela sentença penal condenatória, bastando que haja o trânsito em julgado desta última.

Diz o § 1º do art. 133 que quanto ao dinheiro obtido em leilão, será destinado ao lesado ou a terceiro de boa-fé e se houver sobra, será re-

---

[11] JÚNIOR, Alceu Corrêa. Confisco Penal. Alternativa à prisão e aplicação aos delitos econômicos. São Paulo: IBCCRIM, 2006, Monografias, nº 37, p. 100-106.

colhida aos cofres públicos, precisamente, destinada ao Fundo Penitenciário Nacional, exceto se houver previsão diversa em lei especial (§ 2º).

Foi introduzido o art. 124-A no CPP, que também dispôs sobre a hipótese de decretação de perdimento de obras de arte ou de outros bens de relevante valor cultural ou artístico, cujo respectivo crime não tenha vítima determinada. Nesse caso, após o trânsito em julgado, o juiz está autorizado a destinar os bens a museus públicos, ao invés de observar o procedimento de avaliação e venda previsto no art. 133 do CPP.

Note-se que caso tais bens exijam manutenção, ou estejam sujeitos *"a qualquer grau de deterioração ou depreciação"*, o juiz deverá determinar a *alienação antecipada* para a preservação dos mesmos, na forma do art. 144-A do CPP.

A nova redação do art. 133, caput do CPP legitima o Ministério Público a requerer a avaliação e a venda dos bens em leilão púbico dos bens cujo perdimento tenha sido decretado.

Também foi introduzido o art. 133-A no CPP. Referida regra defere ao juiz poderes para autorizar – desde que esteja constatado o interesse público – a utilização de bem sequestrado, apreendido ou sujeito a qualquer medida assecuratória pelos órgãos de segurança pública previstos no art. 144 da Constituição Federal, do sistema prisional, do sistema socioeducativo, da Força Nacional de Segurança Pública e do Instituto Geral de Perícia, para o desempenho de suas atividades.

Ou seja, o magistrado que preside um determinado processo-crime de conhecimento no qual ainda não há sentença proferida (portanto, militando em favor do acusado o princípio da presunção de inocência), poderá autorizar que bens (por exemplo, um automóvel) constritos por força das medidas assecuratórias, e até mesmo por motivo de apreensão, possam ser usados por agentes de segurança do Estado (por exemplo, policiais civis ou federais), durante o exercício de suas funções (por exemplo, para patrulhar vias públicas).

As razões político-criminais do dispositivo baseiam-se na crença generalizada de que imóveis, armas, embarcações, automóveis e equipamentos em geral oriundos das atividades criminosas são melhores que aquelas dos órgãos de segurança previstos no art. 144 da CF e poderiam suprir parte da respectiva carência quantitativa e qualitativa do poder público.

O § 1º do art. 133-A dispõe que o órgão de segurança pública que tenha participado das ações de investigação ou repressão da infração penal que ensejou a constrição desses bens terá prioridade na sua utilização. Serão os primeiros a recebê-los.

Dispositivo semelhante ao art. 133-A já estava previsto no art. 62 da Lei nº 11.343/2006. Todavia, na lei de drogas, está expresso que a finalidade do depósito e uso desses bens em mãos dos agentes de segurança tem o *"objetivo de sua conservação"*. Essa finalidade não se faz presente no art. 133-A do CPP. A leitura do art. 62 da Lei nº 11.343/2006 também revela exigências com relação à identificação do interesse público, preservação do bem e ressarcimento do proprietário em caso de depreciação. Nada disso está presente no art. 133-A e seus parágrafos. A finalidade deste último dispositivo é a entrega pura e simples do bem prioritariamente ao órgão que o apreendeu, para uso. A lógica não é a de conservação do bem. Não exige conservação, manutenção nem preservação. A finalidade é de uso e descarte.

A não exigência de preservação do valor do bem enseja o questionamento da constitucionalidade da regra do art. 133-A do CPP. Na lição de Rodrigo Sánchez Rios e Guilherme Siqueira Vieira, *"a exposição dos bens constritos a condições favoráveis a uma significativa diminuição em sua projeção de mercado constitui violação direta ao direito fundamental que o indivíduo possui à propriedade (art. 5º, inciso XXII, da CF). Analisando-se tal afirmação, ainda é necessário ponderar que o interesse público não pode sobrepujar e escusar a degradação econômica do patrimônio do sujeito que sequer teve sua culpabilidade comprovada mediante sentença penal transitada em julgado, após observado o devido processo penal, do qual poderá advir provimento absolutório"*[12].

Note-se que muitos desses bens tem um custo elevadíssimo de manutenção e uma vez encerrado o processo-crime, com o trânsito em julgado da sentença penal condenatória, a transferência definitiva do bem ao órgão em poder do qual estava até então provisoriamente depositado é uma faculdade judicial. Afinal, pode ser que já não haja mais interesse público em ficar com o bem.

---

[12] RIOS, Rodrigo Sánchez; VIEIRA, Guilherme Siqueira. Alienação antecipada e destinação prévia de bens constritos: limites éticos e jurídicos no âmbito da criminalidade econômica. In: Revista eletrônica do Curso de Direito da UFSM. v. 10, nº 02/2015, p. 557=58. ISSN 1981-3694 – (DOI): 10.5902/1981369419655.

Referências

AMARAL, Claudio do Prado. *Despenalização pela reparação de danos: a terceira via*. Leme: Ed. J H Mizuno, 2005.

BADARÓ, Gustavo Henrique Righi Ivahy. Ônus da prova no processo Penal. São Paulo: RT, 2003.

BITENCOURT, Cezar Roberto. Tratado de Direito Penal. Volume I. Parte Geral. 25ª ed. São Paulo: Saraiva, 2019.

CAPARRÓS, Mª. Belén Sáinz-Cantero. *La Reparación del Daño ex delicto – Entre la Pena Privada y la mera Compensación*.

COLOMER, Esther Giménez-Salinas i. *La Conciliación Víctima-Delincuente: Hacia un Derecho Penal Reparador, La Mediación Penal, Justitia i Societat*, n° 19.

JÚNIOR, Alceu Corrêa. Confisco Penal. Alternativa à prisão e aplicação aos delitos econômicos. São Paulo: IBCCRIM, 2006, Monografias, nº 37.

MALATESTA, Framarino dei. Lógica de las pruebas em materia criminal. Tomo I (1912 – 3ª ed. Torino, Unione Tipografico – Editrice Torinese). Bogota: Temis, 2002.

NORONHA, Edgard Magalhães. Direto Penal. 10ª ed. São Paulo: Saraiva, 1973.

ROXIN, Claus. *Fines de la Pena y Reparación del Daño*, De los Delitos y de las Víctimas.

SANTOS, Juarez Cirino dos; SANTOS, June Cirino dos. Boletim IBCCRIM, nº 277, Dezembro/2015.

11. Sobre as alterações no Estatuto do Desarmamento e *Whistleblowing*

Eduardo Saad-Diniz

1. Lei nº 10.826/2003

As alterações apresentadas ao Estatuto do Desarmamento (Lei n. 10.826/ /2003) promovidas pela Lei n. 13.964/2019 implementam modificações nas legislações penal e processual penal. As mudanças reproduzem, em grande medida, a agenda política do combate ao "crime organizado". Apesar das manifestações públicas do Executivo Federal sobre a flexibilização da aquisição e controle sobre armas, as alterações acabaram por enrijecer as regras sobre o tema, trazendo como consequência o endurecimento das regras constantes do Estatuto do Desarmamento (Lei n. 10.826/2003). É claro que, uma vez que a lei penal não retroage, salvo para beneficiar o acusado, a sujeição ao endurecimento das penas apenas poderá sujeitar aquele que cometeu o crime após a promulgação da nova lei.

A Lei n. 13.964/2019 reforçou a punição dos crimes previstos no Estatuto do Desarmamento, incluindo o art. 16 no rol de crimes hediondos. Esta alteração é responsável por causar um descompasso no sistema repressivo brasileiro. Em um país no qual o crime de homicídio simples tem previsão de punição iniciando no patamar de 6 anos de reclusão, é um contrassenso que aquele que importa ilegalmente uma arma – ainda que se trate de hipótese de ativador ou colecionador regulamentado –, esteja sujeito à punição com previsão de pena mínima abstrata de 8 anos de reclusão.

O art. 16 do Estatuto do Desarmamento, por exemplo, foi alterado com a inclusão do § 2º, destacando neste parágrafo as condutas do *caput* e do § 1º, que envolveram arma de fogo de uso proibido. Nestes casos, prevê-se aumento de pena para reclusão de 4 a 12 anos. Antes desta nova lei, as condutas do art. 16 contemplavam armas de uso restrito e proibido indistintamente, revogada a pena de 3 a 6 anos de reclusão e multa.

Como discutido *supra*, também aqui as alterações remontam à técnica de tipificação dos delitos de posse, antecipando a incriminação da conduta a estado prévio ao emprego ou produção efetiva do resultado daquilo que se tem a mera posse. Independentemente da ação ou do emprego real da arma, basta para a incriminação um "estado de coisas" e a representação do perigo abstrato de possuir determinada coisa. Assim, agora quem possuir, deter, portar, adquirir, fornecer, receber, ter em depósito, transportar, ceder, ainda que gratuitamente, emprestar, remeter, empregar, manter sob sua guarda ou ocultar arma de fogo, acessório ou munição de uso restrito, sem autorização ou em desacordo com determinação legal ou regulamentar, está sujeito a punição de 3 a 6 anos, todavia, nestes casos, a partir da nova lei, se a arma ou munição for de uso proibido, a punição se eleva para reclusão de 4 a 12 anos.

Tudo indica que existe uma sobrecarga de expectativas com respeito à exasperação da pena, como forma de dissuadir o emprego de arma. A lógica das alterações parece atender a Na Parte Especial, as alterações em relação ao emprego de armas referem-se ao reforço punitivo, com aumento de pena, para o roubo cometido com arma branca (art. 157, § 2º, VII e § 2º-B, prevendo-se a aplicação em dobre da pena prevista no *caput* do tipo penal (especialmente aqui, a previsão de pena máxima abstrata prevista – até 20 anos – desafia a proporcionalidade). Outro exemplo de exasperação encontra-se no art. 17, do mesmo texto normativo. Ele estabelece punição para quem pratica o comércio ilegal de armas de fogo, punição que foi agravada de 4 a 8 anos de reclusão, para o patamar de 6 a 12 anos. Dessa forma quem adquirir, alugar, receber, transportar, conduzir, ocultar, ter em depósito, desmontar, montar, remontar, adulterar, vender, expor à venda, ou de qualquer forma utilizar, em proveito próprio ou alheio, no exercício de atividade comercial ou industrial, arma de fogo, acessório ou munição, sem autorização ou em desacordo com determinação legal ou regulamentar, está sujeito à severa pena de 6 a 12 anos. Mais um exemplo desse agravamento de pena encontra-se no art. 18, que pune o tráfico internacional de arma de fogo, consistindo na conduta de importar, exportar, favorecer a entrada ou saída do território nacional, a qualquer título, de arma de fogo, acessório ou munição, sem autorização da autoridade competente, e pela nova lei, a pena de reclusão que era de 4 a 8 anos, passou para 8 a 16 anos e multa. Para concluir esta tendência relacionada ao aumento de penas, verifica-se no art. 20, que as penas previstas nos arts. 14, 15, 16, 17 e 18, serão aumentadas da metade, se o agente, autor da conduta, for integrante de órgãos e empresas indicadas nos arts. 6º, 7º e 8º da lei ou, se o agente for reincidente específico (condenado anteriormente por prática de conduta prevista no Estatuto do Desarmamento).

É possível interpretar que apenas o art. 16 entra no rol de crimes hediondos e, portanto, a alteração do Estatuto do Desarmamento pela Lei Anticrime estaria apenas convalidando disposição realizada por alteração legislativa de 2003. No entanto, há posicionamentos também no sentido de que os arts. 17 e 18 também estariam compreendidos no rol de crimes hediondos, totalizando assim o crime de posse ou porte ilegal de arma de fogo de uso proibido, crime de comércio ilegal de armas de fogo e o crime internacional de arma de fogo, acessório ou munição (inclusão efetuada pela Lei n. 13.964/2019).

O trato com a adequada descrição das condutas, assim como em várias outras oportunidades das alterações promovidas pelo Pacote Anticrime, pode ser igualmente percebido no tocante ao Estatuto do Desarmamento. Faltou especificar algumas lacunas presentes no texto legal, como a oportunidade de esclarecer se está se referindo somente ao *caput* do art. 16, do Estatuto do Desarmamento ou também às figuras equiparadas do seu antigo parágrafo único, hoje §1º, o que tem, desde a sua primeira previsão pela Lei n. 13.497/2017, gerado grande polêmica. O legislador fez referência no texto do novo art. 1º, parágrafo único, II, Lei n. 8.072/90, como sendo hediondo o porte e a posse ilegal de armas de uso proibido. Então a referência não foi ao *caput* e sim ao art. 16, § 2º, do Estatuto do Desarmamento, embora, erroneamente, haja referência somente ao art. 16.

Na redação original que tornou o art. 16, Estatuto do Desarmamento como crime hediondo (Lei 13.497/17), o legislador fez menção às armas de uso restrito e negligenciou as de uso proibido. Esta questão desperta também a discussão acerca da qualificação de crimes hediondos para as hipóteses envolvendo armas de uso restrito e não de uso proibido. Tomou-se posição pela abrangência tanto das de uso restrito como de uso proibido na época, mesmo porque seria, como mínimo, um contrassenso considerar as de uso meramente restrito como situações de hediondez e assim não considerar as mais gravosas, de uso proibido.

A Lei n. 13.964/2019, no entanto, menciona as armas de fogo (e só as armas de fogo, silenciando quanto acessórios e munições) de uso proibido, negligenciando aquelas de uso restrito. O legislador, portanto, perpetua lacuna que já deveria ser solucionada, fosse mesmo o caso de estruturar o ordenamento jurídico-penal brasileiro com base em referencial interpretativo de proporcionalidade. Parece que a menção aos casos mais gravosos (armas proibidas) e o silêncio quanto aos menos gravosos (armas restritas) leva ao entendimento de que agora somente são hediondos a posse e o porte ilegal de armas proibidas (v. *supra*). Estaria afastada a questão da inversão da proporcionalidade que acontecia com a Lei n. 13.497/2017, citando as armas de uso restrito e esquecendo-se das de uso proibido. A própria Lei n. 13.964/2019 alterou a redação do art. 16, Estatuto do Desarmamento, deixando uma pena menor no *caput* para armas de uso restrito e reservando uma pena mais elevada (figura qualificada) para os casos de armas de uso proibido no art. 16, § 2º, do mesmo texto normativo.

É bem possível interpretar, contudo, que o propósito da alteração tenha sido preservar o estado de coisas, e não retirar a hediondez relativa às armas de uso restrito. Há que observar que embora passe a Lei nº 8.072/1990 a mencionar em seu art. 1º, parágrafo único, II, apenas as armas de uso proibido, também faz menção direta ao art. 16, Lei n. 10.826/2006, no qual é tipificada a conduta do porte ou da posse ilegais seja de armas de fogo de uso restrito ou de uso proibido, variando entre o caput e o §1º. A menção a ambas figuras está expressa no art. 16, Estatuto do Desarmamento, considerando o *caput* e o §2º. A questão aqui é que se o art. 16 é considerado hediondo, então ele abrange armas de uso restrito e de uso proibido.

A Lei n. 13.964/2019 parece haver corrigido esses equívocos. Quando da edição da Lei n. 13.497/2017 já se criticava o fato de que o art. 16, Estatuto do Desarmamento, fosse elevado à condição de crime hediondo e não fossem as hipóteses previstas nos arts. 17 (comércio ilegal interno de armas de fogo) e 18 (tráfico internacional de armas de fogo), havia ali clara violação da proporcionalidade.

Observe-se que antes da Lei n. 13.497/2017 haver procedido de forma desproporcional, o crime previsto no art. 16, Estatuto do Desarmamento, era absorvido como crime-meio para os delitos dos arts. 17 e 18 do mesmo diploma. Com a elevação do art. 16 a crime hediondo essa natural consunção tornou-se inviável, pois seria inconcebível que um crime hediondo fosse absorvido por um crime não hediondo. A partir de agora, esta questão é resolvida pela Lei nº 13.964/2019. Tanto o art. 16 como os arts. 17 e 18 do Estatuto do Desarmamento são qualificados como crimes hediondos, sendo possível a aplicação da consunção nas hipóteses em que o art. 16 é crime-meio ou crime instrumental para o comércio interno ilegal ou o tráfico internacional de armas de fogo.

2. *Whistleblowing*

A Lei n. 13.608/2018 determina o estabelecimento de serviço telefônico para recebimento de denúncias – vulgarmente conhecida como "dique--denúncia – oferecendo recompensas por informações que venham a eventualmente contribuir com as investigações.

Com o advento da Lei n. 13.964/2019 foi aperfeiçoada a figura do *whistleblower* ou "quem dá o aviso", "o alertador", o "denunciante do bem" no ordenamento jurídico-penal brasileiro. O que se tem é uma tímida modificação de um documento normativo preexistente e a tentativa de alinhamento à normativa internacional[1].

Foram adicionadas três letras, cada uma acompanhada de parágrafos, ao art. 4º, Lei n. 13.608/2018. Neste dispositivo se tratava da possibilidade de os poderes públicos estabelecerem "formas de recompensa

---

[1] Dentre a normativa internacional, destaca-se a Convenção Interamericana contra a Corrupção, em vigência no Brasil (Decreto n. 4.410/2002), afirma que os sistemas de proteção dos sujeitos que, de boa-fé, denunciam atos de corrupção, deveriam envolver "inclusive a proteção de sua identidade". No âmbito do *Anti-Corruption Action Plan* de 2011, OCDE e G20 previam a "confidencialidade" e "anonimato" como uma das estratégias de proteção de *whistleblowers*. Mais recentemente ainda, em 2019, a reunião do G20 em Osaka teve como um de seus resultados a publicação dos "Princípios do G-20 para a proteção efetiva de informantes", recomendando expressamente a "confidencialidade" de "informações identificadoras do *whistleblower*", do "conteúdo da revelação protegida" e, também, da "identidade de pessoas implicadas pela denúncia".

pelo oferecimento de informações que sejam úteis para a prevenção, a repressão ou a apuração de crimes ou ilícitos administrativos".

No que diz respeito às unidades de ouvidoria e correição e a compreensão "alargada" de *whistleblower* (Art. 4º-A), previu-se a manutenção, por parte da Administração pública direta e indireta da União, Estados, Distrito Federal e Municípios, de "unidade de ouvidoria e correição". O objetivo desses canais seria garantir "a qualquer pessoa o direito de relatar informações sobre crimes contra a administração pública, ilícitos administrativos ou quaisquer ações ou omissões lesivas ao interesse público". Em seguida, no parágrafo único deste primeiro dispositivo modificativo, afirma-se que, uma vez interpretado pela autoridade como "razoável" o relato do informante, a este serão "asseguradas proteção integral contra retaliações", além de "isenção de responsabilização civil ou penal em relação ao relato", desde que o informante não tenha "apresentado, de modo consciente, informações ou provas falsas".

Ao exercício de um direito de relatar condutas possivelmente ilícitas corresponde, especialmente nas hipóteses de poderes públicos, um dever de minimamente apreciar a comunicação. Embora um juízo de razoabilidade acerca do conteúdo da denúncia seja determinante especialmente em *hotlines* estabelecidas por organizações privadas, orientadas pela noção de *reasonable belief* para a admissibilidade da comunicação.

É interessante notar como a garantia de "isenção de responsabilização" alinha a nova Lei à tendência político-criminal brasileira de "alargar" a figura do denunciante. As modificações, no entanto, são pouco claras acerca dos propósitos e alcance desse fragmento normativo; afinal, não estaria de todo equivocada interpretação diversa, no sentido de que o dispositivo visaria contemplar aqueles denunciantes que *também* possuem algum envolvimento delitivo com o evento reportado. O informante tradicionalmente não é figura exatamente autônoma, tal como o *whistleblower* compreendido na experiência internacional. Em vez disso, de acordo com o sistema processual brasileiro, a participação desse colaborador autônomo se aproximaria à de um depoimento de testemunha; podendo ele, porém, ser réu no mesmo processo dedicado a investigar a responsabilidade dos delatados. A atividade do colaborador envolve prestar declarações que tragam elementos sobre outras pessoas envolvidas no crime ou integrantes de organizações criminosas, as tarefas por elas desenvolvidas e os crimes para os quais concorreram.

No que diz respeito ao art. 4º-B da Lei nº 13.608/2018, afirma-se o direito do informante a que seja preservada sua identidade. Esta identidade poderá ser "revelada em caso de relevante interesse público ou interesse concreto para a apuração dos fatos". Em todo caso, o parágrafo único estatui a "comunicação prévia ao informante" e "sua concordância formal" como requisitos para revelação de sua identidade. A preservação da identidade do denunciante é reconhecida como estratégia seja de proteção dos informantes contra práticas retaliatórias, seja de incremento do fluxo de informações nas *hotlines*.

Seja como for, a Lei n. 13.964/2019 não oferece critérios mais precisos para a distinção entre confidencialidade e anonimato; e, por consequência, entre os regimes jurídicos. Mesmo antes da entrada em vigor das alterações legislativas, o ordenamento jurídico brasileiro já contava com disposições orientadas à proteção da identidade de informantes conhecidos pelas autoridades (*i.e.*, regime de *confidencialidade*). Nesse sentido, são relevantes as iniciativas de regulamentação pela Controladoria Geral da União (CGU) das ouvidorias no âmbito da administração pública federal, com atos normativos orientando-se à preservação da identidade dos usuários. Recentemente, a Lei nº 13.460/2017, que dispõe "sobre a participação, proteção e defesa dos direitos do usuário dos serviços públicos", estabeleceu que, em manifestações endereçadas "à ouvidoria do órgão ou entidade responsável", a identificação do requerente seria classificada como "informação pessoal" de acesso restrito, protegida nos termos da Lei de Acesso à Informação – LAI (Lei nº 12.527/2011). Já no *anonimato*, por outro lado, a comunicação ocorre sem que nem mesmo o receptor da informação conheça a identidade de quem a forneceu.

No ordenamento jurídico brasileiro o anonimato encontra restrições, cujo ponto de partida é a disposição constitucional segundo a qual é "livre a manifestação do pensamento, sendo vedado o anonimato" (art. 5º, IV, CF). A questão tem sua complexidade acentuada ao alcançar o debate sobre os limites constitucionais na atuação investigativa e persecutória de autoridades a partir de alertas anônimos que estas recebem; em especial, no caso de sistemas de ouvidoria e outros mecanismos de denúncia.

A terceira modificação trazida no novo art. 4º-C da Lei n. 13.964/2019 assegura formalmente ao informante uma proteção contra práticas de "retaliação a exercício do direito de relatar" – enumerando, na sequência, exemplos de condutas consideradas pela Lei como retaliatórias, tais como demissão arbitrária, imposição de sanções, modificação injustificada de funções e atribuições, denegação de referências profissionais positivas, ou outros prejuízos de qualquer espécie. Uma vez ocorridas no âmbito da administração pública, tais práticas retaliatórias constituiriam falta disciplinar, cuja penalidade seria a demissão a bem do serviço público (Art. 4º-C, §1º). Com relação ao *whistleblower*, sua vitimização em decorrência de retaliação lhe daria direito a ser ressarcido em dobro pelos danos materiais sofridos, "sem prejuízo de danos morais" (art. 4º-C, §2º).

12. O juiz das garantias: O Pacote Anticrime em busca de maior imparcialidade objetiva no sistema de justiça criminal

Cláudio do Prado Amaral

A Lei nº 13.964/2019 prevê nos arts. 3º-A a 3º-F do CPP a atuação de dois juízes no processo penal: um das garantias para a fase de investigação e outro para a fase processual (após o recebimento da denúncia ou queixa).

O juiz das garantias, contudo, é figura jurídica cuja implementação no direito brasileiro a doutrina já vinha buscando desde muito tempo. Aliás, os arts. 3º-A a 3º-F praticamente repetem a redação dos arts. 14 a 17 do PLS 156/2009 (Reforma do CPP), os quais dispuseram sobre o juiz das garantias. O PLS 156/2009 tornou-se o PL 8.045/2010 e se encontra na Câmara dos Deputados, mantendo a redação do PLS 156/2009 que vinha sendo defendida há alguns anos, o que revela que se trata de um tipo de atuação jurisdicional que era desejada desde muito antes de sua inserção naquele projeto legislativo.

Pouco após a promulgação da Lei nº 13.964/2019 e ainda em seu curto período de 30 dias de *vacatio legis*, os referidos arts. 3º-A a 3º-F sofreram suspensão de sua eficácia por força de decisão proferida em medida cautelar concedida pelo Min. Luiz Fux, na ADI 6299/DF. A grande relevância do tema e do respectivo serviço judiciário justificam o seu estudo, independentemente do que o futuro decisório por parte do STF lhe reservar. O juiz das garantias é questão para muito além do que vier a decidir o STF na ADI 6299, conforme se poderá verificar abaixo.

1. Dos motivos para a implementação do juiz das garantias

Embora o art. 3-A tenha sido inserido pela Lei nº 13.964/2019 no campo do juiz das garantias, sua redação carrega uma declaração de aprimoramento geral cujo espectro atinge todo o sistema processual penal. Não se limita ao juiz das garantias. Isso está muito evidente no art. 3-A cuja redação afirma que *a estrutura do processo penal* no Brasil é *acusatória*, sendo proibidas: a) a iniciativa do juiz na fase de investigação e; b) que o magistrado substitua o órgão da acusação na atuação probatória. São prescrições que funcionam como traves-mestras que atravessam todo o sistema. E claro, se dirigem juiz das garantias.

Quanto aos motivos específicos para a implementação do juiz das garantias, eles decorrem da busca por: a) maior imparcialidade judicial (conforme vinha sendo defendido pela doutrina)[1]; b) controle da legalidade da investigação criminal[2] (art. 3-B); c) salvaguarda dos direitos individuais cuja franquia tenha sido reservada à autorização prévia do Poder Judiciário (art. 3-B).

Os objetivos gerais (aprimoramento do sistema acusatório, proibição de iniciativa do juiz na fase de investigação, reforço do princípio da inércia judicial) e os específicos (assegurar a imparcialidade do magistrado, os direitos fundamentais e o controle da legalidade durante a investigação) andam juntos para justificar a implementação do juiz das garantias, conforme vem defendendo a melhor doutrina[3].

2. Reserva de jurisdição e investigação criminal

A investigação criminal é uma atividade (preponderantemente) administrativa que visa a descoberta dos fatos, de tal modo que permita

---

[1] MAYA, André Machado. Imparcialidade e Processo Penal: da prevenção da competência ao juiz de garantias. 2ª ed. São Paulo: Atlas, 2014, p. 194-201.

[2] Embora o controle da legalidade também seja uma finalidade de aprimoramento do sistema, sua função garantidora de direitos fundamentais sobreleva devido ao persistente traço histórico de violação desses direitos durante a persecução preliminar. Nesse sentido, confira-se: ANISTIA INTERNACIONAL. Tortura e maus tratos no sistema de justiça criminal. Brasil: Amnesty International Publications, 2001,p. 2001, p. 12. No sentido de que a violência policial é uma persistente prática institucionalizada: COSTA, Arthur Trindade Maranhão. Entre a lei e a ordem: violência e reforma nas polícias do Rio de Janeiro e New York. 1ª ed. RJ: FGV, 2004, p. 70.

[3] JÚNIOR, Miguel Reale. O juiz das garantias. In: Revista de Estudos Criminais. nº 43. Outubro/dezembro/2011, p. 99/100.

a atuação responsável de quem detém o direito ao exercício da persecução penal judicial. Assim, na atividade investigativa existem duas funções: uma preservadora e outra preparatória[4]. A primeira evita acusações irresponsáveis e precipitadas perante o poder judiciário[5]. A segunda municia razoavelmente a acusação para o oferecimento da inicial acusatória escorado em elementos de informação plausíveis.

Há também uma função cautelar nas investigações. Ela consiste em assegurar a utilização de provas, as quais já teriam perecido no momento da instrução processual, por força da ação do tempo e porque tais elementos de convicção seriam irrepetíveis. Essa função cautelar facilmente se extrai do art. 156, I do CPP. Nesses casos, há necessidade da intervenção judicial, o que ocorre nos denominados incidentes cautelares jurisdicionalizados da investigação. É por essa razão que afirmamos que a investigação criminal é uma atividade preponderantemente administrativa (e não puramente administrativa).

A necessidade da intervenção judicial decorre dos direitos em cena, os quais rementem a uma inexorável reserva de jurisdição. De um lado, aqueles direitos inerentes a persecução penal preliminar ao processo (interesse público, segurança pública, etc) e de outro aqueles direitos próprios da pessoa (liberdade, intimidade, privacidade, etc). Sem a pretensão de esgotar todas as hipóteses, isso ocorrerá, por exemplo, nas cautelares cujo pedido é de prisão temporária imprescindível para o prosseguimento das investigações, decreto de constrição de bens (sequestro, arresto, especificação de hipoteca legal) ou a liberação destes bens, interceptações telefônicas, gravações de imagens e sons, quebras de sigilos de dados (bancários, tributários, de dados telefônicos, de mensagens, etc) e buscas domiciliares.

3. Imparcialidade judicial objetiva

Percebe-se, portanto, que a atuação do juiz de direito na fase de investigações criminais que antecedem o processo criminal é inevitável. Precisamente por isso, a criação de um juiz das garantias para o processo penal brasileiro estava sendo buscada pela doutrina desde os anos noventa. A academia seguia atenta à pouca importância que os tribunais davam

---

[4] SAAD, Marta. O direito de defesa no inquérito policial. São Paulo: RT, 2004, p. 131.
[5] Exposição de Motivos do CPP, n. IV.

à chamada imparcialidade objetiva[6]. Com base nas lições extraídas dos julgados proferidos pelo TEDH nos anos oitenta, tomavam relevância as distinções entre imparcialidade subjetiva e imparcialidade objetiva do juiz. Foi emblemática a distinção que o caso Piersack v. Belgica (julgado em 01/10/19892) fez sobre esse tema[7].

Na imparcialidade subjetiva é verificado se a convicção pessoal de um determinado juiz em um caso concreto está isenta de pré-juízo (isto é, pré-julgamento) ou preconceito. A imparcialidade objetiva relaciona-se com aquilo que o julgador externa para afastar todas as incertezas que possam pairar a respeito de sua imparcialidade[8].

Diversas decisões do TEDH[9] firmaram entendimento de que não basta o juiz ser subjetivamente imparcial. É preciso também que se apresente imparcial aos olhos da sociedade, isto é, que em todo caso possa ser observado externa, objetiva e aparentemente como imparcial[10]. Acolher esse entendimento implica no afastamento de qualquer magistrado de um caso no qual não possa ofertar a garantia de aparência geral de imparcialidade.[11]

Essa aparência geral de imparcialidade (objetiva) é frequentemente violada, segundo a autoridade das decisões do TEDH, quando o magistrado exerceu funções cognitivas na fase de investigações criminais, as quais exigiram desse julgador razoável exercício de raciocínio sobre a autoria e a materialidade do fato criminoso. Quando esse mesmo juiz atuar na fase de instrução probatória e de julgamento, poderá parecer

---

[6] Dezem, Guilherme Madeira. Curso de Processo Penal. 5ª ed. São Paulo: RT, 2019, p. 487.

[7] Maya, André Machado. Imparcialidade e Processo Penal: da prevenção da competência ao juiz de garantias. 2ª ed. São Paulo: Atlas, 2014, p. 97. Confira-se o julgado, na fonte direta, disponível em: https://hudoc.echr.coe.int/eng#{%22itemid%22:[%22001-57557%22]} Acesso em 23/02/2020.

[8] Junior, Aury Lopes. Direito processual penal e sua conformidade constitucional. 8ª ed. Rio de Janeiro: Lumen Juris, 2011, v. 1, p. 126.

[9] De Cubber v. Bélgica (julgado em 26/10/1984); Padovani v. Itália (julgado em 26/02/1993); Castillo Algar v. Espanha (julgado em 28/10/1998); Hauschildt v. Dinamarca (julgado em 24/05/1989); Fey v. Áustria (julgado em 24/02/1993). Obs.: nos casos Padovani v. Itália e Fey v. Áustria os pedidos de reconhecimento da imparcialidade objetiva foram julgados improcedentes por ausência de provas, mas a tese de aparência geral de imparcialidade foram acolhidas.

[10] Junior, Aury Lopes; Gloeckner, Ricardo Jacobsen. 5ª ed. São Paulo: Saraiva, 2013, p. 140.

[11] Maya, André Machado. Imparcialidade e Processo Penal: da prevenção da competência ao juiz de garantias. 2ª ed. São Paulo: Atlas, 2014, p. 96.

comprometido e parcial aos olhos da sociedade, devido à percepção de que esse julgador já sabe de antemão como irá decidir, pelo fato de conhecer antecipadamente o caso que tem em mãos, pois não só viu aspectos importantes, como também lhes deu os rumos iniciais na fase de investigações. Ainda que o espírito do julgador tenha permanecido isento, ou seja, mesmo que de fato a atuação pretérita do juiz não tenha contaminado realmente os seus sentimentos nem a sua psique, a sociedade não pode nem deve sentir-se aflita com tal possibilidade[12].

É o que basta para que o juiz seja impedido de julgar o caso, pois ao examinar qualquer dos pedidos cautelares formulados no curso das investigações (como prisão preventiva, busca e apreensão domiciliar, interceptação telefônica), o magistrado examinará os fatos e desenvolverá raciocínios sobre autoria e materialidade. Ainda que o faça em níveis cognitivos não profundos, isso já é suficiente para provocar o sentimento social de que tal juiz está psicologicamente propenso a decidir o caso em determinado sentido, ou seja, que já não é mais um magistrado imparcial naquele caso[13]. Na lição de Badaró, *"há um conjunto de medidas cautelares como decretação de prisão temporária ou preventiva, concessão de liberdade provisória, ou determinação de sequestro de bens, bem como de meios de obtenção de provas, como interceptações telefônicas, quebras de sigilos, busca e apreensão, que têm entre os seus pressupostos ou requisitos dados que envolvem, ainda que em um mero juízo de probabilidade, questões referentes à existência do crime e à autoria delitiva. O juiz que, em tais casos, na fase de investigação, conclui positivamente sobre a existência do crime e a probabilidade de o investigado ser o seu autor, em alguma medida está exercendo um prejulgamento que poderá comprometer sua imparcialidade para o julgamento da causa. Inegável, portanto, que a imparcialidade em seu aspecto objetivo restará melhor assegurada se houver uma absoluta separação entre as figuras do juiz que irá proferir decisões na fase de investigação e o juiz que irá julgar a causa. E, nesse sentido, tem se destacado a necessidade de se adotar a figura de um juiz de garantias"*[14].

---

[12] RAMOS, Manuel Ortells. Los princípios rectores del processo penal. Tendencias actuales del proceso penal. Tegucigalpa, Graficentro Editores (Colección Ensayos de Derecho Procesal, 20), 1999, p. 526: "Incluso, aunque ello no suceda, es difícil evitar la impresión...".
[13] BADARÓ, Gustavo Henrique Righi Ivahy. Direito ao julgamento por juiz imparcial: como assegurar a imparcialidade objetiva no juiz nos sistemas em que não há a função do juiz das garantias in Processo penal, constituição e crítica – estudos em homenagem ao prof. dr. Jacinto Nelson de Miranda Coutinho. Rio de Janeiro: Lumen Juris Editora, 2011, p. 347.
[14] Op. cit. p. 345.

4. A função assecuratória de direitos fundamentais do cidadão

Conforme disposto no art. 3-B, cabe também ao juiz das garantias controlar a legalidade da investigação criminal e salvaguardar os direitos individuais que só possam ser excepcionados por decisão escrita e fundamentada de magistrado competente. O mesmo artigo traz uma lista não exaustiva (v. item XVIII infra) dos atos em relação aos quais recaem a reserva de jurisdição, os deveres de controle de legalidade e salvaguarda de direitos individuais.

São eles: I – receber a comunicação imediata da prisão, nos termos do inciso LXII do caput do art. 5º da CF; II – receber o auto da prisão em flagrante para o controle da legalidade da prisão, observado o disposto no art. 310 do CPP; III – zelar pela observância dos direitos do preso, podendo determinar que este seja conduzido à sua presença, a qualquer tempo; IV – ser informado sobre a instauração de qualquer investigação criminal; V – decidir sobre o requerimento de prisão provisória ou outra medida cautelar, observado o disposto no § 1º do art. 3-B; VI – prorrogar a prisão provisória ou outra medida cautelar, bem como substituí-las ou revogá-las, assegurado, no primeiro caso, o exercício do contraditório em audiência pública e oral, na forma do disposto no CPP ou em legislação especial pertinente; VII – decidir sobre o requerimento de produção antecipada de provas consideradas urgentes e não repetíveis, assegurados o contraditório e a ampla defesa em audiência pública e oral; VIII – prorrogar o prazo de duração do inquérito, estando o investigado preso, em vista das razões apresentadas pela autoridade policial e observado o disposto no § 2º do art. 3-B; IX – determinar o trancamento do inquérito policial quando não houver fundamento razoável para sua instauração ou prosseguimento; X – requisitar documentos, laudos e informações ao delegado de polícia sobre o andamento da investigação; XI – decidir sobre os requerimentos de: a) interceptação telefônica, do fluxo de comunicações em sistemas de informática e telemática ou de outras formas de comunicação; b) afastamento dos sigilos fiscal, bancário, de dados e telefônico; c) busca e apreensão domiciliar; d) acesso a informações sigilosas; e) outros meios de obtenção da prova que restrinjam direitos fundamentais do investigado; XII – julgar o habeas corpus impetrado antes do oferecimento da denúncia; XIII – determinar a instauração de incidente de insanidade mental; XIV – decidir sobre o recebimento da denúncia ou queixa, nos termos do art. 399 do CPP; XV – assegurar prontamente, quando se fizer necessário, o direito outorgado ao investigado e ao seu defensor de acesso a todos os elementos informativos e provas produzidos no âmbito da investigação criminal, salvo no que concerne, estritamente, às diligências em andamento; XVI – deferir pedido de admissão de assistente técnico para acompanhar a produção da perícia; XVII – decidir sobre a homologação de acordo de não persecução penal ou os de colaboração premiada, quando formalizados durante a investigação; XVIII – outras matérias inerentes às atribuições definidas no caput do art. 3-B.

Em todas as atividades acima relacionadas o magistrado exerce uma atividade cognitiva sobre o caso concreto, inclusive nas ações em que aparentemente isso não ocorre, como nos incisos I e II (I – receber a comunicação ...; II – receber o auto ...;), pois o juiz não recebe tais documentos simplesmente. Ele examina o ato contido nesses documentos, atuando como garante dos direitos fundamentais da pessoas presa, posto que é dever do juiz das garantias relaxar a prisão ilegal ou abusiva.

Além deveres acima expostos, o art. 3-B, § 2º dispõe que cabe ao juiz das garantias, na hipótese de o investigado estar preso, decidir sobre a prorrogação da duração do inquérito por até quinze dias. Por força da lapidação do sistema acusatório, o juiz não poderá decidir de ofício. Somente poderá prorrogar a duração do inquérito policial mediante representação da autoridade policial e desde que ouvido o Ministério Público. Ademais, tal prorrogação somente poderá acontecer uma única vez, após o que, se ainda assim a investigação não for concluída, a prisão será imediatamente relaxada.

5. Função assecuratória da dignidade da pessoa presa

No art. 3-F está especificamente assinado ao juiz das garantias o dever de assegurar o cumprimento das regras para o tratamento dos presos. A leitura do referido dispositivo não deve conduzir ao engano de que a função protetiva se limitaria à imagem e exposição do preso à imprensa. Os precedentes dispositivos do art. 3-B, especialmente aquele o inciso III (*zelar pela observância dos direitos do preso, podendo determinar que este seja conduzido à sua presença, a qualquer tempo*) colocam o juiz das garantias como guardião da integridade física e moral do detento que aguarda seu julgamento[15].

O art. 3-F protege a imagem do investigado preso, mas não a investigado do solto sob cautelares diversas da prisão, cuja imagem também sofre exposição abusiva pela mídia e pelo poder público. Logo, a norma merece interpretação extensiva que alcance estas situações.

Para que isso aconteça, é preciso que esse magistrado possua sólida formação jurídica em tema de encarceramento e inviolabilidade dos direitos fundamentais, especialmente os da pessoa presa e inocente (por força do princípio de presunção de inocência) que aguarda julgamento, colocando-a a salvo de maus tratos, tortura (inclusive a denominada tortura institucional), não pactuando com a indignidade decorrente da falta de vagas, escassez de servidores do sistema e falta de recursos materiais. É exatamente essa a razão de ser de um juiz das garantias. Sua atuação estará absolutamente respaldada pelos direitos da pessoa encarcerada inscritos na CF e na LEP, em abundância. E se não for para atuar assim, isto é, se for para oficiar sem assegurar a integridade física e moral das pessoas presas, é melhor, mesmo, que permaneça íntegra a decisão proferida monocraticamente pelo Min. Luiz Fux. Da sociedade (salvo raras ações comunitárias) pouco se pode esperar nesse tema, pois ainda não vislumbra no preso um sujeito de direitos[16]. Se existe um ator de quem se deve esperar algo para garantir a integridade física e moral do preso provisório, esse ator é, justamente, o juiz das garantias.

6. Questões transitórias

A Lei nº 13.964/2019 preocupou-se com a possibilidade de que algumas questões ainda possam estar pendentes após o recebimento da denúncia

---

[15] Não poderia ser diferente, uma vez que tal pessoa presa está na delicadíssima condição de ser considerado inocente, e todavia, por motivos de ordem pública, aguarda sua sentença em privação de liberdade num país cuja população prisional ultrapassa a casa dos 800 mil presos, dos quais mais de 40% são provisórios.

[16] CARVALHO, Salo de. Substitutivos penais na era do grande encarceramento. In: ABRAMOVAY, Pedro Vieira & BATISTA, Vera Malaguti. *Depois do grande encarceramento*. Rio de Janeiro: Revan, 2010. p. 374: "O estado atual dos cárceres diz da forma como a sociedade brasileira resolveu historicamente suas questões sociais, étnicas, culturais, ou seja, pela via da exclusão, da neutralização, da anulação da alteridade".

ou queixa. Nesse caso, tais serão decididas pelo juiz da instrução e julgamento (art. 3-C, § 1º).

As decisões proferidas pelo juiz das garantias não vinculam o juiz da instrução e julgamento, que, após o recebimento da denúncia ou queixa, deverá reexaminar a necessidade das medidas cautelares em curso, o que deverá fazer no prazo máximo de dez dias (art. 3-C, § 2º). Todavia, a lei não estabelece sanção processual para o caso de não cumprimento desse prazo, como fez no caso de não finalização do inquérito policial, o que deveria ter sido previsto tendo em vista a inspiração garantista que norteou a reforma processual nesta parte da Lei nº 13.964/2019.

A fim de evitar o contato do juiz da instrução com os autos que tramitaram perante o juiz das garantias, o art. 3º-C, § 3º dispõe (diferentemente do que PL 8.045/2010, art. 15, § 3º) que estes últimos ficarão acautelados na secretaria do juízo da instrução, à disposição do Ministério Público e da defesa, e não serão apensados aos autos do processo enviados ao juiz da instrução e julgamento, exceção feita aos documentos relativos às provas irrepetíveis, medidas de obtenção de provas ou de antecipação de provas, que deverão ser remetidos para apensamento em apartado. O § 4º do art. 3-C assegura às partes o amplo acesso aos autos acautelados na secretaria do juízo das garantias.

7. Duração razoável do inquérito policial em caso de indiciado preso

O art. 3-B, § 2º assina novo prazo para encerramento do inquérito policial caso o indicado esteja preso: 15 dias, prorrogável uma única vez, por até 15 dias. Tratando-se de regra geral, não se aplica à prisão temporária. A inteligência do dispositivo orienta que se restrinja à prisão preventiva.

Tampouco faz sentido que se aplique à indiciado preso por outro fato. O objetivo da regra é assegurar a duração razoável do processo ao qual ele responde, isto é, pelo qual ele está preso preventivamente. Portanto, caso se encontre preso preventivamente por outro processo ou cumpra pena por outro fato, não faz sentido a aplicação da regra.

8. Sobre a decisão proferida na ADI 6299/DF

A decisão monocrática que concedeu a medida cautelar na ADI 6299/DF suspendeu a eficácia dos arts. 3-A a 3-F do CPP por inconstitucionalidade formal e material desses artigos. Afirmou o r. decisum que a Lei nº 13.964/2019 refundiu a estrutura judiciária das varas criminais brasileiras e que o fez sem prévio estudo algum, fosse de impacto, fosse orçamentário.

A decisão também entendeu que embora a atuação do juiz das garantias tenha sido formalmente concebida pela lei como norma processual geral, é de natureza híbrida, pois tem também nítido caráter de divisão e organização dos serviços judiciários, cuja alteração somente poderia ter sido feita por meio de lei de iniciativa privativa do STF (art. 96, II, d da CF). Logo, por vício de iniciativa, a Lei nº 13.964/2019 alterou materialmente a divisão e a organização de serviços judiciários em um nível muito grave, a ponto de ensejar a completa reorganização da justiça criminal de todo o país.

Consta, ainda, do r. decisum que a implementação do novo mecanismo causaria impacto financeiro relevante ao Poder Judiciário, que ensejariam reestruturações e redistribuições de recursos humanos e materiais, além do incremento dos sistemas processuais e de tecnologia da informação. A decisão aponta que foi criado novo serviço judiciário de grande monta e espectro, sem que se considerasse se havia ou não prévia dotação orçamentária para a instituição de gastos por parte da União e dos Estados (e não havia), o que viola diretamente o artigo 169 da Constituição e prejudica a autonomia financeira do Poder Judiciário, assegurada pelo artigo 99 da Constituição.

O artigo 113 do Ato das Disposições Constitucionais Transitórias, acrescentado pela Emenda Constitucional n. 95/2016, determina que *"[a] proposição legislativa que crie ou altere despesa obrigatória ou renúncia de receita deverá ser acompanhada da estimativa do seu impacto orçamentário e financeiro"*, e isso, definitivamente, não aconteceu[17].

Todos esses motivos expostos na decisão da lavra do da lavra do Min. Luiz Fux são absolutamente verdadeiros. Conforme nota técnica 10/2010 do CNJ[18], analisando o PLS 156/2009, III, nº 8, sobre a conveniência e oportunidade da implementação do juiz de garantias, anotou-se que 40% das comarcas da justiça estadual no Brasil são providas por

---

[17] Outros aspectos foram examinados na decisão acima, que somaram aos argumentos de inconstitucionalidade do juiz das garantias na forma como foi inserido na ordem jurídica brasileira. Todavia, reputamos aqueles acima expostos os mais relevantes.

[18] Disponível em https://atos.cnj.jus.br/atos/detalhar/891 acesso em 26/02/2020.

um só juiz, o que, por sua vez, não significa que de fato exista magistrado de fato nelas, posto que muitas estão vagas, por diversos motivos. Não seriam, portanto, os dispositivos contidos nos arts. 3-D, parágrafo único e 3-E que resolveriam, num passe de mágica, a insuficiência de recursos humanos para a execução de tão novo, relevante e complexo serviço judiciário.

Todavia, e por outro lado, de modo algum se poderia dizer que a promulgação dos referidos arts. 3-A a 3-F colheu o sistema judiciário nacional de surpresa, como se os Tribunais não houvessem tido tempo para se preparar para o que viria. O juiz das garantias é um ator processual que refunde o serviço nas varas criminais? sim, sem dúvida. Surpreende? Não. A doutrina, abundantemente alertava para a relevância desse serviço. Entre muitos, há aproximadamente 10 anos atrás, o professor do Largo de São Francisco, Maurício Zanóide, em consagrado periódico, indagava, diante da proposta do juiz das garantias que estava prevista no PLS 156/2009: *Quem tem medo do juiz das garantias?*[19] Por sua vez, Fauzi Hassan, nos idos anos 2000 afirmava que *"aqui é necessária uma reforma estrutural para cindir o juiz responsável pelo acompanhamento das investigações, com a feição garantidora já apresentada, ... e por fim do que verdadeiramente instruirá a ação penal"*[20]. Nada de novo sob o Sol, portanto, com o advento da Lei nº 13.964/2019. Nada para o que os Tribunais já não pudessem ter se preparado, ao longo da última década.

A atuação do STF também interferiu na competência do juiz das garantias. Nos termos do art. 3-C, tal competência se estende a todas as infrações penais, exceto as de menor potencial ofensivo, e cessa com o recebimento da denúncia ou queixa na forma do art. 399 do CPP. Contudo, por decisão liminar proferida pelo Min. Dias Toffoli (ADIs 6298, 6299 e 6300), no início de janeiro de 2020, o juiz das garantias tampouco se aplicaria aos crimes cometidos no âmbito do Tribunal do Júri, Violência Doméstica, Justiça Eleitoral e nos processos de competência originária dos tribunais, os quais são regidos pela Lei nº 8.038/1990.

---

[19] MORAES, Maurício Zanóide de. Quem tem medo do "juiz das garantias"? Boletim do IBCCRIM, São Paulo, v. 18, nº ed. esp. p. 21-23, 2010.
[20] CHOUKR, Fauzi Hassan. Garantias constitucionais na investigação criminal. 3ª ed. Rio de Janeiro: Lumen Juris, 2006, p. 93.

Poucos dias após, a decisão proferida pelo Min. Luiz Fux que suspendeu a eficácia dos arts. 3-A a 3-F do CPP (ADI 6299/DF), também revogou a decisão liminar proferida pelo Min. Dias Toffoli nas ADIs acima citada.

9. Outros aspectos da Lei nº 13.964/2019 relacionados à imparcialidade

Estão presentes na reforma legal outros dois aspectos ligados à imparcialidade do julgador. No primeiro (art. 157, § 5º do CPP), é claramente perceptível a preocupação com a imparcialidade. No segundo não (art. 1-A da Lei nº 12.694/2012), e é preciso algum esforço de memória para recordar para que existem os juízes.

9.1. O art. 157, § 5º do CPP

O art. 157, § 5º do CPP dispôs que "*o juiz que conhecer do conteúdo da prova declarada inadmissível não poderá proferir a sentença ou acórdão*". Referido dispositivo também foi declaro ineficaz pela mesma decisão proferida pelo STF nos autos da ADI 6299/DF. Conforme motivou S. Exa. *ad relationem*, empregando as mesmas palavras do Min. Dias Toffoli, a regra do art. 157, § 5 do CPP usa expressão demasiadamente vaga: "*conhecer do conteúdo da prova declarada inadmissível*".

Nos termos do *decisum*: "*O que significa 'conhecer do conteúdo da prova declarada inadmissível'? Significa apenas travar contato com a prova ou pressupõe que o juiz necessariamente tenha emitido algum juízo de valor sobre o material probatório? Como se materializaria a demonstração desse 'conhecimento'? O juiz, após 'conhecer' do conteúdo da prova, ainda poderá proferir decisões interlocutórias e presidir a instrução, ficando impedido apenas para a sentença, ou ficará impedido desde logo? A ausência de clareza do preceito é também capaz de gerar situações inusitadas. Imagine-se o juiz que, ao proferir a sentença, se depare com uma prova ilícita e a declare como tal. Nesse caso, ele interrompe a prolação da sentença e, em seguida, remete os autos ao juiz que o substituirá? Imagine-se, agora, que a câmara de um tribunal decida anular um processo por ilicitude da prova e determine o retorno dos autos à origem. Nesse caso, a câmara ficará impedida de julgar nova apelação? A vagueza do preceito e as inúmeras dúvidas que ele suscita, por si sós, colocam em dúvida sua constitucionalidade*".

9.2. O art. 1-A da Lei nº 12.694/2012: ampliação da garantia de imparcialidade da magistratura

A Lei nº 12.694, de 24 de julho de 2012 dispõe sobre o processo e o julgamento colegiado em primeiro grau de jurisdição de crimes praticados por organizações criminosas. O art. 1º permite que juízes que presidam processos ou procedimentos que tenham por objeto crimes praticados por organizações criminosas possam decidir pela formação de colegiados para a prática de qualquer ato processual.

O colegiado é formado, portanto, a partir de iniciativa do juiz que preside o processo. Os outros dois juízes são sorteados dentre aqueles de competência criminal em exercício no primeiro grau de jurisdição (§ 2º). Há quem afirme que isso feriria o princípio do juiz natural, além de outros princípios constitucionais. Todavia, expressiva doutrina afirma a constitucionalidade do dispositivo[21].

Uma vez proferida a decisão pelo colegiado, todos a assinam. Ocorre que caso a decisão não seja unânime, a regra legal proíbe *"qualquer referência a voto divergente de qualquer membro"* (§ 6º). Parte da doutrina sustenta que tal dispositivo lesa os princípios da publicidade e da ampla defesa. E de outro lado, há quem sustente que tais críticas são desprovidas de bom senso, pois colocam em dúvida a própria finalidade da lei que é preservar a vida e a segurança dos magistrados e seus familiares.

A questão, todavia, é anterior e mais profunda. Diz diretamente com a própria existência da jurisdição, que tem como pressuposto a imparcialidade de quem detém o poder de julgar. Essa imparcialidade deve ser garantida, não em favor do juiz, mas, sim, em favor do cidadão, em prol da democracia, para a estabilidade do Estado e da sociedade. O juiz que atua com medo de sofrer um atentado ou de que sua família o sofra, terá sua atividade comprometida, em algum grau. E não há que se ter floreios. Magistrados são seres humanos. E quanto mais humanos, melhor. O medo é um sentimento comum a todos os seres humanos.

---

[21] PACELLI, Eugenio. Curso de Processo Penal. 20ª. São Paulo: Atlas, 2016, p. 278. TÁVORA, Nestor; ALENCAR; Rosmar Rodrigues. Curso de Direito Processual Penal. 9ª ed. Salvador: Juspodium, 2014, p. 352. LIMA, Renato Brasileiro. Manual de Processo Penal. 2ª ed., Salvador: Juspodium, 2014, p. 2014, p. 518. SILVA, Amaury. Anotações à lei de proteção aos juízes criminais – Lei nº 12.694/2012. Leme: J.H. Mizuno, 2013, p. 30 e 180. NUCCI, Guilherme de Souza. Manual de Processo Penal e Execução Penal. 10 ed. São Paulo: RT, 2013, p. 83-84.

Portanto, ainda que a Lei nº 12.694/2012 tenha vindo para proteger magistrados, muito antes, ela salvaguarda a cidadania e a democracia.

Tais valores, assim colocados, plenamente justificados diante da violência e dos métodos sub-reptícios com os quais atuam os grupos criminosos na sociedade contemporânea, fazem mais fracos os argumentos de inconstitucionalidade da citada lei. A aparente lesão aos princípios constitucionais é superada com ampla vantagem diante da perspectiva do resguardo da imparcialidade do juiz.

A introdução do art. 1º-A na Lei nº 12.694/2012 amplia a garantia de imparcialidade do julgador, porque possibilita aos tribunais estaduais e aos federais instalar varas criminais colegiadas com competência para o processo e julgamento *"de crimes de pertinência a organizações criminosas armadas ou que tenham armas à disposição (I), do crime do art. 288-A CP[22] (II) e das infrações penais conexas aos crimes a que se referem os incisos I e II"* mediante resolução, ou seja, mediante ato administrativo respectivamente emanado daqueles tribunais. Logo, sem dependência de lei estadual, pois a lei federal já autoriza a criação de vara, desde que sejam instaladas nas comarcas sedes de Circunscrição ou Seção Judiciária.

O outro grande mérito do art. 1º-A da Lei nº 12.694/2012, conforme a lúcida lição de Amaury Silva[23], foi o de permitir que ao lado de uma jurisdição eclética e transitória (art. 1º) atuasse outra de caráter permanente (art. 1º-A). Ou seja, enquanto o art. 1º da citada lei prevê um colegiado que se desfaz após o cumprimento de suas finalidades (art. 1º, § 3º), o art. 1º-A dá vida a um órgão jurisdicional de funcionamento contínuo e sem termo final determinado.

A competência se estende desde os atos jurisdicionais da investigação até os da execução da pena, inclusive para atos de transferência do preso para estabelecimento prisional de segurança máxima ou para regime disciplinar diferenciado (§ 1º).

---

[22] Art. 288-A. Constituir, organizar, integrar, manter ou custear organização paramilitar, milícia particular, grupo ou esquadrão com a finalidade de praticar qualquer dos crimes previstos neste Código: Pena – reclusão, de 4 (quatro) a 8 (oito) anos.

[23] SILVA, Amaury. Varas Criminais colegiadas e a Lei nº 13.964/2019. Disponível em https://www.linkedin.com/pulse/varas-criminais-colegiadas-e-lei-139642019-amaury-juiz-silva/?trackingId=yKrkDv3h1v3vlCLav9pHHg%3D%3D – Publicado em 26 de março de 2020 – Acesso em 04/04/2020.

O novo dispositivo não dita regras sobre o voto divergente. Conforme interpretação sistemática e teleológica, é caso de se aplicar o § 6º do art. 1º: *"qualquer referência a voto divergente de qualquer membro"*. Essa é a finalidade da lei. Preservar a imparcialidade do poder judiciário assegurando a vida e a segurança dos juízes e de seus familiares.

Referências

BADARÓ, Gustavo Henrique Righi Ivahy. Direito ao julgamento por juiz imparcial: como assegurar a imparcialidade objetiva no juiz nos sistemas em que não há a função do juiz das garantias in Processo penal, constituição e crítica – estudos em homenagem ao prof. dr. Jacinto Nelson de Miranda Coutinho. Rio de Janeiro: Lumen Juris Editora, 2011.

ANISTIA INTERNACIONAL. Tortura e maus tratos no sistema de justiça crimina. Brasil: Amnesty International Publications, 2001, p. 2001.

CARVALHO, Salo de. Substitutivos penais na era do grande encarceramento. In: ABRAMOVAY, Pedro Vieira & BATISTA, Vera Malaguti. Depois do grande encarceramento. Rio de Janeiro: Revan, 2010.

CHOUKR, Fauzi Hassan. Garantias constitucionais na investigação criminal. 3ª ed. Rio de Janeiro: Lumen Juris, 2006.

COSTA, Arthur Trindade Maranhão. Entre a lei e a ordem: violência e reforma nas policias do Rio de Janeiro e New York. 1ª ed. RJ: FGV, 2004.

DEZEM, Guilherme Madeira. Curso de Processo Penal. 5ª ed. São Paulo: RT, 2019.

JUNIOR, Aury Lopes. Direito processual penal e sua conformidade constitucional. 8ª ed. Rio de Janeiro: Lumen Juris, 2011, v. 1.

JUNIOR, Aury Lopes; GLOECKNER, Ricardo Jacobsen. 5ª ed. São Paulo: Saraiva, 2013.

JÚNIOR, Miguel Reale. O juiz das garantias. In: Revista de Estudos Criminais. nº 43. Outubro/dezembro/2011.

LIMA, Renato Brasileiro. Manual de Processo Penal. 2ª ed., Salvador: Juspodium, 2014.

MAYA, André Machado. Imparcialidade e Processo Penal: da prevenção da competência ao juiz de garantias. 2ª ed. São Paulo: Atlas, 2014.

MORAES, Maurício Zanóide de. Quem tem medo do "juiz das garantias"? Boletim do IBCCRIM, São Paulo, v. 18, nº ed. esp. p. 21-23, 2010.

NUCCI, Guilherme de Souza. Manual de Processo Penal e Execução Penal. 10ª ed. São Paulo: RT, 2013.

PACELLI, Eugenio. Curso de Processo Penal. 20ª ed. São Paulo: Atlas, 2016.

RAMOS, Manuel Ortells. Los princípios rectores del processo penal. Tendencias actuales del proceso penal. Tegucigalpa, Graficentro Editores (Colección Ensayos de Derecho Procesal, 20), 1999.

SAAD, Marta. O direito de defesa no inquérito policial. São Paulo: RT, 2004.
SILVA, Amaury. Anotações à lei de proteção aos juízes criminais – Lei nº 12.694/2012. Leme: J.H. Mizuno, 2013.
TÁVORA, Nestor; ALENCAR; Rosmar Rodrigues. Curso de Direito Processual Penal. 9ª ed. Salvador: Juspodium, 2014.